조선왕
시크릿
파 일

조선 왕 시크릿 파일

지은이 박영규

1판 1쇄 발행 2018년 9월 14일
1판 4쇄 발행 2021년 2월 15일

발행처 (주)옥당북스
발행인 신은영

등록번호 제2018-000080호
등록일자 2018년 5월 4일

주소 경기도 고양시 덕양구 화신로 105, 2319-2003
전화 (070)8224-5900 팩스 (031)8010-106

블로그 blog.naver.com/coolsey2
포스트 post.naver.com/coolsey2
이메일 coolsey2@naver.com

값은 표지에 있습니다.
ISBN 979-11-964128-2-1 (03910)

이 도서의 국립중앙도서관 출판시도서목록(CIP)은 서지정보유통지원시스템 홈페이지
(http://seoji.nl.go.kr)와 국가자료공동목록시스템(http://www.nl.go.kr/kolisnet)에서
이용하실 수 있습니다. (CIP제어번호: CIP2018026924)

조선왕
시크릿
파일

박영규 지음

옥당북스

지금까지 알던 조선왕은 잊어라!

"공부는 안 하고 건달들하고 어울려서 뭐 하는 겁니까?"

"야, 누가 너하고 놀자고 그랬냐? 왜 따라다니면서 간섭이야!"

"옷은 그게 뭐예요? 외모에 신경 쓸 시간에 마음부터 닦아야죠."

"아는 거 많은 너나 도 많이 닦아라. 나는 노는 거로 쭉 나가련다."

"노는 것도 정도가 있지, 남의 여자는 왜 자꾸 건드려요?"

"네가 또 아버지께 일렀지? 하여튼 자식, 틈만 나면 고자질이야."

대화의 내용으로 볼 때, 동생은 공부 잘하고 부모님 말씀 잘 듣
는 범생이고, 형은 공부는 뒷전이고 주색잡기에만 능한 건달이다.
하지만 동생은 여느 범생이와 다르다. 대개 공부 잘하는 모범생들
은 자기만 잘하면 된다는 생각에 남의 일엔 간섭을 하지 않는 편
인데, 이 동생은 형의 행동에 일일이 참견하고 심지어 형의 만행
을 부모님께 일러바치기까지 한다. 내가 잘못하는 것도 용납할 수
없지만 주변의 잘못도 결코 그냥 지나칠 수 없다는 태도다. 우리는

흔히 이런 사람을 갑갑하고 유연성 없다고 평가한다. 이런 동생과 달리 형은 건달이긴 해도 악질은 아닌 듯하다. 동생이 마치 형이나 되는 것처럼 자신을 훈계하고 몰아세워도 폭언을 하거나 화를 내지 않는다. 범생이 기질에 지당한 말씀만 해대는 갑갑한 동생을 웬만큼 이해해 주고 있다. 요즘 말로 '쬐끔 대인배'인 형이다.

범생이 고자질쟁이 동생과 건달에 '쬐끔 대인배'인 형. 그들은 600년 전 열일곱 살 충녕대군과 스무 살의 양녕대군이다. 당시 세자 신분이었던 양녕대군은 국민 난봉꾼이었고, 충녕대군은 국민 범생이었다. 양녕대군이 장안에서 인물 꽤 있다는 여자는 죄다 쫓아다니며 왕실 망신을 시키자, 충녕대군은 집안 노비들을 총동원하여 양녕대군을 감시했고, 양녕이 무슨 짓이라도 저지르면 어김없이 부왕에게 일러바쳤다. 그리고 그 범생이 동생은 난봉꾼 형을 밀어내고 왕위를 계승하여 한국 역사상 가장 위대한 성군으로 남았다.

세종이 성군으로 기록된 것은 한글 창제와 과학 혁명을 비롯한 그의 위대한 업적에 따른 것이다. 세종뿐 아니라 우리가 역대 왕들을 평가하는 기준은 항상 그들의 업적이었다. 때론 그 업적 덕분에 인품까지 위대하게 포장되기도 한다.

하지만 일 잘하는 사람이 모두 인품이 훌륭한 것이 아니듯 위대한 업적을 남겼다고 해서 반드시 훌륭한 인간은 아니다. 그래서 필자는 업적이 아닌 인성과 사생활을 잣대로 삼아 조선 왕들에 대한 새로운 평가를 시도해 보기로 했다.

조선사를 논할 때 흔히 태조 이성계는 전장에 나가 한 번도 패배하지 않은 위대한 장수이자 목숨을 걸고 새로운 나라를 건국한 과감한 혁명가로 묘사되곤 한다. 그 바람에 이성계가 어떤 인성을 가진 사람이었는지는 간과하기에 십상이다. 이성계뿐 아니라 다른 조선 왕들에 대해서도 마찬가지다.

사실, 이성계는 아들 바보였다. 아들 자랑에는 장소를 가리지 않는 팔불출이었다. 거기다 젊은 아내의 말이면 끔뻑 죽는 공처가였다. 이성계가 숨기고 싶은 프라이버시가 어디 그뿐이랴. 아내 몰래 다른 여자와 바람피우다가 딱 걸리자 모른 체하고 연인을 내팽개친 '비열한' 남자이기도 했다.

태종 이방원은 또 어떤가? 정몽주를 격살하고, 왕자의 난을 일으켜서 조선 왕조의 기반을 마련한 사실로 봐서는 용맹하고 기개가 대단할 것으로 보인다. 하지만 실제 그의 성품은 악랄하고 뒤끝 있는 소위 '지질한' 사람이었다. 부모에겐 원수 같은 자식이었고, 아내에겐 빵점짜리 남편이었으며, 자식에겐 권위적인 아비였다. 또한 우애 없는 형제였고, 의리 없는 친구였다. 물론 이것이 전부는 아니겠지만 말이다.

우리 역사상 가장 위대한 성군으로 추앙받는 세종은 어떨까? 인자하고 자애로울 것만 같은 세종이 며느리를 넷이나 내쫓았다. 이유가 뭘까?

조선 왕 중에 가장 '살벌한' 왕이 세조라고 하면 수긍할 수 있겠는가? 세조는 농담하는 것을 좋아했다. 그런데 그 농담이 상대의 목숨을 담보로 한 것이니 얼마나 살벌했겠는가. 웃으며 살인하는 사람이 더 무서운 것처럼 말이다.

그렇다고 연산군이 세조보다 살벌하지 않았다는 것은 아니다. 연산군은 차라리 살인귀라고 해야 할 정도로 무시무시했다. 그가 연출한 살벌한 상황은 수도 없는데, 법을 만들어 사람들의 삶을 옥죈 것이 있으니 바로 대화금지법이다. 사람들이 모여 말하는 것조차 금지했으니, 이 얼마나 살벌한 법인가?

'주요순 야걸주', 즉 '낮에는 요순, 밤에는 걸주'라는 별명을 가진 왕이 있었다. 낮에는 중국의 최고 성군인 요·순 임금 같은 성군인데, 밤만 되면 걸왕과 주왕 같은 색마가 된다는 뜻이다. 누굴까? 뜻밖에도 성종을 두고 하는 말이다. 인수대비 같은 엄한 어머니를 둔 성종이 어쩌다 그렇게 불렸을까?

연산군과 광해군은 모두 반정으로 쫓겨난 왕들인데, 이들은 성격으로는 닮은 구석이 거의 없었다. 그런데 공통점이 있었다. 바로 '엄마'에 집착했다는 것이다. 연산군이 왕위에 오른 뒤, 자신의 모후 폐비 윤씨를 복위시켜 능을 조성한 것은 잘 알려진 일이다.

하지만 광해군이 자신의 어머니인 공빈 김씨를 왕비로 승격시켜 능을 조성한 일은 잘 알려지지 않았다. 폐비 윤씨는 원래 왕비였으니, 복위시켜 능을 조성한 것이 이해되지만, 공빈 김씨는 후궁이었다. 후궁이 죽은 뒤에 왕비로 승격되어 능이 조성된 일은 광해군의 어머니 공빈 김씨가 유일하다. 말하자면 나라의 법도를 어기면서까지 자신의 어머니를 왕비로 만들고자 했던 것이다. 이들 두 폐군은 왜 그렇게 엄마에 집착했을까?

묘호를 살펴보면 그 왕의 삶과 딱 맞는 경우가 있다. '두 얼굴의 사나이'란 별명을 가진 이가 있다. 중종中宗의 '중中' 자는 가운데를 의미하는 한자이지만 얼핏 봐도 얼굴을 둘로 나눠놓은 모양이다. 중종은 중용의 도를 실현한 왕이 아니라 상황에 따라 행동 방식이 다른 다중인격자 성향을 보였는데 묘호는 기가 막히게도 이런 사연을 담은 듯 붙여져 있다.

또 중종의 아들 명종明宗은 '밝을 명明' 자를 쓰는데, 실제로는 '울 명鳴' 자를 써야 했지 않을까? 그는 조선 왕 중에 이름난 마마보이였고, 재위 기간 중 모후 문정왕후 때문에 눈물로 보낸 세월이 많았다.

'차별 군주'란 별명이 어울리는 왕이 있다. 바로 영조다. 영조는 자녀들을 무척 차별했는데, 심지어 좋아하는 자녀와 싫어하는 자녀를 한자리에 앉지도 못하게 했다.

혁신 군주로 평가되는 그의 손자 정조는 이중 플레이로 원하는 바를 이루었던 뒷거래 정치꾼이었다. 그 이중성과 음흉함으로 치면 조선 왕 중에 단연 으뜸이 아니었을까.

이들 왕 외에도 선조, 인조, 효종, 현종, 숙종도 우리가 익히 알던 이미지와는 다른 점이 많다. 어쩌면 지금껏 우리가 알고 있던 조선 왕들은 일군의 작가와 연출자에 의해 가공된 캐릭터일지도 모른다. 그 캐릭터 대다수는 권선징악의 뻔하디뻔한 필법 아래 악역과 선한 역으로 나뉘어 열연을 펼쳐왔고, 그들의 열연 아래 당대의 모든 역사 인물도 흑백으로 갈라져 연극을 지속해왔을 수 있다. 그러니 이 책에서는 지금까지 알던 조선 왕들은 잊어라.

그렇다고 필자의 분석과 평가가 모두 옳을 수는 없다. 다만 지금껏 조선 왕들에게 들이댔던 업적이란 잣대를 버리고 새로운 시각으로 그들을 다시 한번 평가해 볼 필요가 있다는 것이다. 그것이 비록 그들 조선 왕들이 세상에 알리고 싶지 않은 비밀이나 개인사라고 할지라도 말이다.

누구에게나 세상에 드러내고 싶지 않은 비밀은 있기 마련이다. 조선 왕들 역시 필자가 찾아낸 내용을 세상에 드러내고 싶지 않았을 것이다. 하지만 그들이 감춰놓은 비밀이 역사의 진실에 다가서는 열쇠라면 그것은 결코 비밀로 남아서는 안 될 것이다.

2018년 9월
일산우거에서
박영규

제1장

1대

태조

온건한 승부사,
배신당한 아비

태조의 가계도

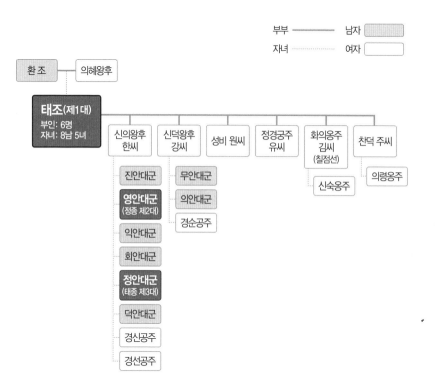

부부 ——— 남자 □
자녀 ·········· 여자 □

환조 ---- 의혜왕후

태조(제1대)
부인: 6명
자녀: 8남 5녀

신의왕후 한씨
- 진안대군
- **영안대군** (정종 제2대)
- 익안대군
- 회안대군
- **정안대군** (태종 제3대)
- 덕안대군
- 경신공주
- 경선공주

신덕왕후 강씨
- 무안대군
- 의안대군
- 경순공주

성비 원씨

정경궁주 유씨

화의옹주 김씨 (칠점선)
- 신숙옹주

찬덕 주씨
- 의령옹주

세 어머니와 두 이복형제

"태조 이성계의 어린 시절은 어땠나요?"

어느 도서관에서 태조 이성계의 역성혁명을 강연하는 자리였는데, 누군가가 불쑥 던진 질문이었다. 필자는 이 질문을 받고 잠시 멍해졌다. 사실, 이성계에 대해 숱한 강의를 했지만, 태조가 어린 시절에 어떤 아이였는지는 생각해보지 않았기 때문이다. 그래서 《태조실록》 총서의 다음 구절을 들려주는 것으로 대답을 대신했다.

태조는 나면서부터 총명하고 우뚝한 콧마루와 임금다운 용안으로, 정신은 영특하고 풍채는 준수했으며, 지략과 용맹은 남보다 월등하게 뛰어났다. 어릴 때 화령(영흥)과 함주(함흥) 사이에서 놀았는데, 북방 사람 중에 매를 구하는 사람들이 흔히 말하기를, "이성계와 같이 뛰어나게 걸출한 매를 얻고 싶다" 하였다.

하지만 이 기록 어디에도 이성계가 어떤 아이였는지 구체적으로 묘사한 부분은 없다. 그래서 각종 야사를 뒤져 그의 어린 시절에 대한 기록이 있는지 찾아보았지만, 허사였다. 그래도 내 머릿속에선 여전히 '이성계의 어린 시절은 어땠을까?'라는 의문이 가시지 않았다. 이 의문을 풀기 위해 필자는 우선 그의 가정환경부터 살폈다.

태조는 1335년 음력 10월 11일에 아버지 이자춘과 어머니 최씨 사이에서 태어났다. 이자춘은 함흥, 어머니는 영흥의 유력한 가문 출신이었다. 따라서 이성계는 함경도 지역의 유력한 두 가문을 배경으로 둔 옥동자로 태어난 셈이다. 하지만 함경도는 변방이라 비록 그곳에서는 이름난 가문이라고 해도 고려 귀족의 반열에 들지는 못했다.

그가 태어났을 때, 위로 누나와 형이 있었다. 누나(정화공주)는 동복이었지만, 다섯 살 위의 형(이원계)은 이복이었다.

이복형 원계의 어머니는 이씨로 이름은 내은장이었다. 실록은 원계의 어머니 이씨를 이자춘의 여종 출신 첩이라고 기록하고 있다. 그런데 원계는 이자춘이 열여섯 살에 얻은 아들이었다. 그렇다면 내은장은 이자춘이 적어도 열다섯 살 이전에 맞아들인 셈이다.

열다섯 살은 그 시절에 이제 막 결혼할 나이였다. 그런 상황에서 첩을 둔다는 것은 이해할 수 없는 일이다. 말하자면 원계의 어머니 내은장은 이자춘의 첩이 아니라 첫 부인일 가능성이 높다. 사실 실록에는 내은장이 첩으로 기록되어 있지만, 1388년에 이색이 쓴 이자춘의 묘비명에는 정식 부인으로 기록되어 있었다. 또한 이원계도 서자가 아니라 장자로 기록되어 있었다. 내은장을 첩으로 기록한 것은 이성계의 아들인 태종 이방원이 즉위한 이후였다.

어쨌든 이성계가 태어났을 때, 아버지 이자춘에게는 두 명의 부인이 있었던 셈이다. 그때 이자춘의 나이는 스물한 살이었다. 그리고 이자춘은 4년쯤 뒤에 또 한 명의 부인을 얻었다. 그녀는 김씨 성을 쓰는 고음가라는 여인으로 이성계의 이복동생인 이화의 생모였다. 이화는 이성계보다 다섯 살 어렸다. 이는 고음가가 이성계가 태어난 뒤에 이자춘이 취한 여인이란 뜻이다.

이자춘의 묘비명에는 그가 '삼취했다'라는 기록이 있는데, 이는 세 명의 아내를 뒀다는 뜻이다. 말하자면 원계의 생모 내은장과 성계의 생모 최씨, 화의 생모 고음가 모두 정식 부인으로 묘사되었던 것이다. 원나라 지배기의 고려에서는 '중처제도'라는 것이 있었는데, 이는 정식 부인을 여럿 둘 수 있는 제도였다. 이성계가 신의왕후 한씨와 신덕왕후 강씨를 모두 정식 부인으로 맞아들인 것도 중처제도에 의한 것이다. 따라서 이자춘이 세 명의 아내를 맞이했음을 의미한 '삼취했다'라는 표현은 당시로선 충분히 이해 가능한 것이었다.

이렇듯 이성계는 유년 시절에 세 명의 어머니 아래서 두 명의 이복형제와 함께 자랐다. 다섯 살 많은 이복형과 다섯 살 어린 이복동생 사이에 낀 채로 유소년기를 보냈다는 뜻이다.

하지만 원계의 생모 내은장은 오래 산 것 같지는 않다. 이성계와 관련된 일화에서 이화의 생모 김씨는 등장하지만, 내은장은 등장하지 않기 때문이다. 또한 이성계의 생모 최씨가 이성계의 성장 과정에 전혀 등장하지 않는 것으로 봐서 그녀도 일찍 죽은 것으로 보인다. 따라서 어린 이성계는 이화의 생모인 서모 김씨의 보살핌을 받으며 자랐을 것이다.

재주를 알아본 서모 손에 자라다

이성계는 서모 김씨와 두 명의 이복형제와도 큰 갈등을 일으키지 않았다. 《태조실록》은 이와 관련하여 다음과 같은 기록을 남기고 있다.

처음에 환조가 세상을 떠나시니, 태조가 정안옹주 김씨를 맞이하여 서울의 집으로 와서 그를 섬기기를 매우 공손히 하고, 매양 나아가 뵐 적에는 항상 섬돌 아래에 꿇어앉았다. 공민왕이 태조를 존경하는 까닭에, 김씨의 아들 이화를 사랑하여 우대해서 항상 금중禁中(대궐 안)에 두게 하고, 자주 연회 자리를 만들어 이화에게 음식물을 내려 어머니에게 드리게 하고, 또 교방(기생 학교)에서 음악을 내려 우대하고 총애함을 보였다. 태조도 임금의 내려주심을 영광스럽게 여겨 전두纏頭(가무를 하는 사람에게 주는 상금)를 많이 주고, 또 화와 서형 원계와 더불어 항상 같이 거처하며, 우애가 더욱 지극하여 그 어머니의 천안비(賤案(노비 문서)을 모두 불살라 없애버렸다.

생모가 일찍 죽고, 자신의 집 노비 출신인 서모 슬하에서 어린 시절을 보내야 했던 가련한 소년, 그가 바로 이성계였다. 아무리 귀한 집안의 자식이라고 해도 엄마 없는 아이는 불쌍한 법이다. 비록 친누나가 있긴 했지만, 그녀는 미처 성인도 되기 전인 열다섯 살에 조인벽에게 출가했고, 형과 동생은 모두 배다른 형제인 상황. 이런 처지로 본다면 이성계의 어린 시절은 쓸쓸함과 외로움을 넘어 구박덩이 신세였을 법하다.

하지만 다행스럽게도 서모 김씨가 생모의 빈자리를 잘 채워줬다. 그녀는 이성계를 친자식처럼 아꼈던 모양이다. 《용비어천가》와 《태조실록》 총서의 다음 기록에서 이성계에 대한 서모 김씨의 마음을 엿볼 수 있다.

> 태조가 소싯적에 정안옹주 김씨가 담 머리에 앉아 있는 다섯 마리의 갈까마귀를 보고 쏘기를 청하니, 태조가 한 번 쏘아서 다섯 마리의 머리를 다 떨어뜨렸다. 김씨가 신기하게 여기며 "이 일은 아예 누설하지 말라" 하였다.

이성계의 궁술 솜씨는 어릴 때부터 남달랐던 모양인데, 서모 김씨는 이성계의 그 뛰어난 능력을 쉽게 드러내지 못하게 했다. 뛰어남이 지나치면 시기하는 자들이 있게 마련인데, 서모 김씨는 혹여 이성계를 시기하는 사람들이 생길까 봐 함부로 실력을 드러내지 말라고 조심시키고 있는 것이다. 이는 진정 아끼는 마음이 있지 않으면 행할 수 없는 가르침이다.

함부로 재주를 드러내지 말라는 서모 김씨의 가르침은 이성계의 행동에도 큰 영향을 끼쳤다. 이정형이 쓴 《동각잡기》의 다음 글이 그 점을 증명한다.

> 태조는 항상 겸손하게 행동하였으며, 누군가의 위에 서려고 하지 않았다. 활을 쏠 때마다 다만 그 상대자의 잘하고 못하는 것과 그의 맞히는 수효의 많고 적음을 보아 상대편과 비슷하게 할 뿐이었고, 결코 이기고 지는 것이 없었다. 권하는 이가 있어도 또한 한 번쯤 더 맞히는 데 지나지 않았다.

이성계가 이렇듯 자신의 재주를 자랑하지 않고 함부로 드러내지 않은 것은 서모 김씨의 가르침을 자기 행동 방식의 중요한 잣대로 삼았다는 얘기다. 비록 서모였지만, 김씨는 이성계를 친자식처럼 아꼈고, 이성계 또한 그녀를 친어머니처럼 따랐다. 덕분에 이성계는 엄마 잃은 다른 아이들처럼 외롭고 쓸쓸한 구박덩이로 자라지 않고 오히려 재주가 남다른 영특한 아이로 자랄 수 있었다.

넉넉한 풍채에 특별한 귀

이성계의 외모는 어땠을까? 다행히 태조 어진이 남아 있어 이를 확인할 수 있다. 조선 왕들의 어진은 임진왜란 때 대부분 소실되어 남아 있는 것이 몇 점 되지 않는다. 하지만 태조 이성계의 어진은 전주시 경기전의 어진박물관 수장고에 보관되어 있다. 이 어진은 태조 생존 당시에 제작된 것을 모사한 것이다. 태조 어진은 태종 대와 고종 대에 각각 한 번씩 모사되었다. 경기전에 보관된 것은 고종 대의 화가인 조중묵, 백은배, 박기준 등이 태종 때의 모사본을 1872년에 다시 모사했다.

조선의 초상화는 있는 그대로 묘사하는 것을 최고의 덕목으로 여겼다. 그 때문에 천연두 자국까지 매우 상세하게 표현되었다. 어진 역시 이런 화법으로 그려져 태조의 어진 역시 모습을 있는 그대로 묘사한 것으로 봐도 무방하다. 태조의 어진이 언제 그려졌는지는 정확하게 알 수 없으나 어진에 묘사된 이성계의 모습으로 봐서 60대 이후일 것으로 추측된다. 태조 어진 속의 이성계는 머리카락과 수염이 모두 희고 주름살도 선명한 노인의 얼굴을 하고 있기 때문이다.

어진 속에 표현된 이성계는 다소 풍채가 있고, 콧대는 높고 콧방울은 뚜렷하나 콧방울은 작은 편이다. 그리고 귀는 크고, 특히 귓불

▶ 태조 어진. 전주 경기전 소장

이 매우 넓다. 하지만 눈은 다소 작은 편이며, 입은 크지 않으며, 입술은 두껍지 않다. 이는 전체적으로 넉넉한 풍채에 너그러운 인상을 준다.

이런 어진의 모습은 《동각잡기》의 "높은 코에 용의 얼굴"이라는 표현과는 다소 거리가 있다. 용의 얼굴은 눈이 크고 형형하며 눈썹이 짙고 콧방울이 큰 것이 특징인데, 태조 어진의 모습은 전혀 딴판이기 때문이다. 《용비어천가》에서는 태조의 외모에 대해 "키는 커서 우뚝하고 곧으며 귀가 큰 것이 특별히 달랐다"고 했는데, 아마 이 표현이 사실에 가까울 것 같다. 특히 귀가 큰 것은 확실하게 드러난다. 명나라 사신으로 온 왕태라는 인물은 고려 왕조 시절의 이성계를 만나보고는 "기이하다. 귀여, 고금에 보지 못하였도다"라고 하면서 그의 귀를 찬양하며 부러워했다 한다.

대개 관상학에서는 귀가 크고 귓불이 넓으면 성격이 너그럽고 남의 말을 경청하며, 겸손한 인품을 지닌 사람으로 판단하는데, 이런 관상학적 관점과 이성계의 인품은 일치했을까?

너그럽고 친화적인 성품

"태조는 엄중하고 말수가 적고 신중하여 평시에는 항상 눈을 감고 앉아 있었으므로 바라보기에 두려웠으나 사람을 대하게 되면 혼연히 한 덩어리의 온화한 기운으로 화합하였기에 사람들이 모두 두려워하면서도 사랑하였다."

이 구절은 《용비어천가》에서 이성계의 성품을 표현한 부분이다. 이 내용으로 보자면 이성계는 평소에 말이 별로 없어 근엄하고 신중한 느낌을 주지만, 사람을 대할 때는 매우 친화적이었다. 《용비어천가》는 세종 때 만들어진 책으로 이성계의 고조부인 이안사로부터 태종에 이르는 여섯 조상의 행적을 찬미한 서사시다. 따라서 찬양 일변도로 기술되어 있지만, 태조의 외모와 성격에 대해서는 비교적 사실에 가깝게 쓴 것으로 보인다.

이성계는 《용비어천가》의 표현대로 말이 많지 않고 신중했으며, 되도록 적을 만들지 않고 화합을 좋아하는 너그럽고 친화적인 성품이었다. 이런 그의 성품은 신하와 부하를 대하는 데는 포용의 리더십으로 승화된다. 실록의 다음 이야기는 그의 포용력을 잘 보여준다.

대소신료와 한량기로閑良耆老(은퇴한 늙은 신하들) 등이 국새를 받들고 태조의 저택에 나아가니 사람들이 마을의 골목에 꽉 메어 있었다. 대사헌 민개가 홀로 기뻐하지 않으면서 얼굴빛에 나타내고, 머리를 기울이고 말하지 않으므로 남은이 이를 쳐서 죽이고자 하니, 전하가 "의리상 죽일 수 없다"고 하면서 힘써 이를 말렸다.

이 일은 1392년 7월 17일, 태조가 왕위에 오르던 날에 있었던 사건이다. 상황으로 보자면 민개는 이성계의 즉위를 달갑게 여기지 않고 있었는데, 대개 이럴 경우 죽이기 쉽다. 하지만 이성계는 그를 포용하여 벼슬을 주고 신하로 부렸다.

이성계의 포용력은 장수 시절부터 잘 알려져 있었는데,《동각잡기》의 다음 이야기가 그 대표적인 사례라고 할 수 있다.

고려조 말기에 군적에 올리지 않고 여러 장수가 각기 군사를 차지하여 부하로 삼으니, 이름하기를 패기라고 하였다. 대장 중에 최영, 변안렬, 우인렬 같은 이들이 위엄을 세우려고만 하여 그 막료나 사졸 중에 따르지 않는 자들이 있으면 욕하고 꾸짖는 것은 말할 것도 없고 매질하여 죽는 자까지 있으니, 부하 중에 원망하는 자가 많았다. 하지만 태조만이 홀로 성심으로 부하들을 예의로 대접하니 평생에 뒷말하는 자가 없어 장군의 부하들이 모두 태조에게 예속되기를 원하였다.

고려 말 당시 장수들이 이끌던 군대는 대부분 사병이었는데, 사실 이성계의 군대는 특별했다. 싸움 때면 지는 법이 없었고, 전투 중에 사상자도 극히 적었으며, 충성심이 그 어느 부대보다도 높았다. 이는 모두 이성계의 온화한 품성에서 나온 포용력 덕분이었다.

타고난 담력과 빼어난 활 솜씨

부하들이 이성계를 믿고 따른 것은 단순히 그의 포용력에 힘입은 것만은 아니었다. 이성계의 포용력 뒤에는 이를 뒷받침해주는 또 다른 능력이 있었다. 그것은 이성계의 타고난 힘과 용맹이었다. 이성계는 힘이 장사였고, 담력도 매우 뛰어났다. 《동각잡기》에는 다음 이야기가 전한다.

> 함흥에서 큰 소가 서로 싸우는데, 여러 사람이 소싸움을 말리려고 옷을 벗어 던지고 혹은 불을 붙여 던졌지만, 말릴 수가 없었다. 그런데 태조가 두 손으로 두 소를 나누어 붙드니, 소가 싸우지 못하였다.

소 두 마리가 미친 듯이 싸우는데, 그 속에 뛰어든다는 것은 웬만한 담력으로는 할 수 없는 일이다. 소 한 마리만 날뛰어도 웬만한 장정 십여 명이 달라붙어야 겨우 진정시킬 수 있을까 한데, 소두 마리가 미친 듯이 싸우고 있는데, 홀로 그 가운데로 들어간다는 것은 죽음을 각오하지 않고는 불가능한 일이다. 더구나 두 마리를 양손으로 하나씩 붙잡고 싸움을 멈추게 했다면 담력은 물론 힘도 대단했다는 뜻이다.

이성계의 담력은 이 소 이야기에서만 그치지 않는다. 그는 그야말로 전쟁의 화신이라고 할 정도로 출전하는 전투에서 한 번도 패배하지 않은 맹장이었다. 말 그대로 백전백승의 전쟁 영웅이었는데, 그가 그렇듯 모든 전투를 승리로 이끄는 데 가장 큰 역할을 한 것이 바로 이 탁월한 담력 덕분이었다. 이성계는 어떤 상대를 만나도 두려워하는 법이 없었고, 적병이 아무리 많아도 물러서는 법이 없었다.

하지만 아무리 담력이 좋은 장수도 용병술과 무술이 그에 미치지 못하면 오히려 지나친 담력이 만용이 되어 패배하기 쉽다. 이성계는 용병술이 탁월했는데, 그 용병술의 가장 중요한 하나는 항상 자신이 선봉에 서서 싸운다는 것이었다. 이성계는 어떤 싸움에서도 뒤에서 부하들을 지시하는 법이 없었다. 항상 자신이 선봉에 섰고, 선봉으로 진격하면 반드시 전투를 승리로 이끌었다.

이성계의 승리 비결 중 하나는 그의 뛰어난 궁술 실력이었다. 이성계는 어릴 때부터 신기에 가까운 궁술 실력을 보여주었는데, 실록에는 다음 이야기가 전한다.

찬성사 황상이 원나라에 벼슬하여 활 잘 쏘기로 세상에 이름이 났는데, 순제가 친히 그 팔을 당겨서 이를 관찰할 정도였다. 태조가 동렬들을 모아 덕암에서 과녁에 활을 쏘는데, 과녁을 150보(약 200m) 밖에 설치했는데도 태조는 쏠 때마다 다 맞히었다. 정오가 되어 황상이 오니, 여러 재상이 태조에게 황상과 더불어 쏘기를 청하였다. 무릇 수백 번 쏘았는데 황상은 연달아 50번을 맞힌 후에도 혹은 맞히기도 하고 혹은 맞히지 못하기도 했으나, 태조는 한 번도 맞히지 못한 적이 없었다. 공민왕이 이를 듣고 말했다.

"이성계는 진실로 비상한 사람이다."

또 일찍이 내부의 은으로 만든 거울 10개를 내어 80보(약 110m) 밖에 두고, 공경에게 명하여 이를 쏘게 하되, 맞힌 사람에게는 이 거울을 주기로 약속하였다. 태조가 열 번 쏘아 열 번 다 맞히니, 왕이 칭찬하며 감탄하였다. 태조는 항상 겸손으로 자처하면서 다른 사람보다 윗자리에 있고자 아니하여, 매양 과녁에 활을 쏠 때마다 다만 그 상대자의 잘하고 못함과 맞힌 살의 많고 적은 것을 보아서, 겨우 상대자와 서로 비등하게 할 뿐이고, 이기고 지고 한 것이 없었으니, 사람들이 비록 구경하기를 원하여 권하는 사람이 있더라도 또한 살 한 개만 더 맞히는 데 불과할 뿐이었다.

이성계의 뛰어난 궁술에 대한 이야기는 이 기록 말고도 숱하게 찾을 수 있다. 그중에서도 왜구의 소년 장수 아기바투를 물리치는 장면과 나하추와의 전투에서 적장 셋을 활로 죽여 승리를 거머쥐는 장면이 압권이다. 이성계는 이 뛰어난 궁술 덕에 전쟁 영웅이 되고, 전쟁 영웅의 명성으로 다시 조선을 건국했으니, 빼어난 활 솜씨 덕에 조선의 국조가 되었다고 해도 과언은 아니다.

위화도 회군에 인연 끊은 장남

이성계는 전쟁 영웅이라는 명성에 힘입어 중앙 정계로 진출한 후, 1388년에는 요동 정벌에 나서게 된다. 하지만 요동 정벌에 반대한 이성계는 위화도에서 회군하여 요동 정벌을 주창한 최영을 축출하고 우왕을 폐위시킨다. 이후, 이성계는 조정의 요직을 차지하여 세력을 확대, 역성혁명의 기반을 다지게 된다.

그런데 이 일과 관련하여 이성계 집안 내부에서 심한 갈등이 벌어진다. 이성계의 장남 방우가 위화도 회군을 반역으로 규정하고 아버지를 성토했다. 방우는 이성계가 위화도 회군을 단행하자, 벼슬을 버리고 철원의 보개산으로 은거하여 집안과 인연을 끊어버렸다. 위화도 회군 당시 서른다섯 살이었던 방우는 문과에 급제하여 삼십 대에 이미 예의판서와 밀직부사 벼슬에 오른 촉망받는 인재였다. 이성계도 그런 장남을 매우 자랑스럽게 생각했는데, 정작 위화도 회군을 두고는 첨예하게 대립했던 모양이다.

이성계는 요동 정벌이 현실성 없는 망상에서 비롯된 잘못된 판단이라고 생각하고, 그 명령을 내린 상관 최영과 우왕을 제거하는 것이 대의에 맞는 일이라고 보았다. 반면 방우는 왕명을 받고 적을 치기 위해 떠난 장수가 의견이 다르다고 해서 거꾸로 창을 돌려 섬기던 왕을 공격하는 것은 반역 행위라고 규정했다. 그런데 그 반역의 우두머리가 자신의 아버지라는 사실을 알고 견딜 수 없어 아예 가족과 함께 속세를 버리고 은거해버렸다.

방우의 이 사건에 대해 자세한 기록을 남긴 사료는 없다. 또 이 사건에 대한 이성계의 반응을 기록한 서적도 없다. 하지만 한 시대를 가르는 중대한 사건을 두고 부자간에 의견이 충돌하여 서로 인연을 끊는 사태가 벌어졌으니, 아비로서의 이성계의 마음이 어땠을지는 알 만한 일이다.

그런 아비의 심정을 아는지 모르는지 이방우는 조선 개국 후에도 이성계를 찾지 않았다. 그는 위화도 회군 이후 4년 동안 철원의 보개산에서 은거하다가 조선이 개국하자 황해도 해주로 거처를 옮겼다. 하지만 그곳에서 서너 달 지내다가 다시 고향인 함흥으로 갔다. 이후, 방우는 술에 절어 지냈고, 급기야 술이 화근이 되어 1393년 12월에 마흔 살의 나이로 사망했다. 위화도 회군과 조선 건국은 이성계에게 조정의 요직과 조선의 개국이라는 선물을 안겼지만, 가장 신뢰하고 자랑스러워하던 장남을 잃는 고통을 안겨다 주기도 했다.

집안에서 이성계의 위화도 회군을 반대한 인물은 방우 말고 또 있었다. 어린 시절부터 이성계가 따르고 섬기던 이복형 이원계도 회군을 불충으로 규정했다. 이원계는 고려 왕조에서 문과와 무과에 모두 급제한 인물로 왜구와 홍건적 침입 때 숱한 전공을 세웠다. 또 요동 정벌에도 참전하여 이성계 휘하에서 조전원수로 있었다. 그는 이성계가 위화도에서 회군하려 할 때 반대했으며, 회군 이후 최영과 우왕이 내쫓기자, 아들 넷을 모아놓고 "너희는 나와 처지가 다르니 숙부(이성계)를 도와서 충효를 다하여라"라고 말했다. 그는 이 말을 남기고 1388년 10월 23일에 함경도 화주에서 음독자살한 것으로 전한다. 그는 죽기 전에 다음과 같은 한 수의 절명 시를 남겼다.

이 나라 땅 안에 이 몸 둘 곳이 어디고(삼한고국신하재三韓故國身何在)

죽어 지하에서나마 태백중옹을 만나 놀고 싶어라

(지하원종백중유地下願從伯仲遊)

같은 처지에서 처신함이 다르다고 말 마오(동처휴운재처同處休云裁處)

형만 땅에는 바다에 떼배 띄울 일 없어라(형만불필해부부荊蠻不必海桴孚)

이 절명 시는 이원계의 묘지에 있는 지석에 각인되어 있다고 한다. 시에 등장하는 태백중옹은 주나라 문왕 창에게 왕위를 넘기고 오나라 땅인 형만 땅으로 망명한 태백과 중옹을 지칭한다. 그들은 주나라 고공단보의 장남과 차남이었는데, 고공단보는 후계자로 셋째 아들 계력의 아들인 손자 창을 생각하고 있었다. 이 사실을 알게 된 태백과 중옹은 창에게 계승권을 양보하기 위해 스스로 형만 땅으로 망명하여 그곳에서 오나라를 세웠다. 이원계의 시에 이들이 언급된 것은 자신이 죽어 동생 이성계에게 양보하겠다는 의지를 보인 것이다. 말하자면 자신은 두 임금을 섬길 수 없어 고려의 충신으로 남으나 아우인 이성계를 생각하여 스스로 죽어 아우가 뜻을 펼칠 수 있도록 양보하겠다는 의미이다.

이렇듯 이성계는 위화도 회군을 통해 권력은 잡았지만, 집안에서는 장남이 인연을 끊고, 형이 음독자살하는 불행한 일을 겪어야 했다.

왕의 여인들

왕조시대에는 권력이 강할수록 많은 여인을 거느리는 것을 당연지사로 여겼다. 그래서 영웅호걸 주변에는 늘 여인이 많았다. 고려 말 최고의 영웅 이성계의 여성 편력은 어땠을까?

이성계에게는 모두 여섯 명의 여인이 있었다. 그중 두 명은 왕이 되기 전에 정식으로 결혼한 부인이었고, 나머지 네 명은 첩이거나 후궁이었다. 이성계의 첫 부인은 안변의 호족 한경의 딸이었고, 둘째 부인 강씨는 문하찬성사 벼슬을 지낸 강윤성의 딸이었다. 이들 두 사람은 모두 이성계가 정식으로 결혼하여 얻은 부인이었다.

첫 부인 한씨는 이성계가 태어나고 2년 뒤인 1337년에 태어났으며, 그녀의 첫아들 방우가 1354년에 태어난 것을 고려할 때, 그녀는 적어도 열일곱 살이던 1353년 이전에 이성계와 결혼했다. 당시의 힘 있는 집안이 모두 그랬듯이 두 사람은 집안의 결정에 따라

혼인했다. 이성계는 한씨에게서 6남 2녀를 얻었는데, 불행히도 한씨는 조선 건국 전인 1391년 10월 21일에 지병인 위장병이 악화하여 쉰다섯을 일기로 생을 마감했다. 그녀는 조선이 개국한 뒤에 절비로 추존되었다가 둘째 아들 방과(정종)가 왕위에 오른 뒤에 신의왕후로 추존되었다.

두 번째 부인 강씨는 1356년생으로 이성계보다 스물한 살 어렸다. 그녀가 이성계를 만난 일화는 잘 알려져 있다. 사냥하던 이성계가 목이 말라 우물을 찾았는데, 그곳에 있던 강씨가 바가지에 물을 떠주면서 버들잎을 띄워서 건넸다. 이에 이성계가 화를 내며 무슨 짓이냐고 나무라자 강씨는 급히 냉수를 마시면 탈이 날까 봐 버들잎을 불어가며 천천히 마시라고 일부러 그랬다고 대답했다. 이 말을 듣고 이성계가 강씨의 지혜에 감탄하여 아내로 삼았다는 이야기다. 하지만 이 일화는 왕건의 둘째 왕비 장화왕후 오씨 일화와 같은 것으로 봐서 신뢰할 수 없는 내용이다.

강씨가 이성계와 결혼한 것은 아마도 그녀가 열다섯 살쯤 되던 1370년대 초반으로 보인다. 이 무렵 이성계는 여러 전투에서 승리하여 왕명을 출납하는 밀직부사를 거쳐 동북면 원수와 문하성 지사 등을 지낸 상태였다. 이쯤 되면 개성에 별도의 근거지가 필요했을 것이고 그래서 선택한 것이 강씨와의 결혼이었다. 말하자면 앞에서 소개한 일화와 상관없이 두 사람의 결혼은 정치적 필요에 의한 정략결혼이었던 것이다. 당시 중앙 정치 무대로 진출한 이성계는 개성에 기반을 둔 세력이 필요했다. 강씨 또한 아버지 강윤성이 일찍 죽는 바람에 전쟁의 소용돌이 속에서 집안의 든든한 바람막이가 되어줄 인물이 필요했다. 그래서 비록 나이는 아버지뻘이었지만, 전쟁 영웅으로 이름을 날리고 있던 이성계와 혼인하였다.

　원래 강씨 집안과 이성계 집안은 이전부터 인연이 있었다. 강윤성의 동생 강윤충은 이성계의 큰아버지 이자흥의 사위였다. 말하자면 강씨의 숙부가 이성계의 사촌 매형이었다. 또 강윤성의 둘째 동생인 강윤휘의 아들 강우도 이자흥의 사위였으니, 그 역시 사촌 매형이었다. 이렇듯 강씨 집안과 이성계 집안은 겹사돈 관계였다. 따라서 두 집안이 이미 잘 알고 지내던 처지여서 쉽게 정략결혼이 성립될 수 있었다.

　이성계는 두 번째 부인 강씨에게서 2남 1녀를 얻었다. 그리고 조선 건국 후에는 그녀를 왕비로 삼고 그녀 소생인 막내 방석을 세자로 삼았다. 이후, 강씨는 이성계의 정치에 막강한 영향력을 행사하다 1396년에 마흔한 살 젊은 나이로 생을 마감했다. 잘 알려져 있듯이 그녀가 죽은 뒤에 한씨의 다섯째 아들 이방원(태종)이 주도하여 그녀 소생인 세자 방석과 방번을 죽이는 제1차 왕자의 난을 일으켰고, 이후 태조는 물러나고 이방원이 정권을 장악했다. 이방원이 그녀가 죽은 뒤에 왕자의 난을 일으켰다는 것은 그녀가 살아 있는 동안에는 반란을 일으킬 엄두를 내지 못했다는 뜻이기도 하다. 이는 강씨가 당시의 조정에 얼마나 큰 영향력을 행사했는지 보여주는 대목이다.

　강씨는 조정만 꽉 잡고 있었던 것이 아니라 이성계도 꽉 잡고 있었다. 그 때문에 이성계는 다른 여인에게 쉽게 눈길을 돌릴 수 없었다. 하지만 강씨가 살아 있는 동안에도 이성계가 미모에 반해 품은 여인이 있었다. 그녀는 칠점선이라는 기생이었다. 그녀는 원래 김해의 관기였는데, 인물이 출중하여 서울까지 소문이 자자했다. 이성계는 그녀를 보자, 곧 마음을 빼앗겼고 결국 그녀와 동침하여 딸을 하나 얻었다. 훗날 홍언수의 아들 홍해에게 시집간 신숙옹주다. 칠점선은 신숙옹주를 낳은 덕분에 태조의 후궁이 되었고, 화의옹주로 불리게 되었다. 한씨나 강씨와 달리 칠점선은 어떠한 정략과도 무관하게 이성계가 택한 유일한 여인이었으니, 그녀야말로 어쩌면 이성계의 이상형이 아니었을까 싶다.

칠점선 이전에 이성계와 연을 맺은 여인도 있었다. 그녀는 찬덕 주씨인데, 태조가 그녀를 만난 경위는 전해지지 않는다. 다만 출신이 천했다는 기록이 있는 것으로 봐서 평민이나 노비 출신일 것으로 보인다. 찬덕 주씨는 딸을 하나 낳았는데, 계천위啓川尉 이등李登에게 출가한 의령옹주이다.

그렇다면 찬덕 주씨는 이성계가 칠점선을 만난 것보다 훨씬 이전에 만난 여인인 셈이다. 이때는 이성계가 강씨와 결혼한 때로부터 10년쯤 지난 시기였다. 말하자면 강씨가 이십 대의 젊은 시절이었다는 뜻이다. 게다가 첫 부인 한씨까지 살아 있던 때였다. 아마도 찬덕 주씨는 그들 두 부인의 경계 어린 눈총에 시달렸을 것이다. 그 때문인지는 분명치 않지만, 찬덕 주씨는 의령옹주의 생모인데도 조선 왕실 족보인《선원계보기략》에도 오르지 못했다. 또 태조의 제문이나 지문에도 그녀에 대한 언급이 없다. 혹 그녀는 한씨나 강씨에게 내쫓겨 존재 자체가 지워진 것은 아닐까 싶다.

칠점선과 찬덕 주씨 외에 이성계에게는 두 명의 후궁이 더 있었지만, 그들은 강씨가 죽은 뒤에 들인 여인들이었다. 강씨가 죽고, 쓸쓸하게 지내고 있던 이성계가 궁으로 처음 들인 후궁은 정경궁주 유씨였다. 그녀는 당시 밀직부사로 있던 유준의 딸이었다. 유준은 딸을 후궁으로 만들기 위해 상궁들과 긴밀하게 지냈고, 덕분에 딸을 태조에게 보일 기회를 얻었다. 그리고 태조가 그녀를 보고 맞아들임으로써 마침내 후궁이 될 수 있었다.

정경궁주 유씨를 들인 후, 이성계는 1398년 2월 25일에 또 한 명의 후궁을 맞는다. 이번에는 간택을 통해 정식으로 혼례를 올렸다. 말하자면 계비를 맞이한 셈이었는데, 이때 태조의 후궁이 된 여인은 중추원 판사 원상의 딸 성비 원씨였다. 당시 그녀는 기껏해야 열다섯 살 정도의 소녀였으나 태조는 예순네 살의 노구였다. 태조는 혼례를 올린 뒤, 그녀를 왕비로 삼지 않고 후궁으로 삼았다. 그래서 성빈으로 부르게 했는데, 훗날 태종 대에 이르러 성비로 승격된다. 그녀가 성비로 승격되던 1406년 5월 2일에 태상왕이었던 태조는 몹시 기꺼워했다고 전하는데, 이는 성비를 태조가 무척 아꼈다는 뜻이다. 성비는 태조가 왕위에서 물러나 함흥과 금강산, 소요산 등지를 떠돌 때 늘 함께 지냈다. 당시 그녀는 남장하고 태조를 보필할 정도로 정성을 다했다고 한다.

자식 잃은 아비의 눈물

태조는 1392년 7월에 왕위에 올라 1398년 9월까지 6년 2개월 동안 왕위에 있다가 둘째 아들 방과에게 왕위를 내주고 물러났다. 왕위에서 물러나기 전 그는 수일 동안 병상에 누워 있었다. 그리고 가까스로 깨어나 의식을 회복하고서야 비로소 경천동지할 일이 벌어졌음을 알았다. 자신이 가장 아끼고 자랑스러워했던 아들 방원이 반란을 일으켜 막내아들 세자 방석과 방석의 형 방번을 죽이고, 사위인 이제까지 죽였다는 사실을 말이다. 하지만 이미 세상은 방원의 손에 있었고, 늙고 병든 태조에게는 방원을 상대할 힘이 없었다.

왕위에서 물러난 뒤에도 태조는 몇 달 동안 병상에서 일어나지 못했다. 그러다 어느 정도 체력이 회복되었을 무렵인 1399년 1월 19일, 대궐을 빠져나가 방번의 옛집으로 처소를 옮기려 하였다. 자식들이 죽어 나간 경복궁에 더 머물고 싶지 않았기 때문이다. 하지만 조정 대신들이 강력하게 반대하는 바람에 실행에 옮기지 못했다. 그 과정에서 그는 정종에게 이런 말도 하였다.

"명령을 내리고 나아가고 물러나는 것은 임금의 한마디에 달려 있다. 왕인 네가 늙은 아버지의 뜻을 어길 수 없다고 한다면 대간과 백관이 누가 불가하다고 하겠는가?"

그러나 방원을 대신하여 용상만 겨우 지키고 있던 정종에게는 그만한 힘이 없었다. 그래서 정종은 이런 말로 태조를 만류했다.

"부왕께서 사제로 나가서 거처하시면 나라 사람들이 모두 말하기를 효도를 다하지 못하여 나가서 거처하게 하였다고 할 것이니 제가 이 때문에 깊이 부끄러워합니다."

태조는 정종의 그 말을 듣고 거처를 궁궐 밖으로 옮기는 문제를 일단 보류했다. 그로부터 두 달 뒤, 정종은 도읍을 개성으로 옮겼다. 형제들이 살육전을 벌인 한성에 더는 머무르고 싶지 않아서였다. 태조 역시 정종과 같은 마음이었다. 하지만 막상 개성으로 돌아온 태조는 개성 사람 만나는 것을 몹시 부끄럽게 여기며 이런 말을 하였다.

"내가 한양에 천도하여 아내와 아들을 잃고 오늘날 환도하였으니 실로 도성 사람에게 부끄럽도다. 그러므로 반드시 밝지 않은 때에 출입하여 사람들이 못 보게 하여야겠다."

그러면서 태조는 수창궁의 태상전에서 몰래 빠져나와 사가에 머물렀다. 이후로 죽은 아들들을 위해 불공드리는 일에 전념하고 있었는데, 어느 날 승려 신강을 만나자 속마음을 털어놓고 하소연하였다.

"방번과 방석이 다 죽었네. 내가 잊고자 했으나 잊을 수가 없네."

하지만 그의 슬픔은 두 아들의 죽음에 한정된 게 아니었다. 방번과 방석의 누나인 경순공주 또한 불쌍하기는 매한가지였다. 경순공주는 이방원에게 남편 이제를 잃고 과부로 살고 있었다. 태조는 1399년 9월 10일에 경순공주를 만나 여승이 되게 했다. 남편 잃은 딸이 속세의 인연을 끊고 조금이라도 편한 마음으로 살기를 원했기 때문이다. 하지만 정작 경순공주가 머리를 깎자 태조는 눈물을 뚝뚝 흘렸다. 이복 오라비에게 남편을 잃고 마지못해 비구니가 되는 딸을 보니, 참았던 눈물을 주체할 수 없었던 것이다.

반란의 배후가 되다

1400년 2월, 넷째 아들 방간이 방원을 내쫓기 위해 군대를 일으켰다. 방간이 군대를 이끌고 태상전 앞을 지나다가 사람을 시켜 이런 말을 태조에게 올렸다.

"정안(이방원)이 장차 신을 해치려 하니, 신이 속절없이 죽을 수는 없습니다. 그러므로 군사를 발하여 응변합니다."

태조가 이 말을 전해 듣고 몹시 화를 내며 소리쳤다.

"네가 방원이와 아비가 다르냐, 어미가 다르냐? 이 소 같은 놈아, 어쩌다가 이 지경에 이르렀느냐?"

이복형제 간의 싸움으로 자식을 둘이나 잃었는데, 이제 동복형제끼리 싸우는 지경에 이르렀으니, 아비인 태조가 방간을 말리는 것은 당연했다. 하지만 방간은 아비 말을 듣지 않고 방원을 치러 갔다가 제대로 싸우지도 못하고 패하여 황해도 토산으로 유배되었다.

방간이 쫓겨난 뒤, 방원은 정종의 양자가 되어 세자에 책봉되었고, 그해 11월에 정종의 양위로 왕위에 올랐다. 그러자 태조는 분노하여 방원을 왕위에서 내쫓을 궁리를 하였다. 그래서 일으킨 것이 '조사의의 난'이다. 1402년 11월에 일어난 이 난은 이성계가 2년 동안 치밀하게 준비하여 결행한 일종의 복위 전쟁이었다. 비록 조사의를 내세우기는 했지만, 실제 이 난을 연출한 장본인은 태조였다. 두 동생과 매제를 죽이고, 동복형마저 유배 보낸 이방원에 대한 복수극이었다. 하지만 조사의의 난은 실패로 끝났다. 거사 초반에는 함경도와 평안도를 장악하는 등 군세를 떨쳤지만, 시간이 흐르자 결국 자멸하여 무너지고 말았다.

비록 조사의의 난은 실패했지만, 방원에 대한 태조의 분노는 가시지 않았다. 그래서 기회만 생기면 어떤 방법으로든 방원을 죽이려 했다. 이와 관련하여 《축수편》에는 다음 이야기가 전해진다.

태조가 함흥에서 돌아오니, 태종이 교외에 나가 친히 맞이하면서 성대히 장막을 베풀었더니 하륜 등이 이렇게 말했다.

"상왕께서 성난 것이 아직 다 풀어지지 아니하였으니, 모든 일을 염려하지 않을 수 없습니다. 차일遮日(햇볕을 가리기 위해 치는 장막)을 받치는 높은 기둥을 마땅히 큰 나무를 써야 할 것입니다."

태종이 이를 허락하고, 열 아름이나 되는 큰 나무로 기둥을 만들었다.

양전(태조와 태종)이 서로 만나매 태종이 면복을 입고 나아가 뵈었는데, 태조가 바라보면서 노한 얼굴빛으로 가지고 있던 활과 화살을 힘껏 당겨서 쏘았으나 태종이 급히 차일 기둥에 의지하여 몸을 숨긴 덕에 화살은 그 기둥에 맞았다. 태조가 웃으면서 노기를 풀고 말했다.

"하늘이 시키는 것이다."

이에 나라의 옥새를 주면서 말했다.

"네가 갖고자 하는 것이 바로 이것이니 이제 가지고 가라."

태종이 눈물을 흘리면서 세 번 사양하다가 받고 잔치를 열어 베풀고, 받들어 헌수獻壽(장수를 빌기 위해 술을 올리는 것)하려 할 때, 하륜이 또 몰래 아뢰었다.

"술통 있는 곳에 가서 잔을 잡고 술을 부으시고 잔을 올릴 때 친히 하지 말고 마땅히 내시에게 주어 드리십시오."

태종이 또 그 말대로 하여 내시가 잔을 올렸다. 태조가 다 마시고 웃으면서 소매 속에서 쇠방망이를 찾아내어 자리 옆에 놓으면서 일렀다.

"모두가 하늘이 시킨 것이다."

이 이야기가 사실인지는 알 수 없지만, 당시 태조의 심정을 대변하는 내용이다. 태조가 방원을 쫓아내고 벌을 주고자 애썼다면, 이방원은 그런 아비의 마음을 풀기 위해 무던히 애썼다. 심지어 태조가 온천을 다녀올 때는 멀리까지 마중 나가서 같은 방에서 잠을 자는 일도 여러 번 있었다. 그쯤 되자 태조도 방원을 용서하고 마음을 열었다. 태종 6년(1406년) 4월 4일의 다음 기록은 방원을 용서한 태조의 마음을 엿볼 수 있다.

▶ 태조의 묘 건원릉. 경기도 구리시에 있다. 권태균 사진

임금이 덕수궁에 나아가 헌수하였다. 의안대군 이화가 모시고 앉았는데, 태상왕이 시중들던 무협아에게 명령하여 노래를 불러서 술을 권하게 하였다. 임금이 이화에게 말 안장을 하사하고, 무협아에게는 비단 한 필을 하사하였다. 태상왕이 심히 즐거워하였고, 임금이 크게 취하여 여러 번 술잔을 올리니 태상왕은 번번이 마셨으나 취하지 아니하고서 말하였다.

"내가 젊었을 때 어찌 오늘날이 있을 줄 알았으랴. 다만, 오래 살기를 원하였더니 이제 70이 지났는데도 아직 죽지 않는다."

당시에는 일흔 살을 넘기는 일이 흔하지 않았고 그래서 일흔을 '예로부터 흔하지 않았다'는 뜻으로 '고희古稀'라고 한다. 태조는 그 흔하지 않은 나이가 되었음을 흡족해했다. 목숨을 건 숱한 전쟁에서 살아남아 회군을 단행하고, 또 숱한 시련 속에서 고려 왕조를 무너뜨리고 혁명을 감행하여 조선을 개국하였으며, 몇 번의 죽을 고비를 넘기며 병마를 이겨낸 끝에 맞이한 고희였다. 더구나 보통 사람도 아닌 왕이 일흔의 나이까지 사는 것은 아주 드문 일이었다. 더구나 자식까지 잃고 아들에게 밀려 왕위에서 물러나는 사태를 겪고서도 무너지지 않고 살아남은 끝에 도달한 칠순이었으니 만감이 교차할 만했다.

그의 칠순 여정 속에서 아들 방원은 한때 아비의 자랑거리이기도 했고, 활로 목숨줄을 끊어놓고 싶은 원수 같은 놈이기도 했다. 그러나 칠순에 이른 노구의 태조에게는 여전히 가장 믿음직하고 효성스러운 자식이었다. 아비가 분노에 찬 얼굴로 무섭게 떨쳐내는데, 방원은 꾸역꾸역 모든 역정을 받아내며 아비의 품으로 파고들었고, 결국 그 정성은 아비의 분노와 응어리를 풀어내기에 이르렀다.

일흔을 넘긴 태조는 곧잘 시름시름 앓았다. 병이 나서 병상에 누우면 태조는 누구도 만나려고 하지 않았다. 설사 방원이 찾아와도 만나지 않았다. 늙고 병든 자신의 모습을 보여주기 싫어했다. 그리고 1408년에 4월에 이르러 아예 드러눕고 말았다. 그로부터 두 달 가까이 누워 있던 태조는 5월 24일에 일흔넷을 일기로 별전에서 생을 마감했다.

제2장

3대

태종

영리한 책략가,
뒤끝 대마왕

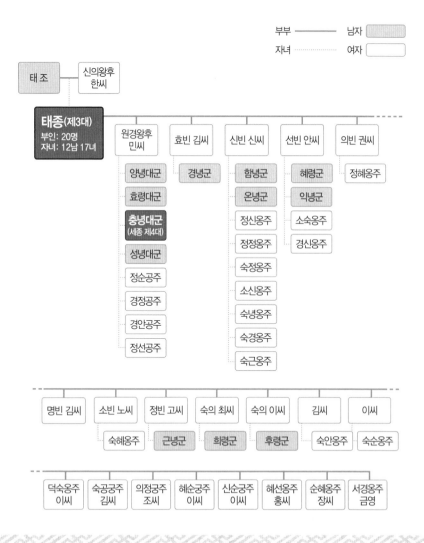

태종의 가계도

부부 ——— 남자
자녀 ········· 여자

태조 — 신의왕후 한씨

태종(제3대)
부인: 20명
자녀: 12남 17녀

- 원경왕후 민씨
  - 양녕대군
  - 효령대군
  - **충녕대군** (세종 제4대)
  - 성녕대군
  - 정순공주
  - 경정공주
  - 경안공주
  - 정선공주
- 효빈 김씨
  - 경녕군
- 신빈 신씨
  - 함녕군
  - 온녕군
  - 정신옹주
  - 정정옹주
  - 숙정옹주
  - 소신옹주
  - 숙녕옹주
  - 숙경옹주
  - 숙근옹주
- 선빈 안씨
  - 혜령군
  - 익녕군
  - 소숙옹주
  - 경신옹주
- 의빈 권씨
  - 정혜옹주

- 명빈 김씨
- 소빈 노씨
  - 숙혜옹주
- 정빈 고씨
  - 근녕군
- 숙의 최씨
  - 희령군
- 숙의 이씨
  - 후령군
- 김씨
  - 숙안옹주
- 이씨
  - 숙순옹주

- 덕숙옹주 이씨
- 숙공궁주 김씨
- 의정궁주 조씨
- 혜순궁주 이씨
- 신순궁주 이씨
- 혜선옹주 홍씨
- 순혜옹주 장씨
- 서경옹주 금영

영특한 기상, 허약한 체질

"이 사주는 귀하기가 말할 수 없으니 조심하고 점쟁이에게 경솔히 물어보지 마소서."

이방원을 낳은 후, 어머니 한씨가 점쟁이 문성윤에게 방원의 사주에 관해 물었더니 문성윤이 내뱉은 말이다. 말인즉, 방원 사주 속에는 나라를 배신하거나 나라를 세울 운명이 들어 있다는 뜻이었다. 그 때문에 자칫 그 사주를 함부로 보여 왕이 될 사주라고 소문이라도 나면 아이가 무사하지 못할 것이라는 경고이기도 했다.

방원은 사주뿐 아니라 생김새도 남달랐던 모양이다. 하륜이 관상에 일가견이 있었던 모양인데, 이방원의 장인인 민제와 친구였던 그는 민제에게 이런 말을 하였다.

"내가 사람을 상 본 것이 많지만, 공의 둘째 사위 같은 사람은 없었소. 내가 뵙고자 하니 공은 그 뜻을 말하여 주시오."

방원의 관상에 대해서는 남은도 한마디 남겼는데, 그는 이방원을 만나면 다른 사람들에게 이렇게 일렀다고 한다.

"이 사람은 하늘을 덮을 영특한 기상을 지니고 있다."

이런 이방원의 관상을 두고 실록은 "태조가 높은 코에 용의 얼굴이었는데, 태종의 용모가 닮았다"고 쓰고 있다. 하지만 이방원이 이성계를 닮았다는 것은 지어낸 말인 것 같다. 이성계는 키도 크고 덩치가 있었으며 힘도 장사였지만, 이방원은 그렇지 않았다. 원래 자식은 아비가 잘 안다고 했는데, 이성계는 이방원에 대해 "체질이 파리하고 허약하다"고 표현했다. 이성계가 이 말을 한 것은 1394년 6월 초였다. 당시 명나라 황제 주원장이 이성계에게 친아들을 입조시키라고 하자 이방원을 보냈는데, 그 자리에서 이성계는 걱정 어린 얼굴로 이런 말을 한다.

"너의 체질이 파리하고 허약해서 만 리의 먼 길을 탈 없이 다녀올 수 있겠느냐?"

당시 이방원의 나이는 스물여덟 살이었다. 말하자면 이십 대 청년인 이방원에게 이성계가 '파리하고 허약하다'고 표현한 것을 볼 때, 이방원은 결코 이성계처럼 체격이 좋고 힘이 강한 사람은 아니었던 것 같다. 따라서 실록에서 "태조의 용모를 닮았다"고 한 것은 의례적인 표현일 가능성이 크다.

사실, 태조의 용모와 성격을 닮은 인물은 정종 이방과였다. 정종은 태조처럼 무술을 익힌 무인이었고, 전쟁에도 직접 참가하여 공을 세웠으며, 격구와 같은 거친 운동을 직접 하길 좋아했다. 그리고 그의 성격에 대해 실록은 "자질이 온화하고 인자하며 공손하다"고

했는데, 이는 태조의 성격과 매우 유사하다. 태종에 대해서는 "영명하고 예지가 출중하고, 세상을 구제할 뜻이 있다"는 표현은 있으나 온화하고 인자하다는 표현은 없다. 말하자면 이방원에게서는 이성계가 지니고 있던 온화함이나 너그러운 면모는 찾아볼 수 없었던 것이다.

똑똑한 아들, 아비의 사랑을 받다

《태종실록》은 이방원의 품성과 자질에 대해 이렇게 표현한다.

"태종은 나면서부터 신비하게 남달랐고, 조금 자라매 영명과 예지에 출중하고, 글 읽기를 좋아하여 학문이 날로 진보되었다."

이 내용을 한마디로 줄이면 똑똑했다는 뜻이다. 예나 지금이나 똑똑하다는 것은 공부를 잘한다는 뜻인데, 태종은 어릴 때부터 책을 좋아하고 공부를 잘했다는 것이다. 지금의 아버지나 이때의 아버지나 공부 잘하는 자식을 자랑스러워하기는 매한가지였던 모양이다. 《동각잡기》의 다음 이야기는 그 점을 잘 보여주고 있다.

태조는 본시 유학을 좋아하여 비록 군대를 거느리고 있는 중에도 창을 놓고 쉴 때면 유명한 선비를 청하여 경서와 사기를 논의하느라고 밤중까지 자지 않는 때가 많았다. 가문에 유학하는 사람이 없었으므로 태종을 학문 길에 나아가게 하였더니, 태종이 글 읽기를 게을리하지 않았다. 고려 우왕 때 태종이 과거에 급제했는데, 태조가 대궐에 나가 절을 하며 감사 인사를 하고는 감격에 거워서 눈물을 흘렸다.

이성계에게 이방원은 이런 자랑스러운 아들이었다. 자신은 비록 학문을 익히지 못해 전장을 누비는 변방의 무인으로 살아가고 있었지만, 아들만큼은 학문을 하여 중앙 정계에서 문관으로 살기를 원했는데, 방원이 아비의 그런 소원을 이뤄준 것이다. 아들이 과거에 합격한 사실이 얼마나 좋았으면 신하들이 보는 앞에서 대장부가 눈물을 흘리며 좋아했겠는가! 어찌 보면 이성계의 이런 모습은 어느 개그맨의 표현처럼 "참 낯설다."

흔히 자식 자랑하면 팔불출이라는데, 이성계가 그랬다. 《동각잡기》의 기록이다.

태종이 제학이 되니 태조의 기쁨이 대단하여 사람을 시켜서 관교(임명장)를 두세 번 읽게 하되 손님들과 연회를 할 때는 반드시 태종에게 연귀聯句를 시키고, 매양 이렇게 말하였다.
"나를 손님과 더불어 즐겁게 하는 데에는 너의 힘이 많았다."

이렇듯 이성계는 자리만 마련하면 방원 자랑에 신이 난 아비였다. 즉, 이성계는 방원 바보였다. 이 내용에 나오는 '연귀'는 여러 사람이 함께 시를 짓는 것으로 한 사람이 시 한 구절을 지으면 다른 사람이 이어서 한 구절을 짓는 것을 말한다. 이는 학문과 문학적 능력을 동시에 겨루는 일이었는데, 이성계는 연회가 있을 때마다 방원을 불러 자신의 위신을 세우고 자식 자랑을 하느라 여념이 없었다.

죽이 잘 맞는 계모와 정치적 동지가 되다

태종 이방원은 1367년(공민왕 16년) 5월 16일에 함경도 함흥 귀주동에서 이성계의 첫 부인 한씨의 다섯째 아들로 태어났다. 방원이 태어났을 때, 위로는 형 넷과 누나(경신공주)가 있었다. 큰형 방우는 방원보다 열세 살이 많았고, 둘째 형 방과는 열 살, 셋째 형 방의는 일곱 살, 넷째 형 방간은 세 살 위였고, 누나는 두 살 위였다. 그들 형제 외에 방원에게는 누나 같은 인물이 하나 더 있었다. 이성계의 둘째 부인 강씨가 바로 그녀다. 강씨는 방원의 큰 형 방우보다 두 살 어렸고, 방원보다 열한 살 많았다. 큰형보다 어린 계모, 어찌 보면 누나 같은 계모였다. 그 계모 강씨는 명민하고 똑똑한 방원을 좋아했다. 그래서 강씨는 방원을 향해 이런 말을 했다고 한다.

"어찌 내 몸에서 나지 아니하였는가?"

강씨는 방원의 큰형 방우보다 두 살 어렸으니 비록 어머니라지만, 형보다 어린 여자였다. 그녀는 함흥이 아닌 개성에서 이성계와 함께 생활했는데, 성균관에 들어가기 위해 공부하던 이방원도 개성에서 지냈으므로 강씨 슬하에서 자란 셈이다. 강씨는 이방원이 친아들이 아닌 것을 안타까워할 정도로 방원을 총애했다. 방원이 영민하고 공부도 잘할 뿐 아니라 자기를 잘 따랐기 때문이다. 사실, 이방원은 아버지 이성계보다도 강씨와 죽이 더 잘 맞았다. 그리고 아버지보다 계모의 성격을 더 닮았다. 강씨는 성격이 대담하고 상황 판단력이 뛰어났다. 필요에 따라서는 잔인하고 냉정했으며 영악하고 사람을 거느리는 능력도 있었다. 방원 역시 그녀와 흡사한 성격이었는데, 그 때문에 그들은 죽이 잘 맞았다.

방원과 강씨가 죽이 잘 맞았다는 사실은 정몽주 척살 사건에 관한《태조실록》총서의 다음 기록에서 잘 드러난다.

(이방원이 사람을 시켜 정몽주를 죽였다는 소식을 듣고) 태조는 크게 노하여 병을 참고 일어나서 전하(이방원)에게 소리쳤다.

"우리 집안은 본디 충효忠孝로써 세상에 알려졌는데, 너희들이 마음대로 대신大臣을 죽였으니 나라 사람들이 내가 이 일을 몰랐다고 여기겠는가? 부모가 자식에게 경서經書를 가르친 것은 그 자식이 충성하고 효도하기를 원한 것인데, 네가 감히 불효不孝한 짓을 이렇게 하니, 내가 사약을 마시고 죽고 싶은 심정이다."

이에 전하가 대답했다.

"몽주 등이 장차 우리 집을 모함하려고 하는데, 어찌 앉아서 망하기를 기다리는 것이 합하겠습니까? '몽주를 살해한' 이것이 곧 효도가 되는 까닭입니다."

태조가 성난 기색이 한창 성한데, 강비康妃가 곁에 있으면서 감히 말하지 못하는지라 전하가 말하였다.

"어머니께서는 어찌 변명해주지 않습니까?"

강비가 노기를 띠고 고하였다.

"공은 항상 대장군으로 자처하였는데, 어찌 놀라고 두려워함이 이 같은 지경에 이릅니까?"

이 내용을 보면, 이방원과 강씨는 정몽주를 죽이기로 이미 합의했다는 것을 알 수 있다. 그들은 정몽주를 죽이지 않으면 이성계를 포함한 자기 집안이 몰락할 수 있다고 판단했다. 그런 까닭에 정몽주를 죽인 것에 대해 이성계가 무섭게 화를 내자, 이방원은 강씨에게 편을 들어달라고 노골적으로 말할 수 있었다. 이방원이 정몽주를 죽이는 과정에서 이성계를 제쳐두고 강씨와 모의했음을 엿볼수 있는 대목이다.

강씨가 이방원 편을 들자, 이성계는 노기를 누그러뜨리고 더는 방원을 몰아세우지 않았다. 이 대목에서 확인할 수 있는 것은 정몽주의 척살은 이방원의 단독 결정에 의한 것이 아니라 강씨와 이방원이 함께 계획했다는 사실이다. 그런 의미에서 보자면 이방원과 강씨는 계모와 아들 관계가 아니라 일종의 정치적 동지였다.

음흉한 인내력과 과감한 행동력

조선이 개국 되자, 강씨와 이방원의 동지적 관계는 끝났다. 그들의 관계를 악화시킨 것은 세자 책봉 문제였다. 조선 개국 직후인 1392년 8월, 태조 이성계는 강씨의 막내아들 방석을 세자로 책봉했다. 당시 개국 공신인 배극렴 등은 이방원을 세자로 삼을 것을 요청했지만, 태조는 왕비 강씨의 주장에 밀려 방석을 세자로 책봉했다. 이후 방원은 강씨를 정적으로 간주했지만, 겉으로 드러내지는 않았다. 자칫 강씨에 대한 서운한 감정을 드러냈다가는 무사하지 못할 것이란 사실을 알았기 때문이다.

사실, 이방원이 가장 무서워하던 정적은 계모 강씨였다. 그녀는 정도전, 남은, 심효생 등의 개국 공신들은 물론이고 태조마저도 자기 뜻대로 움직였다. 이방원은 어릴 때부터 강씨와 함께 살아서 그녀의 성정을 잘 알고 있었다. 정몽주 척살 과정에서 알 수 있듯 강씨는 과감하고 냉정했으며, 영악한 인물이었다. 비록 본처의 자식이라도 영리하고 뛰어나면 기꺼이 품어주며 자기편으로 만들 줄 아는 여인이었고, 정적이라고 판단되면 가차 없이 죽여 버릴 만큼 잔인한 구석도 있었다.

또 방석을 세자로 책봉하게 만드는 과정에서 보듯 주장이 강하고 야망도 컸다. 그런 그녀였기에 이방원은 몹시 몸을 사리며 세자 책봉에 대한 어떤 불만도 드러내지 않았고, 정치적 야심을 드러내지도 않았다. 오히려 그는 그녀가 장악하고 있던 조정에 철저히 협조했다. 심지어 명나라 황제 주원장이 이성계의 친아들을 명나라 조정에 입조시키라고 할 때도 주저 없이 명나라로 갔다. 당시 중국을 다녀오는 일은 몹시 고달프고 힘든 일이었다. 게다가 이성계에 대한 악감정을 품고 있던 명 태조 주원장의 심기를 잘못 건드리면 볼모로 잡히거나 곤욕을 치를 수도 있는 그런 길이었다. 그런데도 방원은 거부하지 않았다. 목적은 단 하나, 강씨에게 자신의 속내를 들키지 않고 야심을 숨기기 위해서였다.

이방원은 그렇듯 음흉한 구석이 있는 인물이었다. 기회를 잡을 때까지는 속내를 드러내지 않고 기다릴 줄 알았다. 하지만 기회가 오면 놓치지 않고 행동으로 옮겼다. 또 적을 공격할 때는 다시는 일어나지 못하도록 무참히 죽이는 잔인한 구석도 있었다. 정몽주를 척살한 사건에서 알 수 있듯, 그는 적이라고 판단하면 반드시 목숨을 끊어놓아야 직성이 풀렸다.

하지만 이방원은 때가 될 때까지는 절대 속내를 드러내지 않았다. 그때란, 곧 계모와 아버지가 동시에 힘을 잃는 순간이었다. 다행히 하늘은 그의 편이었다. 그의 최대 정적인 강씨가 자주 앓아눕기 시작했다. 강씨가 처음으로 드러누운 때는 개국하고 불과 7개월 후인 1393년 2월이었다. 방원이 명나라를 다녀온 1394년 11월에는 강씨의 병이 더욱 악화하였다. 그리고 이듬해 7월, 강씨는 아예 병상에서 생활하는 신세가 되었다. 그리고 1396년 8월, 강씨는 마침내 저승의 문턱을 넘어 북망산으로 떠났다.

비록 최대 정적 강씨가 죽었지만, 이방원은 여전히 야심을 드러내지 않았다. 세자 방석과 그를 두둔하는 세력들을 쓸어버리고 싶었지만, 태조가 건재해 있는 한 불가능한 일이었다. 그런 상황에서 그의 두 번째 정적이라고 할 수 있는 정도전이 요동정벌론을 내세우며 사병혁파 운동을 전개하고 있었다. 이방원의 마지막 보루라고 할 수 있는 사병을 빼앗으려고 한 것이다. 이 때문에 이방원은 극도의 위기의식을 느꼈다. 하지만 그때도 속내를 드러내지 않았다. 어설프게 반발했다가는 반역자로 몰려 목이 날아갈 판이었다. 그래서 사병을 순순히 내주고 기회를 엿보고 있었다.

마침내 1398년 8월, 그는 절호의 기회를 맞았다. 태조가 병상에 누워 며칠째 일어나지 못했다. 자칫 병세가 더 악화하면 국상을 치를지도 모를 판이었다. 만약 그대로 태조가 일어나지 못하면 왕위는 방석에게 돌아갈 상황이었고, 방석이 왕위에 앉으면 자신을 그대로 두지 않을 것이란 불안감이 엄습했다. 죽이지 않으면 자기가 죽임을 당할 것이라고 판단했다.

위기는 곧 기회라고 했던가? 방원은 정몽주를 격살하여 고려 왕조를 무너뜨렸을 때처럼 이번에도 기회를 놓치지 않았다. 1398년 8월 26일, 그는 6년간 숨기고 있던 야망을 가차 없이 드러냈다. 우선 자신의 사병을 빼앗는 작업에 앞장섰던 정도전을 격살했다. 또 방석의 장인 심효생, 정도전과 뜻을 같이했던 남은도 죽였다. 그러면서 그는 그들에게 반역의 죄를 뒤집어씌웠다. 그리고 마침내 세

▶ 태종과 원경왕후 민씨의 무덤인 헌릉. 서울시 서초구 내곡동에 있다. 권태균 사진

자 방석을 죽이고, 세자의 형 방번과 그들의 매형 이제도 죽였다. 이 모든 일이 하루에 벌어진 일이었다. 6년 동안 숨기고 있던 야망이 드러나는 순간, 정적들의 목을 한꺼번에 날려버렸다. 여느 인물이라면 세자 방석이나 방번, 이제 정도는 유배를 보내는 것으로 마무리 지었을지도 모른다. 어쩌면 그것이 더 현명한 처신이었을 수도 있다. 하지만 이방원은 망설임 없이 그들 모두를 죽였다. 이 길만이 화근을 없애는 가장 확실한 방법이라고 생각한 것이다. 이렇듯 이방원은 음흉함과 잔인함으로 무장한 냉혈한이었다.

축첩에 눈먼 남편, 따지고 드는 조강지처

이방원이 왕위를 차지하는 과정에서 부인 민씨와 처남들의 공이 컸다. 민씨는 이방원의 사병이 혁파될 때 몰래 무기들을 챙겨 숨겨 놓았다가 이방원이 정도전을 공격할 때 사용할 수 있게 했다. 또 민씨의 동생 민무구와 그의 형제들은 방간이 정도전을 제거하는 과정(제1차 왕자의 난)에서 중추적인 역할을 했다. 따라서 이방원을 용상에 앉힌 최대 공신은 부인 민씨와 처남들이라고 해도 과언이 아니다. 하지만 막상 이방원이 왕위에 오르자, 그들 부부 사이는 극도로 악화하였다. 그 원인은 이방원의 축첩 때문이었다.

태종은 왕위에 오르자마자 여러 명의 후궁을 뒀는데, 이 때문에 왕비 민씨는 몹시 화를 냈다. 태종은 원래 왕위에 오르기 전에도 첩이 있었다. 효빈 김씨였는데, 김씨는 원래 부인 민씨의 몸종이었다. 그렇듯 첩이 있는데도 태종은 여러 명의 궁녀와 동침하였다. 그러자 왕비 민씨는 참지 못하고 왕과 동침한 궁녀들을 중궁전으로 불러 다그쳤다. 그 소식을 접한 태종도 가만히 있지 않았다. 태종은 중궁전에서 일하는 시녀와 환관 20여 명을 내쫓아버렸다. 중전의 손발을 다 잘라버린 것이다. 이 사태가 벌어진 1401년 6월 18일부터 태종과 민씨의 부부싸움이 본격화되었다.

민씨는 태종보다 두 살 많은 여인으로 민제의 딸이었다. 민제는 고려 왕조 시절에 이방원에게 학문을 가르친 스승이었다. 학문을 배울 때 이방원은 민제의 집에서 기거했는데, 그때 부인 민씨를 만났다.

민씨의 아버지 민제는 여산 송씨에게서 4남 3녀를 얻었는데, 왕비 민씨는 둘째 딸이었다. 민씨의 언니는 조박에게 시집갔으며, 민씨 아래로는 무구, 무질, 무휼, 무회 등 남동생 넷과 막내인 여동생이 있었다. 민씨는 이방원과 결혼하여 1385년 스물한 살 때 첫딸인 정순공주를 낳았고, 2년 뒤에는 차녀 경정공주를 낳았다. 그 뒤로 세 명의 아들을 낳았으나 모두 일찍 죽었고, 다시 아이를 낳으니 역시 딸이었다. 그리고 1394년에 세 명의 딸 아래로 아들을 낳았는데, 그가 양녕대군이다. 양녕대군 이후로 2년 터울의 효령대군을 낳았고, 다시 1397년에 연년생으로 충녕대군(세종)을 낳았다. 따라서 태종은 왕위에 오를 때 민씨에게서 얻은 3남 3녀의 자녀가 있었다.

그런데도 이방원은 1394년에 민씨의 몸종 김씨를 첩으로 삼아 1395년에 경녕군을 얻었으니 서자까지 한 명 있는 상황이었다. 이방원은 이에 만족하지 않고 용상에 오르자마자 후궁을 두기 시작하여 그 수가 아홉에 이르게 된다. 태종이 궁인을 후궁으로 삼은 것은 왕위에 오른 직후였다. 또 태종이 동침한 궁인도 한두 명이 아니었다. 이 때문에 왕비 민씨는 태종의 옷을 붙잡고 울면서 이렇게 따지고 들었다.

"상감께서는 어찌하여 예전의 뜻을 잊으셨습니까? 제가 상감과 함께 어려움을 지키고 같이 화란禍亂을 겪어 국가를 차지하였사온데, 이제 나를 잊음이 어찌 여기에 이르셨습니까?"

왕비 민씨가 이런 말로 태종을 비판한 것도 무리는 아니었다. 태종은 여러 명의 후궁을 들이고도 1402년 3월 7일 악공 권홍의 딸을 다시 별궁으로 맞아들여 후궁으로 삼으려고 하자 민씨는 이 소식을 듣고 태종을 찾아가 울음을 그치지 않았다고 한다. 또 식음을 전폐하고 분을 삭이지 못했는데, 이 때문에 태종은 권씨를 위해 마련했던 가례색(임금이나 왕세자 등의 가례에 임하여 두는 임시 관아)을 파하고 그저 환관과 시녀 몇 명만 앞세워 권씨를 별궁에서 맞아들여야 했다. 이 일이 있고 난 뒤, 왕비 민씨는 우울증에 시달렸고 태종은 며칠 동안 정사를 돌보지 않았다.

이후 태종은 민씨를 다독이기 위해 장인 민제의 집에 거둥(임금의 행차)하여 잔치를 베풀기도 했지만, 태종과 민씨는 쉽게 화해하지 못했다. 그런 가운데 1404년 8월 6일 민씨의 장남 제(양녕대군)가 세자에 책봉되었다. 세자 책봉 뒤에도 태종과 민씨 사이는 여전히 좋지 않았다. 태종은 민씨가 투기가 심하다고 지적하였고, 민씨는 태종이 초심을 잃고 후궁에게 눈이 팔려 정사는 뒷전이라고 비판하였다. 그러자 태종은 아예 민씨 처소를 찾지도 않았다. 또 민씨가 그렇듯 오만한 태도를 보이는 것은 모두 민씨의 동생들이 권력을 차지하고 있어서라고 생각하고, 처남들을 제거할 음모를 꾀한다. 민씨에 대한 증오가 커지자 처남들을 아예 역적으로 몰아 죽이기로 한 것이다. 그야말로 지질하고 잔인한 응징이었다.

처남들을 제거하다

처남들을 제거하기 위한 태종의 음모는 치밀했지만, 그 과정은 아주 치졸했고 그 결과는 몹시 잔혹했다. 그 음흉하고 치졸한 음모의 서막은 1406년 8월 18일에 시작되었다. 이날 태종은 느닷없이 세자에게 왕위를 물려주고 용상에서 물러나겠다고 선언했다. 백관들이 그 소식을 듣고 대궐로 달려왔다. 의안대군 이화, 영의정부사 성석린 그리고 조정의 원로들이 대거 몰려와서 대전 앞에 열을 갖춰 앉고는 지신사(도승지) 황희에게 아뢰게 하고 성석린이 대표로 간했다.

"전하께서 아직 춘추가 한창이고, 세자의 나이는 성년에 이르지 못했는데, 아무 변고도 없는 상황에서 전위傳位코자 하시니 신 등은 그 이유를 알지 못해 황공해 하고 있습니다."

태종의 전위 표명, 그것은 조정 대신들로서는 보통 곤혹스러운 문제가 아니었다. 전위를 받아들이면 임금에 대한 불충이요, 받아들이지 않으면 차기 임금에 대한 불충이었다. 이래도 불충이고, 저래도 불충이니 그 처신이 쉽지 않았다. 더욱이 태종은 갓 불혹에 접어든 때로 연로한 것도 아니요, 나라에 특별한 변고가 생긴 것도 아니었다. 앞뒤를 아무리 재어 봐도 태종이 왜 전위를 하겠다고 하는지 대신들은 도대체 알 수 없었다. 하지만 이유야 어찌 되었든

백관들은 모두 나서서 전위는 절대 안 된다고 한목소리를 냈다. 물론 민무구와 민무질 형제도 마찬가지였다. 또 세자도 울면서 선위를 받을 수 없다고 버텼다. 그러자 태종은 며칠 만에 못 이기는 척 전위 의사를 거둬들였다.

그리고 얼마 뒤, 태종의 숙부인 이화가 민무구와 민무질을 탄핵하는 상소를 올렸다. 이미 태종과 이화는 입을 맞춘 상황이었다. 이화뿐 아니라 이숙번과 하륜도 이 일에 깊이 가담하고 있었다. 이화의 탄핵 상소문의 핵심은 이런 내용이었다.

여강군 민무구와 여성군 민무질 등은 왕궁에 드나들면서 전하의 은덕을 과분하게 받아 한집안의 형제들이 모두 높은 벼슬로 호화로운 생활을 누리고 있습니다. 그럴수록 모든 것에 조심하고 직무에 성실하여 교만하거나 안일하지 말며 은혜를 보답하기 위하여 노력해야 할 것입니다. 허나 그들은 저희의 처지를 돌아보지 않고 권력을 틀어쥘 것만 꿈꾸면서 임금을 어떻게 해볼까 하는 마음을 먹고, 기어이 일을 내려고 욕심을 부리고 있습니다.

지난해에 전하가 왕위를 물려주려고 할 때 온 나라의 신하와 백성이 모두 가슴 아파하였지만, 무구 등은 다행하게 여기며 기쁨을 감추지 아니하였습니다. 전하가 백관의 기대에 순응하여 다시 자리를 지킨 뒤에 온 나라의 신하와 백성은 모두 기뻐하였지만, 무구 등은 도리어 실망했습니다. 그것은 어린 임금을 끼고 권력과 부귀를 마음대로 부려보자는 충성치 못한 심보를 훤히 드러내는 일이었습니다.

또 그때 전하께서 왕실의 자손들을 장구히 안전하게 하기 위한 계책을 세우려고 하자, 무구는 감히 이렇게 말했습니다.

"만일 꾀거나 부추기는 사람이 없다면 그냥 이대로 놔두는 것이 좋겠습니다."

전하가 이 말을 듣고 놀라서 곧 무구에게 말씀하셨습니다.

"예부터 제왕에게는 본처의 맏아들 이외에는 다른 아들이 없어야 좋겠는가?"

안암에 피접 갔을 때, 전하가 또 무구에게 물었습니다.

"임금은 꼭 아들을 하나만 둬야 하는가?"

그러자 무구는 이렇게 대답했습니다.

"일찍이 신이 그렇게 말하지 않았습니까?"

무구의 속마음은 왕실의 자손들은 맏이고 아래고 모두 없애자는 심보입니다. 앞으로 어떤 화가 생길지 알 길이 없습니다.

더구나 무질은 지난번 전하가 임금 자리에 오른 지 얼마 안 됐을 때, 특별한 대우를 받으면서도 정승 이무의 집에 찾아가서 마치 무슨 불만이라도 있는 듯 불평을 하면서, 전하가 나를 끝내 그냥 두지 않을 모양인데, 어떻게 하면 좋겠냐고 했습니다. 이무가 예의를 차려 차근차근 타일러주니, 그제야 잘못 생각했노라고 했습니다. 그때는 애초부터 우려할 문제가 없었는데도 무질이 스스로 의심을 품어 안절부절못했습니다. 그 속마음이 무엇이겠습니까?

듣건대, 무구 등이 전하께 말하기를, "세자 이외에는 영특한 왕자가 없어야 좋습니다"라고 했다 하는데, 이는 그가 임금을 어떻게 해보려는 마음을 품었다는 것을 명백하게 말해줍니다. 또 지난날 전하 곁에 있으면서 취산군 신극례를 충동질하여 감히 임금의 친아들이 쓴 글씨를 찢어 던지면서 이렇게 말했습니다.

"임금의 아들 중에서 영특한 사람이 많으면 변란이 생긴다."

이것도 왕실의 맏이나 그 아래를 다 없애자는 수작이 아니겠습니까? 전하께서는 충성스럽지 못한 그의 속내를 환히 알면서도 공로 있는 친척이라는 점을 고려하여 살려주려는 생각에서 극진한 은혜를 베풀어 용서했던 것입니다. 무질은 또 구종지의 집에 가서 "전하가 우리를 의심하고 있다"라느니 "전하가 중상하는 말을 잘 믿는다"라느니 하면서 불손한 말을 한 것도 한두 번이 아닙니다. 딴마음을 먹은 죄가 이보다 더 클 수는 없습니다.

바라건대 전하께서는 큰 의리로써 처결하여 무구, 무질, 극례 등을 해당 관청에 넘기고, 그 죄상을 심문하여 변란의 근원을 막아야 할 것입니다.

이화의 상소문을 자세히 살펴보면, 태종과 민무구 두 사람만 알고 있는 일들이 대부분이다. 이는 태종이 민무구와 나눈 대화를 이화와 그 일당에게 발설했다는 뜻이며, 이화가 민무구와 무질을 탄핵한 사건에 태종이 깊숙이 연루되어 있음을 말해준다. 다시 말해 이화가 올린 상소문은 태종이 지은 것이나 진배없었다. 또 이화의 상소문에 나타난 내용도 태종이 모두 알려준 것이었다. 하지만 그 사실 여부는 확인할 수 없다. 오로지 태종만 아는 내용이므로 그것을 태종이 지어낸 말이 아니라고 단정할 수도 없었다. 그렇듯 태종은 작정하고 민무구 형제를 죽이려 했고, 민씨 형제는 빠져나갈 방도가 없었다.

이화의 상소문 이후, 민무구와 민무질을 처벌해야 한다는 상소가 빗발쳤고, 태종은 그들의 상소에 밀린 듯 마지못한 얼굴로 무구를 여흥에, 무질을 대구에 유배 조치했다. 이는 그들의 부친인 민제가 제안한 것이다. 그대로 뒀다간 유배형이 아니라 극형에 처해질 것을 염려한 고육책이었다. 하지만 민씨 형제의 일은 그쯤에서 끝나지 않았다. 만약 민무구 형제가 살아남은 가운데 태종이 죽고 세자 제가 즉위한다면, 그 뒷감당이 만만치 않았기 때문이다. 필시 민씨 형제는 복수할 것이고, 탄핵에 가담한 무리들은 대거 숙청당할 것이 뻔했다. 그 점을 모르지 않는 하륜, 이숙번, 이화 등은 대간들을 통해 지속해서 그들 형제를 극형에 처할 것을 요구했다.

그런 가운데 민씨 형제 편에 서 있던 이무, 조희민, 강사덕 등은 자위책을 마련하기 위해 은밀히 민씨 형제와 연락을 취했는데, 이 일이 발각되어 사건은 걷잡을 수 없이 확대되었다. 결국 1409년에 정사공신 이무가 사형을 당하였고, 민씨 형제는 제주도로 유배되었다. 그러자 이번에는 종친들과 세자의 장인인 김한로, 심지어 세자까지 민씨 형제를 죽여야 한다고 상소했다. 그리고 이듬해인 1410년(태종 10년) 태종은 마침내 민씨 형제에게 자진 명령을 내렸다. 또 6년 뒤인 1416년엔 그들의 두 아우인 무휼과 무회에게도 자진하게 했고, 그들의 처자도 모두 변방으로 내쫓았다.

왕비 민씨와의 부부갈등에 화가 난 태종은 결국, 네 명의 처남을 모두 죽임으로써 왕비와 처가를 철저하게 응징했다.

끈질긴 보복, 뒤끝 대마왕

1408년 5월에 태조가 죽자, 태종은 그동안 숨기고 있던 계모 강씨에 대한 증오심을 본격적으로 드러냈다. 태종은 1409년 2월 23일에 신덕왕후 강씨의 능인 정릉을 도성 밖으로 옮기게 한 뒤 다음과 같은 명령을 내렸다.

"참찬參贊은 태평관 감조 제조이니, 정릉의 정자각을 헐어서 누각 세 칸을 짓고, 관의 옛 청사를 가지고 동헌·서헌을 창건하면, 목석의 공력을 덜고 일도 쉽게 이루어질 것이다. 황엄(명나라 사신)이 일찍이 말하기를, '정자 터를 높이 쌓고, 가운데에 누각을 짓고, 동쪽·서쪽에 헌軒을 지어놓으면 아름다울 것이다' 하였는데, 지금 이 누각을 짓는 것은 황엄의 의견에 따른 것이다. 그리고 정릉의 돌을 운반하여 쓰고, 그 봉분은 자취를 없애어 사람들이 알아볼 수 없게 하는 것이 좋겠으며, 석인은 땅을 파고 묻는 것이 좋겠다."

태종은 이렇듯 신덕왕후 강씨의 능을 아예 없애버렸다. 그리고 땅에 묻어뒀던 돌은 다시 캐내어 광교 돌다리를 만드는 데 쓰게 했다. 사람들이 밟고 다니게 만든 것이다. 어린 시절 자신을 길러줬던 강씨를 철저히 짓밟으려는 의도였다. 하지만 태종의 강씨에 대한 증오심은 거기서 끝나지 않았다. 태종 16년(1416년) 8월 21일 태종은 편전에서 신하들에게 이런 물음을 던졌다.

"계모란 무엇을 말하는 것인가?"

이에 유정현이 대답했다.

"어머니가 죽은 뒤에 이를 계승하는 자를 계모라고 합니다."

그러자 태종은 다시 물었다.

"그렇다면 정릉(신덕왕후 강씨)이 내 계모가 되는가?"

태종이 묻는 의도는 뻔했다. 강씨는 태조의 본처 한씨가 살아 있는 동안에 시집왔으니, 당연히 계모가 아니라는 대답을 유도하려는 것이었다. 태종의 의도대로 유정현이 대답했다.

"그때 신의왕후가 승하하지 않았으니, 어찌 계모라고 할 수 있겠습니까?"

그 말을 듣고 태종이 이렇게 말했다.

"정릉은 내게 조금도 은혜를 베풀 뜻이 없었다. 내가 어머니 집에서 자랐고, 장가를 들어 따로 살았으니, 어찌 은혜를 입었겠는가? 다만 부왕께서 사랑하고 중하게 여기던 의리를 생각하여 제사를 어머니와 다름없이 하는 것이다."

하지만 태종은 바로 강씨를 후궁으로 강등시키고, 강씨의 자녀들인 방번과 방석, 경순공주 등을 모두 서자와 서녀로 격하시켰다. 그들의 목숨을 앗은 것도 모자라서 신분까지 강등시킨 것이다. 그야말로 태종은 뒤끝 대마왕이었다. 후궁으로 강등된 강씨와 그 자녀들의 신분은 이후로 250년 동안 회복되지 못했다. 강씨가 다시 왕후로 복위된 것은 현종 때인 1669년이었다. 현종 당시 예론이 크게 일어나 송시열의 주장에 따라 가까스로 신분이 회복되어 오늘날 왕후로 불리고 있다.

양녕대군의 성 추문과 가차 없는 폐세자령

1410년에 태종이 죽인 민무구와 민무질은 세자 이제(양녕대군)와 친분이 두터웠다. 세자는 어린 시절 외가에서 보낸 시간이 많았던 터라 외숙들과 친했는데, 그들은 어린 세자를 끼고 권력을 농단하려 했다는 죄목으로 사약을 받았다. 그들이 죽자 태종은 뜻밖의 도전에 직면한다. 태종에게 도전장을 내민 이는 다름 아닌 장남이자 세자인 제였다. 그때 열일곱 살이 된 세자는 이미 결혼 한 지 4년 된 유부남이었다.

그런데 이 세자가 넘쳐나는 욕정을 주체하지 못해 보는 여자마다 처소로 불러들이는 통에 도성에 세자의 성 추문이 파다했다. 세자 제가 처음 빠져든 여자는 명나라 사신의 연회장에서 처음 본 봉지련이란 기생이었다. 연회가 끝난 뒤 세자는 두 명의 시종을 앞세우고 봉지련의 집을 찾아가 그녀와 동침하였고, 이후에는 노골적으로 동궁으로 불러들여 정을 통하였다. 그리고 이 일은 도성 안에 파다하게 퍼져 있었다.

뒤늦게 이 소식을 들은 태종은 노발대발하며 세자에게 봉지련의 집을 안내한 두 명의 시종에게 곤장을 치고, 봉지련은 옥에 가뒀다. 그러자 세자는 봉지련을 풀어주지 않으면 굶어 죽겠다고 단식투쟁을 했다. 결국, 태종은 혹 세자가 상사병을 얻어 큰 탈이라도 날까 봐 두려워하여 봉지련을 풀어주고 비단까지 하사했다. 하지만 세자가 봉지련을 동궁까지 불러들이는 것은 금지했다. 이에 세자는 궐 밖으로 나가 봉지련을 만났다. 시자들이 태종을 무서워하여 궐 밖으로 나가려 하지 않자, 세자는 궐 밖에서 사람을 구해 봉지련을 만나러 다녔다. 그리고 그들을 통해 다른 기생들도 동궁으로 들여 풍악을 울리며 놀았다.

태종이 그 말을 듣고 노하여 환관들을 다그쳐 세자와 함께 어울려다니는 자들을 모두 색출해 오라고 명하였다. 그리고 그들에게 모두 장형을 내리고, 관직에서 내쫓아버렸다. 또 세자전의 환관들을 매질하고 유배형을 내리기까지 하였다. 세자전의 종들을 모두 잡아다 감옥에 가두자, 세자는 식음을 전폐하고 다시 단식투쟁을 시작했다. 세자가 단식을 지속하자 태종은 별수 없이 환관과 종들을 모두 풀어주고 세자의 마음을 달랬다.

그 뒤로 세자는 한층 대담해졌다. 걸핏하면 동궁으로 기생들을 끌어들여 동침하였고, 악공과 한량들과 어울리며 주색잡기를 일삼았다. 심지어 큰아버지 정종과 동침했던 기생 초궁장과 사통하여 동궁에서 함께 지내기도 했다. 이 일을 알게 된 대종은 초궁장을 내쫓았다. 그러자 세자는 이번에는 매형 이백강의 첩 칠점생을 차지하려고 눈독을 들였다. 하지만 이를 눈치챈 동생 충녕대군(세종)이 강력하게 저지하는 바람에 성공하지 못했다.

이후 세자는 곽선의 첩 어리가 절색이라는 소리를 듣고 그녀를 납치하여 겁탈하는 사건을 벌였다. 이 사건이 조정에 알려지자 태종은 도저히 안 되겠다며 제를 세자 자리에서 내쫓으려고 했다. 하지만 조말생과 이원이 만류하는 바람에 실행에 옮기지 못했다. 그렇게 어리 사건은 넘어가는 듯했는데, 이번에는 더 큰 사건을 저질렀다. 도성에서 방유신이라는 사람의 손녀가 미인이라는 소문을 듣고 방유신을 협박하여 그 손녀를 취한 것이다. 이 사건이 알려지자 태종은 죄도 없는 방유신에게 장 100대를 때리고 3,000리 밖으로 유배 보냈다. 그리고 방유신의 손녀가 미인이라고 전한 이귀수란 자는 사형시켰다.

이런 사태가 벌어진 뒤에도 세자의 호색 행각은 계속되었다. 다시 어리를 불러들여 아이를 잉태시켰다. 그러자 태종은 분노를 이기지 못하고 세자를 폐위시켜버렸다. 그러자 세자가 편지를 보내 이렇게 말했다.

"전하의 시녀는 다 궁중에 들였는데, 그것이 모두 신중하게 생각하여 들인 것입니까? 지금까지 신의 여러 첩을 다 쫓아내 곡성이 사방에 이르고, 원망이 나라 안에 가득 찼습니다. 이 어찌 전하의 잘못이 아니겠습니까? 신은 앞으로도 음악과 여색에 쏠리는 마음을 참을 생각이 없습니다. 그저 마음 내키는 대로 살겠습니다."

이 편지를 읽고 태종은 "세자의 글을 읽고 몸서리가 쳐진다"고 말했다. 그리고 신하들과 세자의 스승들에게 편지를 내보이며 말했다.

"이 말은 나를 욕한 것이니, 말인즉 아비인 나도 옳은 길을 가지 않는다는 뜻이다. 내가 만약 부끄러운 생각이 있다면 어떻게 그대들에게 이 글을 보이겠는가? 모두 허망한 일을 가지고 말한 것이니 나는 명백히 해명하려고 한다."

태종이 신하들에게 세자의 편지까지 내보이며 이런 말을 하는 이유는 하나였다. 세자를 폐위시키겠다는 것이었다. 아무리 왕이라고 해도 쉽게 세자를 폐위시킬 수 없으니, 폐위 명분을 얻기 위해 부끄러움도 잊고 세자의 편지를 공개했다. 하지만 태종은 세자에게 시강원 스승들을 보내 대화를 나누게 하였다. 마지막 기회를 주겠다는 뜻이었다. 그러나 세자의 태도는 전혀 달라지지 않았다. 반성의 빛도 없었다. 그런 까닭에 조정 대신들은 오히려 세자를 폐하라는 상소를 올렸다. 그들은 이미 태종이 세자를 폐할 마음이 있다는 사실을 알고 있었다. 세자를 폐하라는 상소문을 접한 태종은 이렇게 말했다.

"모든 관리의 상소문을 보니 소름이 끼친다. 하늘도 이미 버린 일이기에 어쩔 수 있겠는가? 세자 제를 내쫓도록 하라."

이렇듯 양녕대군은 세자에서 쫓겨났는데, 그 원인이야 누가 봐도 호색 행각을 일삼은 양녕대군이 제공한 게 맞다. 하지만 양녕대군이 그렇게 막 나가게 된 배경을 살펴보면, 태종에 대한 반발심에서 비롯된 것임을 짐작할 수 있다.

태종은 왕위에 오르자마자 여러 명의 후궁을 한꺼번에 들이는 바람에 왕비 민씨와 심한 불화를 일으켰다. 심지어 그 불화로 인해 민씨의 친정은 쑥대밭이 되었다. 네 명의 처남들은 모두 유배되어 사약을 받았고, 그 가족도 비참한 처지가 되었다. 그 때문에 왕비 민씨는 몸져누웠고, 우울증까지 앓았다. 말하자면 양녕대군은 하루아침에 외가붙이를 모두 잃은 것이다. 또 그들 외숙이 숙청되는 과정에서 태종은 세자였던 양녕대군을 철저히 이용했다. 무려 세 번에 걸쳐 전위 파동을 일으켜 세자를 불안하게 만들었고, 그것도 모자라 외숙부에게 어린 세자를 이용해 권력을 장악하려 했다는 죄를 덮어씌움으로써 아들을 권력의 도구로 전락시켰다.

그런 일을 겪던 당시 세자의 나이는 지금의 초등학교 고학년에서 중학생 나이에 불과했다. 아직 정신적인 방황기에 있던 제가 아버지의 축첩으로 인한 부모의 불화와 어머니의 우울증, 아버지의 손에 죽어간 외숙부들을 지켜보는 것은 감당할 수 없는 고통이었을 것이다. 양녕대군은 이 고통의 원인을 제공한 부왕 태종에 대해 호색 행각과 제왕 교육 거부라는 소심한 복수를 감행했고, 아비 태종은 그 마음을 알아주기는커녕 계속 화만 내고 벌만 가하다가 예외 없이 쫓아내버린 것이다.

독존의 리더십

태종은 양녕대군을 세자에서 내쫓고 충녕대군 도(세종)를 세자에 책봉한 뒤, 1418년 7월 6일에 전격적으로 왕위를 세자에게 넘겼다. 하지만 왕위를 넘기면서도 권력의 핵심이라고 할 수 있는 군권은 넘겨주지 않은 반 토막짜리 전위였다. 혹여 군권까지 넘겨주면 자기를 뒷방 늙은이 취급할까 봐 두려웠던 것이다.

세종을 왕위에 앉힌 뒤, 태종은 세종의 장인 심온을 영의정으로 추천했다. 당시 세종의 조정 대신들은 모두 태종이 지명한 자들로 채워졌기 때문에 태종의 추천은, 곧 임명이나 다를 바 없었다. 그런데 영의정이 된 심온이 명나라 사신으로 가는 날, 그를 배웅하기 위해 나온 사람들이 하도 많아 그들이 타고 온 수레로 온 도성이 뒤덮일 정도였다는 말을 전해 들은 태종은 느닷없이 심온 제거 작업에 착수한다. 태종은 심온을 제거할 방도를 모색하다가 일전에 벌어졌던 '강상인의 옥'에 엮어 넣기로 작정했다.

'강상인의 옥'이란 세종 즉위년인 1418년 8월에 병조참판으로 있던 강상인이 군권과 관련한 보고를 세종에게만 하고 태종에게는 하지 않았다가 병조 관원들이 대거 처벌된 사건이었다. 그런데 태종은 심온을 제거하기 위해 강상인 사건을 다시 들춰냈다. 태종은 강상인이 군권과 관계된 업무를 세종에게만 보고한 것이 단순히 개인의 판단이 아니라 조직적인 음모에 의한 것이라고 규정했다. 그리고 그 음모의 중심에 심온이 있다고 단정했다.

하지만 강상인 사건을 아무리 살펴봐도 심온과 연관된 흔적은 없었다. 당시 심온의 아우 심정이 군부의 일을 보았는데, 태종은 강상인과 심정이 함께 모의했고, 심정은 다시 심온의 지시를 받았다는 식으로 몰아붙였다. 그리고 결국은 심온이 모든 일을 주도한 주범이라고 결론지었다. 한마디로 말도 되지 않는 허구지만, 태종은 주변 신하들을 동원하여 심온을 대역 죄인으로 몰아세웠다.

그런데 그렇듯 역적으로 몰리고 있던 심온은 정작 자기가 역적이 된 사실조차 몰랐다. 심온은 아무것도 모르고 사신의 임무를 마치고 명나라에서 돌아왔고, 의주에 도착하자마자 대역 죄인이 되어 체포되었다. 그리고 큰 칼을 목에 찬 채 의금부로 압송되었고, 그때야 비로소 자신이 대역 죄인이라는 사실을 통보받았다. 그래서 심온은 자신을 주모자라고 지목한 강상인 등과 대질신문을 시켜달라고 요청했지만, 거절당했다. 그때 강상인은 이미 참형을 당하고 없었다. 혹 강상인이 심온과의 대질신문에서 다른 말이라도 할까 봐 미리 죽인 것이다.

그렇게 되자 심온도 모든 것이 태종의 머리에서 나온 것임을 직감하고 체념한 뒤 모든 혐의를 인정했다. 그리고 사약을 받고 죽었다. 이후 심온의 아내, 즉 세종의 장모와 그 자녀들은 노비 신세로 전락했다. 태종이 심온을 죽이는 과정은 민무구 형제를 죽이는 과정과 매우 흡사하다. 없는 죄를 자기가 고안하고, 다시 조정 대신들을 끌어들여 그들이 당사자들을 역적으로 몰아붙여 죽이는 방식이었다. 하긴 모두 태종이 각본을 쓰고 연출하여 만든 연극이었으니, 흡사한 것은 당연했다.

민무구 형제와 심온의 사건에서 보듯 태종은 조금이라도 자신의 눈에 거슬리는 사람이 있으면 그가 처남이든 사돈이든 가리지 않고 결국 죽음으로 내모는 냉혈한이었다. 또 일단 누군가를 적으로 규정하면 제거 방식의 비합리성은 따지지 않았다. 오직 상대를 제거하는 것이 모든 것에 우선하며, 일단 제거하기로 결심이 서면 반드시 죽음으로 내몰았다.

태종의 정치가 이런 식이었기 때문에 누구도 감히 태종에게 입바른 소리를 할 수 없었다. 태종과 다른 의견을 낸다는 것은 곧 죽음을 의미하기 때문이었다. 따라서 태종의 정치는 한마디로 독존의 리더십에서 나왔다고 정의할 수 있다. 그 리더십 속에는 포용이나 화합, 의리 따위는 없었다. 복종 아니면 죽음뿐이었다. 자신에게 복종하지 않는 자는 모두 적이며, 적으로 규정되면 일단 죽이는 것이 태종의 방식이었다. 심지어 복종하지 않을지도 모르거나 혹 자신의 힘에 도전할지도 모른다는 의심만 생겨도 가차 없이 죽이는 것이 그였다.

그런데 특이한 것은 죽이면서도 마치 자신이 죽이는 것이 아니라 조정의 중론 때문에 죽이는 것처럼 포장한다는 점이다. 심지어 중론이 형성되는 과정에서 자신은 마치 죽이고 싶지 않은데, 조정의 대세가 그렇게 흘러가니 하는 수 없이 죽이는 것처럼 행동한다.

심온을 죽음으로 내몬 사람이 당시 좌의정이던 박은인 것처럼 꾸며놓은 것이나 민무구 형제를 죽일 때도 이화와 하륜과 같은 대신들의 의견인 것처럼 연출한 것이나 양녕대군을 내쫓은 것도 조정 대신들의 공론에 의한 것처럼 만든 것이나 모두 그랬다. 본인이 주모자이면서 교묘하게 다른 사람에게 그 책임을 전가하는 수법을 반복적으로 사용했다. 좋게 말하면 영리한 것이고, 나쁘게 표현하면 영악하고 야비한 품성을 지닌 왕이었다. ⌒⌒⌒

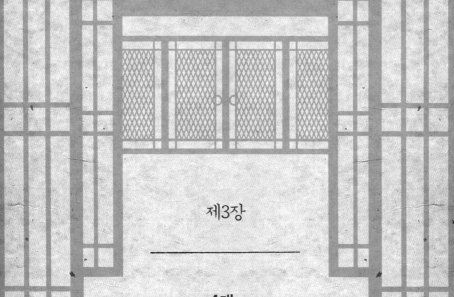

제3장

4대

세종

팔방미인,
깐깐한 가부장

세종의 가계도

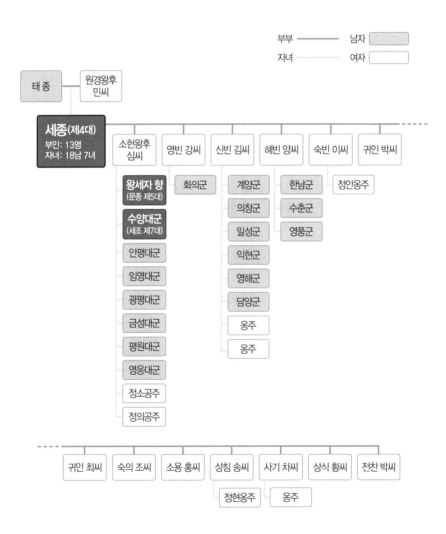

부부 ——— 남자 ▨
자녀 ········ 여자 ☐

| 태종 | 원경왕후 민씨 |

세종(제4대)
부인: 13명
자녀: 18남 7녀

| 소헌왕후 심씨 | 영빈 강씨 | 신빈 김씨 | 혜빈 양씨 | 숙빈 이씨 | 귀인 박씨 |

- 소헌왕후 심씨
  - **왕세자 향** (문종 제5대)
  - **수양대군** (세조 제7대)
  - 안평대군
  - 임영대군
  - 광평대군
  - 금성대군
  - 평원대군
  - 영응대군
  - 정소공주
  - 정의공주
- 영빈 강씨
  - 화의군
- 신빈 김씨
  - 계양군
  - 의창군
  - 밀성군
  - 익현군
  - 영해군
  - 담양군
  - 옹주
  - 옹주
- 혜빈 양씨
  - 한남군
  - 수춘군
  - 영풍군
- 숙빈 이씨
  - 정안옹주

| 귀인 최씨 | 숙의 조씨 | 소용 홍씨 | 상침 송씨 | 사기 차씨 | 상식 황씨 | 전찬 박씨 |

- 상침 송씨
  - 정현옹주
  - 옹주

궁중의 외로운 소년

　1408년(태종 8년) 2월 16일 궁중에서 한 소년이 결혼식을 올렸다. 나이 열두 살, 꼬마 신랑이었다. 그 어린 소년이 두 살 많은 소녀에게 장가를 들었다. 소년의 이름은 도, 군호는 충녕으로 훗날의 세종이다. 신부가 된 소녀는 당시 우부대언(우부승지) 심온의 딸, 곧 소헌왕후 심씨였다.

　소년은 위로 누나 셋과 형 둘이 있었고 아래로는 남동생 하나와 여동생 하나가 있었다. 그들 외에도 여러 명의 이복형제가 있었다. 누나와 형 들도 모두 어린 나이에 시집가고 장가들었다. 큰누나(정순공주)는 열두 살, 둘째 누나(경정공주)는 열 살이 많았다. 두 누나는 소년이 아주 어렸을 때 이미 시집갔다. 두 누나 아래로 형 셋이 태어났지만, 모두 일찍 죽었다. 그리고 셋째 누나(경안공주)가 태어났는데, 셋째 누나는 소년보다 네 살 많았다. 셋째 누나 다음에 연년생으로 큰형 제(양녕대군)가 태어났다. 큰형은 부왕이 왕위에 올랐을 때 일곱 살이었고, 아홉 살에 원자에 책봉되어 열한 살에 왕세자가 되었다. 그리고 열네 살에 장가들었다. 그러니까 소년보다 한 해 전에 결혼하여 세자빈을 맞아들였다. 큰형에 이어 둘째 형도 같은 해에 열두 살의 나이로 결혼했다. 둘째 형의 이름은 보였고, 군호는 효령이었으며 소년과는 연년생이었다.

큰형은 왕세자였으므로 결혼 뒤에도 궁궐에 남았지만, 둘째 형 보와 소년 도는 궁궐을 떠나야 했다. 사실 그들을 빨리 결혼시킨 것은 궁궐에서 내보내기 위함이었다. 열두 살 소년이면 이제 막 이성에게 관심을 가질 나이이기에 혹 궁녀들과 염문이라도 날까 두려워 서둘러서 장가보낸 것이다. 궁녀는 모두 왕의 여인들이다. 말하자면 아버지의 여인들인데, 그들과 아들에 대한 염문이 도는 것은 큰일이 아닐 수 없었다. 그래서 소년과 소년의 둘째 형은 열두 살 어린 나이에 어머니 품을 떠나 궁 밖에서 살아야 했다.

소년이 궁을 떠날 당시 어머니 원경왕후 민씨는 몹시 우울한 나날을 보내고 있었다. 아버지의 후궁을 들이는 문제로 불만을 표시했다가 질투가 심하다는 핀잔만 듣고 울화증에 시달렸다. 설상가상으로 외삼촌들도 모두 유배 간 상태였다.

어머니 민씨와 아버지 태종의 불화는 그들 부부가 궁궐로 들어온 직후부터 시작된 일이었다. 소년이 궁궐에 처음 들어온 것은 네 살 때였다. 그때부터 어머니와 아버지는 심한 갈등으로 서로 얼굴도 제대로 보지 않는 사이가 되었다. 아버지는 어머니의 출입마저 감시했고, 어머니를 시중드는 시녀와 환관들을 쫓아내기도 했다.

그 때문에 어머니는 심한 우울증에 시달렸고, 소년은 그런 어머니 아래서 어린 시절을 보냈다. 그나마 소년이 의지할 수 있는 사람이 하나 있었다. 형제 중에 소년과 가장 잘 통했던 셋째 누나 경안공주였다. 경안공주는 마음이 어질고 공부를 좋아했으며 총명했다. 소년 또한 독서를 좋아하고 마음이 어질었다. 경안공주의 졸기卒記에 이런 내용이 있다.

> 공주와 충녕대군은 천성과 기품이 서로 닮아서 궁중에서 그 어짊을 함께 일컬었다. 공주는 매양 충녕대군의 덕기가 날로 높아짐을 감탄하였으니 보통 사람이 아니었다.

이렇듯 마음이 잘 맞는 누나였지만, 그 누나도 어린 나이에 시집 갔다. 이후로 소년은 마음 둘 곳을 찾지 못해 독서에 열중했다. 소년은 큰형처럼 놀이를 좋아하지도 않았고, 격구나 사냥을 즐기지도 않았다. 소년은 몸이 뚱뚱하고 운동이나 잡기에는 소질이 없었다. 그나마 소년이 가장 잘하는 것이 독서였고, 좋아하는 것이 공부였다. 거기다 부모의 눈 밖에 나는 행동이나 궁궐 법도에 어긋난 일은 하지 못하는 타고난 범생이었다. 궁궐에서 그런 범생이 왕자가 할 수 있는 일이란 오직 공부하고 또 공부하는 일밖에 없었다. 하지만 범생이 소년의 궁궐 생활도 결혼과 함께 끝이 났다. 이제 궁궐 밖에서 스스로 집안을 돌보며 생활해야 했다. 그렇게 열두 살의 어린 소년 도의 독립생활이 시작되었다.

세상이 알아주는 책벌레

"일찍이 여러 달 동안 편치 않았는데도 독서를 그치지 아니하니, 태종이 근심하여 서적을 거두어 감추도록 명하였는데, 한 책이 남아 있어 날마다 외우기를 마지않으니, 대개 천성이 이와 같았다."

이는 세종이 별세한 뒤, 신하들이 지은 추도문에 나오는 내용인데, 여기서 알 수 있듯이 세종은 책벌레였다. 공부를 좋아했다는 것인데, 태종도 그 점을 높이 평가하여 이런 말을 하였다.

"충녕은 천성이 총민하고 학문을 게을리하지 않아, 비록 몹시 춥고 더운 날씨라도 밤을 새워 글을 읽는다."

왕자 충녕의 학문에 대한 열정은 세자를 가르치는 스승들도 인정할 정도였다. 변계량은 젊은 시절에 세자빈객賓客(세자에게 학문을 가르치는 사람)을 하였는데, 그는 세자 양녕대군보다도 충녕대군의 학업에 더 관심을 기울였다고 한다. 늘 충녕대군의 시관侍官에게 대군이 무슨 글을 읽는지 물었고, 시관이 아무 글을 읽는다고 하면 반드시 칭찬하고 감탄하였다. 그리고 서연書筵(세자를 위한 강연장)이 열리면 충녕대군이 무슨 책을 읽고 있으며, 그 책을 잘 알고 있는 것은 대단한 일이라고 칭찬하여 양녕대군의 분발을 유도했다. 충녕대군의 학문적인 열정을 도구로 삼아 양녕대군을 독려하려 했다. 그만큼 충녕대군의 학문에 대한 열정이 대단했음을 말해준다.

충녕대군의 뛰어난 학문은 큰형 양녕대군에게는 오히려 고통이 되기도 했다. 태종 16년 7월 18일의 일이다. 태종과 상왕(정종)이 경회루에서 연회를 베풀었는데, 세자와 종친들이 대거 참석했다. 그들 앞에서는 한바탕 공연이 벌어졌다. 갑사들이 방패와 목검을 들고 서로 겨루기도 하였고, 택견, 말타기, 활쏘기 등을 겨뤄서 이긴 자에게 상을 내리며 흥겹게 즐기는 자리였다. 또 재상급의 노신들도 함께 둘러앉아 서로 글귀를 이어가니, 자연스럽게 학문의 깊이가 드러났다. 그러다가 "노성老成(노숙함을 이루다)한 사람을 버릴 수 없다"는 문장이 나오자, 충녕대군이 말했다.

"서書에 이르기를 '기수준재궐복耆壽俊在厥服'이라 했습니다."

《서경》에 있는 이 말을 풀이하자면, "노숙하고 뛰어난 사람들이 해당하는 자리에 있어야 한다"는 뜻이었다. 태종이 이 말을 듣고 충녕대군의 학문 수준에 감탄하더니 세자를 돌아보며 꾸짖었다.

"너는 어째서 학문이 이렇지 못하느냐?"

이렇듯 충녕대군의 학문은 만인의 칭송을 얻었지만, 그와 비교해 양녕대군은 늘 욕을 먹는 처지였다. 스무 살을 갓 넘긴 충녕대군의 학문적 깊이를 가늠하게 하는 기록이 《태종실록》 태종 18년 1월 26일 자에 쓰여 있다.

성녕대군 이종이 완두창이 나서 병이 위독하여지자 태종은 총제 성엄에게 향을 받들고 흥덕사에서 기도를 드리게 하였다. 또 승정원에 명하여 점을 잘 치는 자들을 불러모아 성녕의 길흉을 점치게 하니, 모두

"길합니다" 하고 대답했다. 하지만 병세는 날로 심해졌다. 이 때문에 청성군 정탁이 태종을 안심시키기 위해《주역》으로 점을 쳐서 왕에게 올렸는데, 충녕대군이 이를 정확하게 풀이하였다. 그러자 그 자리에 있던 신하들은 물론이고, 세자 양녕대군까지 감복하여 칭찬을 아끼지 않았다고 한다.

충녕대군은 주역에도 정통했다는 뜻인데, 당시 학자 가운데 주역에 정통한 사람은 손에 꼽을 정도였으니, 충녕대군의 학문적 깊이와 넓이는 당대 누구와 견주어도 손색이 없었음을 알 수 있다.

큰형의 질투

태종 14년 10월 26일, 태종의 부마 청평군 이백강의 집에서 연회가 열렸다. 이백강은 이거이의 차남이다. 이거이의 장자 이저는 태조의 부마驸馬였고, 차남인 백강은 태종의 맏딸 정순공주와 결혼하여 역시 부마가 되었다. 이날 연회는 백강의 아버지 이거이의 상喪이 끝난 까닭에 대군들이 그를 위로하는 자리였다.

이 자리에는 세자 이제(양녕대군)를 비롯하여 여러 종친이 함께했고, 충녕대군도 있었다. 밤이 깊도록 연회는 계속되었다. 세자는 기생 초궁장楚宮粧을 옆에 두고 흥청거렸다. 세자뿐 아니라 종친들도 모두 기생과 함께 놀았던 모양인데, 중간에 세자가 초궁장을 데리고 정순공주의 대청으로 찾아들었다. 그리고 문득 공주에게 이렇게 말했다.

"충녕은 보통 사람이 아닙니다."

《태종실록》에는 왜 양녕대군이 그런 말을 했는지 기록되어 있지 않다. 아마도 연회 중에 충녕대군이 기생을 안고서 노는 양녕대군을 훈계했던 모양인데, 양녕대군이 화가 나서 누나에게 그런 말을 했을 것이다. 이 말이 태종의 귀에 들어갔다. 그러자 태종은 근심 어린 얼굴로 생각에 잠겼다가 양녕대군을 불러 말했다.

"세자는 여러 동생과 비교할 바가 아니다. 그저 예나 지키고 돌아오라 했는데, 어째서 이같이 방종하게 즐기었느냐?"

태종은 양녕대군이 충녕대군을 질시하고 있다고 생각했다. 그런 감정이 깊어지면 훗날 형제간에 피를 볼 수 있다고 판단하고 일단 양녕대군을 추어올린 것이다. 하지만 양녕대군이 이제 막 탈상한 집에 가서 난잡하게 놀아난 것을 함께 꾸짖었다.

'충녕은 보통 사람이 아니다'라는 양녕대군의 말 속에는 뼈가 있었다. 충녕대군이 세자인 자신을 제치고 조정 대신들의 마음을 얻는데 정작 자신은 늘 충녕대군과 비교되어 형편없는 인물로 전락한 것 같았다. 양녕대군은 충녕대군에게 콤플렉스가 있었던 모양이다. 그만큼 충녕대군은 여러모로 뛰어났다.

태종 16년 12월 9일 태종이 충녕대군을 앞에 두고 말했다.

"집에 있는 사람이 비를 만나면 반드시 길 떠난 사람의 노고를 생각할 것이다."

그러자 충녕대군이 대답했다.

"《시경》에 이르기를 '황새가 언덕에서 우니, 부인이 집에서 탄식한다'고 했습니다."

태종은 충녕대군의 총명함에 감탄하며 속에 있는 말을 그대로 내뱉었다.

"세자가 따를 바가 아니구나."

이 말은 세자의 귀에도 들어갔다. 태종의 태도가 이러하니, 양녕대군이 충녕대군을 질투하는 것은 당연했다. 한번은 이런 일도 있었다. 세자가 태종과 독대하여 문무에 관해서 논하는 자리였는데, 문득 양녕대군이 이렇게 말했다.

"충녕은 용맹하지 못합니다."

비록 충녕대군은 학문이 뛰어나고 아는 것이 많아 문文에는 밝을지 몰라도 용맹하지 못해 무武는 모른다는 말이었다. 그러나 태종은 그의 면전에 대고 단언하듯이 충녕대군을 두둔한다.

"비록 용맹하지 못한 듯하나 큰일에 임하여 대의를 결단하는 데에는 당세에 더불어 견줄 사람이 없다."

태종의 이런 태도는 충녕대군에 대한 양녕대군의 콤플렉스를 더 심화시켰다. 《태종실록》 17년 2월 28일에 "충녕이 편치 못한 까닭에 환궁하고자 하다"라는 기록이 있는데, 이는 태종이 충녕대군을 극진히 생각했음을 보여주는 대목이다.

충녕대군은 단순히 총명하기만 한 것이 아니었다. 왕자 중에서 성격이 가장 어질고 동정심도 많았다. 태종 15년 11월 6일 대언이 태종에게 이렇게 아뢰었다.

"걸식하는 사람이 미처 진휼을 받지 못하여 충녕대군에게 여쭌 자가 있습니다."

그러자 태종이 정색하고 말했다.

"서울과 외방의 굶주린 백성을 이미 해당 관사가 자세히 물어서 구제토록 했는데, 무슨 까닭으로 관사는 제대로 고루 나눠주지 못하여 그들이 충녕대군에게 말하게 했던가? 충녕대군이 굶주리고 추워하는 사람을 불쌍히 여기는 것을 알고 그러는 것이다. 지난번에도 이와 같은 자가 있었는데, 내가 특별히 주라고 했다."

태종의 말에 정역이 아뢰었다.

"대군이 굶주리고 불쌍한 사람을 불쌍하게 여기기 때문인데, 만일 그 일을 불가하다고 한다면 백성은 더욱 곤궁해질 것입니다."

이 기록들은 충녕대군이 인정이 많아 불쌍한 사람을 그냥 지나치지 못했다는 사실을 알려준다. 하지만 충녕대군의 뛰어난 면과 백성들을 돌보는 어진 마음이 문제가 되기도 했다. 왕위를 잇지 않을 왕자가 너무 뛰어나서 세상의 마음을 얻으면 위험해지는 법이다. 이 때문에 당시 좌의정으로 있던 박은은 충녕대군의 장인 심온에게 이렇게 말했다.

"충녕대군이 어질어서 중외에서 마음이 쏠리니, 마땅히 여쭈어서 처신할 바를 스스로 알게 하시오."《태종실록》17년 10월 6일)

하지만 심온은 사위 충녕대군에게 그 말을 전하지 않았다. 그러다 하루는 박은이 충녕대군과 마주 앉게 되자 행동을 조심하라고 충고하려고 했다. 그때 장인 심온이 박은의 속내를 알아차리고 충녕대군에게 눈짓하여 그 자리를 피하게 했다. 양녕대군의 말대로 충녕대군은 보통 사람이 아니었지만, 그 때문에 조금씩 위험한 처지로 내몰리고 있었다. 양녕대군이 '충녕은 보통 사람이 아니다'라고 한 것은 바로 그에 대한 경고였다.

망나니 형, 범생이 동생

태종 16년(1416년) 1월 19일, 세자 양녕대군이 화려하게 차려입고 막 동궁을 나서고 있었다. 스물세 살의 혈기왕성한 청년 양녕대군은 그 무렵 여색에 깊이 빠져 있었다. 세 살 아래인 아우 충녕대군은 형의 그런 행동을 매우 못마땅하게 여기고 있었다. 동궁을 나서던 양녕대군이 주변 시자들을 둘러보며 말했다.

"내 차림이 어떤가?"

그러자 어느새 다가온 충녕대군이 정색하고 충고했다.

"먼저 마음을 바로잡은 뒤에 용모를 닦으시기 바랍니다."

충녕대군의 말에 함께 있던 신하 하나가 거들었다.

"대군의 말씀이 정말 옳습니다. 저하께서는 이 말씀을 잊지 마시기 바랍니다."

양녕대군은 붉은 낯빛으로 아무 말도 하지 않았다. 그 뒤 양녕대군은 모후 원경왕후에게 이렇게 말했다.

"충녕의 어진 마음은 결코 우연히 생긴 것이 아닙니다. 후에 충녕과 국가 대사를 함께 의논하겠습니다."

말은 그렇게 했지만, 양녕대군은 충녕대군을 꺼렸다. 충녕대군의 입바른 소리 때문에 자주 무안을 당하여 화를 냈고, 그 사실을 알고 있던 조신들은 혹여 양녕대군이 왕위에 오르면 충녕대군에게 해를 끼칠지도 모른다고 생각했다. 물론 형제간에 그런 불화가 일어나지 않을까 가장 염려하는 사람은 원경왕후 민씨였다. 양녕대군이 민씨를 찾아가 충녕대군을 추어올린 것은 민씨의 그런 불안감을 씻어주기 위함이었을 뿐 진심은 아니었다. 충녕대군은 거의 모든 문제에서 양녕대군과 의견을 달리했다. 그 원인은 늘 양녕대군이 제공했는데, 두 달 뒤인 3월 20일의 일도 그랬다.

이날 태종이 인덕궁에 행차하자 상왕(정종)은 아우 태종을 반기는 마음으로 종친들을 불러 술자리를 베풀었다. 연회가 끝나자 그 기회를 놓치지 않고 양녕대군은 기생 칠점생을 데려오라 하여 동궁으로 함께 가려고 했다. 칠점생은 매형인 이백강이 축첩한 기생 중 하나였는데, 양녕대군이 그녀에게 눈독을 들이고 있다가 그날 취하기로 한 것이다. 하지만 양녕대군이 매형이 거느리던 첩과 동침하려고 한다는 사실을 전해 듣고 충녕대군이 달려와 만류했다.

"친척끼리 이같이 하는 것이 어찌 옳겠습니까?"

매형이 거느리던 여인을 어떻게 처남이 또 거느릴 수 있는가 하는 꾸지람이었다. 언제나 그렇듯이 충녕대군은 틀린 말이라고는 한마디도 하지 않는 인물이고, 어설픈 반론을 폈다가는 또 무슨 망신을 당할지 몰랐다. 그래서 양녕대군은 결국 칠점생을 포기하고 말았는데, 사사건건 자신의 행동에 간섭하는 충녕대군에게 몹시 화가 나서 한마디 쏘아붙였다.

"너와 나는 도道가 같지 않아 말이 통하지 않으니, 앞으로 내 일에는 나서지 말라!"

태종이 그 일을 전해 듣고 혹시 충녕대군에게 해가 갈까 염려하여 대군들을 시종하는 사람 수를 대폭 줄였다. 충녕대군의 눈과 귀를 좁혀 양녕대군의 행동에 간섭하지 못하게 하려는 조치였다. 충녕대군도 태종의 뜻을 알아차렸으나 그렇다고 양녕대군의 행동을 묵과할 충녕대군이 아니었다. 어쨌든 도리에 어긋나고, 위신을 손상하는 행동은 절대 그냥 넘기지 않는 성품이었으니 말이다.

칠점생 일로 언쟁을 벌인 지 6개월 뒤에 또 한 번의 다툼이 있었다. 9월 19일, 세자와 대군들은 신의왕후 기신忌辰(기일을 높여 부르는 말)에 제사를 지내러 흥덕사에 갔다. 신의왕후는 태조 이성계의 첫 부인으로 양녕대군에게는 친할머니였다. 그런데 양녕대군은 할머니 제사를 지내고 바둑 두는 사람 셋을 불러 바둑을 뒀다. 충녕대군이 그 광경을 참지 못하고 그들이 있는 자리에서 양녕대군에게 또 한 번 입바른 소리를 했다.

"지존인 세자로서 아래로 간사한 소인배와 놀음놀이를 하는 것도 불가한 일인데, 하물며 할머니 기신에 와서 이러십니까?"

그러자 양녕대군은 짜증을 내며 소리쳤다.

"너는 관음전에 가서 잠이나 자라!"

그렇다고 물러날 충녕대군이 아니었다. 평소 양녕대군이 세자로서 근신하지 못하는 것을 불만스럽게 생각하고 있던 터라 충녕대군은 단호한 어조로 말했다.

"조물주가 이를 주고, 뿔을 없애고, 날개를 붙이고, 두 발을 주는 데에는 다른 뜻이 있으며, 성인군자와 야인의 분수를 명백히 밝혀 놓았으니 여기에는 변할 수 없는 법칙이 있어 어지럽혀서는 안 되는 것입니다. 어찌 군자가 하찮은 사람들과 더불어 오락을 즐길 수 있습니까?"

충녕대군의 말이 틀리지는 않으니, 양녕대군은 얼굴만 붉힐 뿐 반론을 제기하지 못했다. 그래서 그저 짜증 섞인 음성으로 대꾸했다.

"너는 관음전에 가서 낮잠이나 자라고 하지 않았더냐!"

이 사건 이후에도 충녕대군은 자주 양녕대군의 행동에 간섭했다. 그 때문에 양녕대군은 늘 충녕대군의 눈을 피해 다녔지만, 양녕대군이 뭔가 일을 꾸밀 때마다 충녕대군은 용케 알고 찾아와서 만류했다. 하지만 충녕대군이 아무리 충고해도 소용없었다. 양녕대군의 호색 행각은 날이 갈수록 심해졌고, 급기야 양녕대군을 폐세자로 몰고 간 어리於里 사건이 터졌다.

어리는 원래 곽선의 첩이었다. 그녀는 장안에 소문이 자자할 정도로 인물이 절색이었던 모양인데, 양녕대군이 수하를 시켜 그녀를 빼앗아 궁궐로 데리고 들어왔다. 그 말을 듣고 태종이 세지를 무섭게 꾸짖고 어리를 내쫓았다. 하지만 그 뒤 양녕대군의 장인 김한로는 자신의 어머니가 궁궐에 들어갈 때 어리를 동행시켜 양녕대군에게 바쳤다. 양녕대군은 그녀와 몰래 동침하였고, 결국 아이를 밴 어리는 궁 밖에서 아이를 낳았다. 그 후 어리는 다시 동궁으로 들어왔는데, 태종이 그 사실을 알고 분노했다.

당시 태종은 개성에 머물고 있었다. 이 일로 양녕대군은 한양으로 내쫓겼다. 1418년 5월 11일이었다. 이때 충녕대군은 대자암에서 불사를 하고 개성으로 돌아가고 있었는데, 마산역 도상에서 한양으로 쫓겨 가던 세자와 맞닥뜨렸다. 충녕대군을 보자 세자는 대뜸 화난 얼굴로 다그쳤다.

"어리의 일을 네가 아뢰었지?"

충녕대군은 아무 대답도 하지 않았다. 양녕대군은 분통을 터뜨리며 한양으로 향했고, 충녕대군은 침울한 얼굴로 개성으로 돌아갔다. 양녕대군이 그렇게 5리쯤 갔을 때, 별감이 말을 타고 달려와 양녕대군에게 태종의 소환 명령을 전했다. 개성 궁궐로 돌아온 양녕대군을 태종은 무섭게 책망했다. 대전에서 물러난 양녕대군은 분을 이기지 못하고 태종에게 따지고자 하였다. 아버지 태종은 이미 여러 후비를 거느리고 있으면서 동궁인 자신은 왜 여인 하나 거느리지 못하게 하느냐고 따질 심사였다. 충녕대군이 그 소식을 듣고 달려와 양녕대군을 만류했다. 하지만 양녕대군은 막무가내로

▶ 양녕대군의 묘. 서울시 동작구 상도동에 있다. 권태균 사진

다시 대전으로 뛰어들려 하였다. 충녕대군은 양녕대군의 소매를 억지로 끌며 겨우 달래 한양으로 돌려보냈다. 하지만 그 뒤 양녕대군은 기어코 마음에 품었던 말들을 글로 써서 태종에게 올렸고, 이는 결국 폐세자로 이어졌다.

당시 사람들은 양녕대군이 충녕대군의 충고를 새겨들었다면 폐위되지는 않았을 것이라고 말했다. 하지만 양녕대군은 충녕대군과는 전혀 다른 가치관을 가진 인물이었다. 양녕대군은 자유주의자이자 쾌락주의자였지만, 충녕대군은 윤리주의자이자 도덕주의자였다. 양녕대군이 "너는 관음전에 가서 잠이나 자라"고 한 것은 바로 충녕대군의 그런 면을 비아냥거린 말이었다. 양녕대군이 보기에 충녕대군은 지나치게 학구적이고, 너무 경직되어 있으며, 법도와 예절에 얽매여 답답하게 살아가는 재미없는 모범생이었다.

다소 향락적이고 매사에 충동적인 행동을 일삼았던 양녕대군이 그렇게 생각하는 것은 어쩌면 당연한 일이다. 그의 눈으로는 충녕대군의 내면 깊숙이 자리하는 치세治世에 대한 불길 같은 열정과 탁월한 가치관 그리고 맏형이자 세자였던 자신에 대한 진심 어린 충정을 간파할 수 없었을 것이기 때문이다.

인자한 성품, 실용적 인재관

실록은 세종의 인성과 행동 방식, 대인 관계와 생활 방식에 대해 "슬기롭고 사리에 밝으며, 굳세고 용감하며, 헤아림이 깊고 의지가 강하며, 행동이 무겁고 상대에게 정중하며, 너그럽고 용서를 잘하며, 인자하고 공손하며, 검소하다"라고 기록하고 있다. 머리는 뛰어나고 사리에는 밝으나 행동은 가볍지 않고, 성품은 너그럽고 인자하며, 생활 방식은 공손하고 검소했다는 것이다. 대개 머리 좋은 사람은 행동이 가볍기 쉽고, 사리에 밝은 사람은 깐깐하기 쉽다. 그런데 머리도 좋고 사리에도 밝았지만, 행동은 신중하고 성품은 너그러웠다니 그야말로 완전한 인격체에 가깝다. 이런 세종의 인격에 대해 당대의 신하들은 다음과 같이 평했다.

"인류에 밝았고 모든 사물에 자상하니, 남쪽과 북쪽이 복종하여 나라 안이 편안하여, 백성이 살아가기를 즐거한 지 무릇 30여 년이다. 거룩한 덕이 높고 높으매, 사람들이 이름을 짓지 못하여 당시에 해동요순海東堯舜이라 불렀다."

요순은 성군의 대명사인데, '해동요순'이라는 표현은 왕에게는 최고의 찬사다. 사실, 태종이 상왕으로 있던 때를 제외하고 세종 시대에는 반역 사건이 없었고, 대역 사건도 없었다. 세종은 웬만한 잘못을 해도 신하들을 죽이지 않았고, 웬만한 부정을 저질러도 심하게 몰아세우지 않았다. 또 아끼는 신하가 있으면 늘 따뜻하게 대하면서 자신의 마음을 어떤 방식으로든 알게 했다. 그 덕분에 신하들이 충심으로 따르고 진심으로 존경했다. 신하들은 세종을 일러 '동방요순'이라 부르며 성군으로 추앙했다.

세종이 성군의 면모를 갖춘 배경에는 그의 타고난 천성과 갈고닦은 인품이 있었다. 세종은 함부로 사람을 몰아치거나 궁지로 내모는 태종의 성격과는 전혀 다른 성품을 가진 인물이었다. 그는 인정 많고 너그러웠으며, 웬만한 일로 화내지 않으며, 화를 낸 뒤에도 그것으로 앙갚음하지 않았다. 또 상대의 처지를 헤아리고 배려함으로써 함부로 기를 누르거나 의기소침하게 만들지 않았다. 혹 부족한 부분이 있으면 자세히 알려주면서 직접 가르치기도 하였고, 실력이 부족하면 시간을 주고 전문성이 확보될 때까지 기다렸다. 또 능력을 발휘하여 성과를 내면 반드시 그에 대해 보상하였고, 어렵고 힘든 일이 있으면 솔선수범하여 불만을 느끼지 않도록 했다.

세종은 능력 있는 인재에 대해서는 특히 너그러웠다. 이와 관련하여 성현의 《용재총화》에 다음과 같은 내용이 전한다.

김하는 중국어 번역을 잘하므로 세종에게 특별한 총애를 받았다. 그가 파사로 있을 때 녹명아란 여인과 가깝게 지냈다. 종친 한 사람과 도승지도 그녀에게 관심을 보였다. 종친은 자신이 먼저 사건 여성에게 김하가 접근했다고 불쾌해했다. 그러자 임금이 사람을 시켜 종친을 타일렀다.

"그대 같은 사람은 나라로 보아 있으나 마나 하다. 김하는 다른 사람이 하지 못하는 일을 한다. 명나라와의 외교를 위해서는 이 사람이 꼭 필요하다. 또 김하는 아들이 없으니 그 여인을 첩으로 삼게 하라. 만약 이 일로 다툰다면 죄를 물을 것이다."

세종은 대단하지 않은 재주라도 아끼고 장려하는 것이 이와 같았다.

《필원잡기》에 나오는 신숙주와 관련한 이야기에서도 세종의 인재에 대한 마음이 각별했음을 엿볼 수 있다.

신숙주가 과거에 오르자 고전을 널리 연구하고자 하여 집에 서적이 없음을 한탄하였다. 이에 집현전에서 일직日直할 때 장서각에 들어가 전날에 보지 못한 글을 가져와 다 읽되 남김없이 두루 열람하였다. 어떤 때는 동료에게 대신 숙직하기를 청하여 밤이 새도록 잠을 이루지 않았다. 경루가 세 번 치매 세종이 어린 환관을 보내어 엿보았더니 단정히 앉아서 글 읽기를 쉬지 않고 경루가 네 번 치매 또 가서 보라 하였더니 역시 그러하였다. 그래서 곧 어의를 내려서 권장하였다.

　세종의 인재 사랑은 때론 신분을 초월하기도 했다. 왕조시대의 근본은 신분제에 있고, 신분을 초월하여 직분을 맡기는 것은 엄격히 제한되어 있었다. 특히, 천민이 신분을 초월한다는 것은 극히 드문 일이었다. 하지만 세종은 관노 장영실의 재주와 능력을 높이 평가하여 벼슬을 주고 천민 신분에서 벗어나게 했다. 이에 대해 조정 대신들이 강하게 반대하자, 영의정 황희를 불러 이렇게 말하였다. "장영실은 재주만 정교하고 뛰어난 것이 아니라 명민하기가 보통이 넘는다." 그러면서 장영실에게 정4품 호군 벼슬을 내렸다.

　세종은 인재를 알아보고 총애하는 것에 그치지 않았다. 일단 인재를 뽑으면 그의 능력에 맞는 곳에 배치하고, 그곳에서 오랫동안 그가 능력을 발휘하여 국가 발전에 보탬이 되도록 했다. 그래서 세종 재위 이전에는 그다지 빛을 발하지 못하다가 세종에게 발탁된 이후부터 대단한 능력을 발휘하여 그 분야의 일인자가 된 인물이 많았다. 천문학의 대가 이순지, 조선 음악의 거장 박연, 육진六鎭 개척의 주역 김종서, 세종 정치의 주춧돌이 된 황희와 맹사성, 과학 혁명의 초석을 다진 정초 등 수많은 인재가 세종에 의해 빛을 발했다.

　세종은 벼슬을 내릴 때 적자와 서자를 가리지 않고 능력 위주로 등용하였고, 비록 도덕적인 흠결이 있더라도 뛰어난 능력이 있으면 그 능력을 발휘할 기회를 주었다. 대표적으로 황희 같은 인물은 뇌물과 청탁 문제로 여러 차례 탄핵을 받고, 심지어 살인 사건을 은폐하려는 시도도 했지만, 그의 뛰어난 정무 처리 능력과 탁월한 대인관계를 높이 평가하여 20년이 넘도록 징승 지리에 머물게 했다. 또 허조 같은 인물은 예와 법에 밝았으나 지나치게 꼬장꼬장하고 융통성이 없어 세종과 의견이 부딪치는 일도 많았으나 끝까지 곁에 두었으며, 고약해高若海 같은 인물은 말버릇이 없고 행동에 절제가 없어 임금에게 함부로 덤비는 일도 있었으나 쓸모가 있다는 이유로 끝까지 등용하여 부렸다.

열거한 것들은 인재 등용에 있어서 세종의 실용적인 측면의 극히 일부에 지나지 않는다. 세종은 어떻게 하면 적재적소에 인재를 배치하고 그래서 그들 인재가 자신의 능력을 발휘하여 국익에 도움을 줄 수 있을까에 골몰했다. 세종 시대의 정치, 외교, 국방, 문화, 과학, 교육 등 다방면에서의 성공은 바로 이런 실용적인 인재관에 기인한 것이라 할 수 있다.

때론 깐깐하고, 때론 너그러운 지아비

세종은 왕으로서는 성군이라는 소리를 들을 정도로 탁월한 능력을 발휘했다. 그렇다면 남편으로서는 어땠을까?

세종은 한 명의 왕비와 12명의 후궁을 뒀다. 왕비 소헌왕후 심씨는 열두 살에 결혼한 두 살 연상의 여인이었다. 그녀는 세종이 충녕대군 시절에 결혼했으므로 군부인이 되었다가 후에 세자빈을 거쳐 왕비에 올랐다. 하지만 그녀는 왕비가 된 이후 매우 불행한 일을 겪었다. 시아버지 태종이 친정아버지 심온을 죽였고, 어머니와 형제자매들이 모두 노비의 신분으로 전락했다. 그런 상황은 세종 재위 기간 내내 계속되었다. 세종은 태종이 죽은 뒤에도 장인의 신분을 복권시키지 않았고, 처가 사람들을 천인 신분에서 풀어주지 않았다. 아버지가 한 일을 아들이 바꿔서는 안 된다는 소신을 지키기 위해서였다.

이 때문에 소헌왕후는 평생 마음의 고통을 안고 살았다. 여느 남편이었다면 아내를 위해서라도 장인을 복권했겠지만, 세종은 소헌왕후가 죽은 뒤에도 처가의 신분을 회복시켜주지 않았다(심온의 복권은 5대 문종 대에 이뤄졌다). 그렇다고 아내 심씨를 사랑하지 않은 건 아니었다. 어릴 때부터 함께해온 조강지처인 그녀에게 매우 자상했지만, 아버지가 결정한 일을 아들이 뒤엎어서는 안 된다는 소신을 바꾸지 않았다. 세종은 그것이 효의 실천이라고 생각했다. 그리고 효를 실천하는 데는 타협의 여지가 없었다. 흔히 남편이 효자면 아내가 힘들다는 말이 있는데, 세종이 딱 그랬다. 조금만 융통성을 발휘하면 사랑하는 아내가 고통에서 벗어날 수 있었는데도 세종은 여지를 주지 않았다. 참으로 비정한 남편이었다.

그런 깐깐한 면모는 후궁들에게도 마찬가지였다. 소헌왕후 외에 세종이 가까이 한 여인은 모두 12명이었는데, 그중에 정식으로 후궁의 반열에 오른 사람은 영빈 강씨, 신빈 김씨, 혜빈 양씨, 숙빈 이씨, 귀인 박씨, 귀인 최씨, 숙의 조씨, 소용 홍씨 등 여덟 명이었다. 그리고 나머지 상침 송씨, 사기 차씨, 상식 황씨, 전찬 박씨 등 네 명은 후궁의 반열에 오르지 못했다. 이들 네 명은 상궁 출신인데, 원래 상궁은 임금과 동침하거나 또는 아이를 낳아도 후궁이 될 수 없는 것이 법도였다. 이 법도는 세종이 정했다. 이를 지키기 위해 세종은 자신의 아이까지 낳은 상궁들에게 후궁 자리를 주지 않았다. 사실, 세종은 왕비뿐 아니라 후궁들에게도 매우 깐깐했다. 《공사견문록》에 나오는 다음 이야기는 세종의 그런 면모를 잘 보여준다.

한 어린 궁녀가 후궁 중에서 으뜸으로 사랑받게 되었는데, 임금의 사랑을 믿고 작은 일을 부탁한 일이 있었다. 그러자 세종이 이렇게 말했다. "아녀자가 감히 청탁하였으니, 이는 내가 사랑을 보여서 그런 것이다. 이 계집이 어림에도 이러하니 자라면 어떨지 가히 짐작하겠다." 그렇게 말하고는 물리쳐 멀리하니, 다시는 가까이하지 않았다.

이렇듯 어린 궁녀에겐 매우 엄격한 모습을 보였지만, 모든 후궁에게 그랬던 것은 아니다. 《소문쇄록》에서는 세종의 또 다른 면모를 엿볼 수 있다.

척실 홍씨의 오라비 홍유근이 총애를 얻어, 임금이 입다가 만 옷을 반드시 그에게 내려주었다. 그가 일찍이 겸사복이 되었을 때, 임금이 거둥하다가 연輦을 끄는 말이 다리를 저는 것을 보고 까닭을 물으니, 연 끄는 말을 유근이 타고 다리를 저는 말로서 대신 연을 끌게 했다는 것 이었다. 그러자 임금이 그 내용을 알고 있는 자에게 이렇게 말했다.

"만일에 대간이 이 일을 알면 극형을 청할 것이니, 소문내지 말라."

그런 다음 홍유근에게 걸어서 돌아오게 하였다. 그 뒤에 대간이 이를 듣고 홍유근을 베어야 한다고 요청했다. 하지만 임금이 놓아주고는 그를 한평생 보지 않았다.

이 글에 등장하는 척실 홍씨는 소용 홍씨를 말한다. 그녀는 세종 이 왕이 된 지 얼마 되지 않아 얻은 후궁이었다. 홍씨는 원래 천민 출신이었는데, 궁녀로 있다가 세종의 눈에 띄어 후궁이 되었다. 그 녀의 오라비 홍유근은 동생에 대한 왕의 총애를 믿고 매우 교만했 던 모양이다. 그래서 왕의 연을 끄는 장마(임금의 말)를 자신이 타고 다니는 건방진 행동을 했고 그런데도 세종은 그의 죄를 덮어주려 고 했다. 이 사건과 관련하여 사간원에서 홍유근에게 벌을 주라고 강력하게 요청하며 말했다.

"사직司直 홍유근이 오랫동안 사복의 직을 겸하고 있었으므로, 장마는 인신으로서는 탈 수 없다는 것을 모를 바 아니온데, 본 월 19일 거둥하옵실 때 감히 장마를 탔으니, 그 불경함이 이에서 더할 것이 없습니다. 듣는 자, 본 자가 놀라지 않음이 없었는데, 전하께서 특히 오랫동안 시종한 사람이라 하여 법으로 처단하지 않으시고 다만, 그 직임만을 파면하시니 이는 신만이 통분하는 것이 아니오라 일국의 신민들이 모두 실망하고 있습니다. 신 등은 바라옵건대 홍유근의 불경죄를 유사㽞死에 내리시고 국문하여 공명정대하게 처리하여 신민의 바람에 답하시면 강상에 매우 다행이겠나이다.”

하지만 이에 대해 세종은 홍유근의 직첩을 회수하라고만 했다. 이에 사헌부에서 다시 강력하게 처벌을 요구하자 이렇게 말했다.

“유근은 본시 그런 사리를 모르는 자이다. 사리를 안다면 그리하였겠느냐. 다만 제가 받은 사복시의 말을 바꾸어 탈 수 있는 예만을 알고 한 짓일 것이다. 이제 이미 그 직위를 파면하고 또 직첩까지 거두었는데 어찌 죄를 더하겠는가?”

결국, 이 사건은 홍유근이 원하는 곳에 유배시키는 것으로 일단락되었다. 말하자면 낙향하여 살도록 하는 선에서 끝난 것이다. 그리고 얼마 뒤에 홍유근이 모친상을 당하자 유배에서 풀어줬다. 이에 대해 사헌부에서 모친상이 끝난 후에 다시 유배지로 가게 해야 한다고 주장했으나 세종은 홍유근을 그냥 풀어줬다. 처가와 어린 궁녀에게는 깐깐하게 원칙을 적용했던 면모와는 사뭇 다른 처사였다.

속 썩이는 두 아들

세종의 아들 중에 문종, 안평대군, 광평대군, 평원대군 등은 매우 뛰어난 인물로 평가되고 있다. 하지만 광평대군과 평원대군은 요절하여 그 능력을 발휘하지 못했고, 문종도 세자를 거쳐 왕위에 오른 지 3년도 못 되어 죽었으며, 안평대군도 서른여섯 살에 친형 세조의 손에 죽는다. 세종의 아들 중에 뛰어난 인재는 모두 요절한 셈이다.

가지 많은 나무 바람 잘 날 없다는 말처럼 자식이 많다 보면 꼭 속 썩이는 자식이 있게 마련인데, 세종도 예외는 아니었다. 1439년(세종 21년) 5월 3일에 세종은 넷째 아들 임영대군 이구의 직첩을 회수하고 대군 자격을 박탈했는데, 그 사연을 《세종실록》은 이렇게 전한다.

처음 임영대군 이구가 창기 금강매를 좋아하여 첩으로 삼고 또 내자시의 여종 막비를 간통하다가 뒤에 막비가 중궁의 시녀로 들어갔는데 다시 사통하였으며 또 궁중 시녀 인수부의 여종 금질지를 좋아하여 항상 서로 눈짓하였는데, 이에 이르러 임금이 알고 영의정 황희와 우의정 허조를 불러 비밀리 의논하고 또 도승지 김돈과 의논하여 이구의 직첩을 빼앗아 들이고, 금강매를 본고향 공주로 돌려보내고, 막비와 금질지는 모두 본사에 소속시켜 일을 시키고, 환자宦者 김전을은 장 100대를 쳐서 군대에 예속시켰다. 또 악공 안막동의 고신(신분증)을 빼앗고 본사의 고된 일에 배속시키고, 응인鷹人(매를 다루는 자) 김흥의 고신을 빼앗고 충군시키니, 모두 이구를 인도하여 음행을 펴게 한 자들이었다.

세종은 또 임영대군의 종과 심부름꾼을 모두 빼앗아들이었다. 임금이 이구를 먼 지방에 안치하고, 또 김전을 극형에 치히려고 하니 황희와 허조가 가벼운 법에 따르기를 청하여, 임금이 허락한 때문에 이러한 명령이 있었다. 이구는 학문을 좋아하지 아니하고 여색에 깊이 빠져 지내니 임금이 성품이 엄하여 여러 종친과 아들을 옳은 도리로 가르치고, 조금이라도 범한 바가 있으면 반드시 꾸지람을 더하기 때문에 모두 감히 불법한 행동을 방자히 하지 못하였는데, 이구는 여색으로 두 번이나 꾸지람을 듣고도 오히려 뉘우쳐 고치지 아니하였다.

임영대군은 성 추문으로 두 번이나 세종을 화나게 한 일이 있었다. 한 번은 대궐 여종 막비와 가야지 등 두 명의 여인과 사통했는데, 이 일로 대간에서 강력하게 처벌을 요구했지만, 세종은 아이까지 밴 여인들을 내쫓을 수 없다며 첩으로 받아들이도록 묵인해줬다. 그전에는 악공의 딸이자 기생인 금강매에 빠져 첩으로 삼겠다고 설치기도 했다. 세종은 그것도 받아들였다. 세종이 임영대군의 축첩을 받아들인 것은 아마도 태종과 양녕대군처럼 되지 않기 위함이었다. 그런데 이번에 또 여종 금질지와 사통하였다는 소리를 듣자, 마침내 엄벌을 내린 것이다.

당시 임영대군의 나이는 갓 스물이었다. 한창때이기는 했지만, 욕망을 주체하지 못하고 부왕의 얼굴에 먹칠하고 다녔으니 참고 있을 세종이 아니었다. 성질 같아서는 유배를 보내 고생시키고 싶었지만, 자식 문제라 그렇게 강하게 나가지는 못했다. 그리고 1년 뒤에 임영대군의 직첩을 다시 돌려주었다. 그러나 임영대군은 또다시 성 추문을 일으켰고, 결국 세종은 3년 동안 궁궐 안 연금을 명했다. 이미 장가들어 자식까지 여럿 있는 아들을 대궐에 연금까지 시켜 행실을 잡으려 했으니, 얼마나 속을 썩였으면 아비로서 그랬을까 싶다.

임영대군 말고도 화의군 이영도 세종의 속을 끓인 아들 중 하나였다. 세종 23년(1441년) 8월 12일에 세종은 임영대군과 화의군이 여인들을 궁에 들인 죄를 물어 직첩과 과전을 빼앗았다. 당시 임영대군은 세종의 명으로 연금 생활을 하고 있었는데, 여종 매읍금과 사정 박지를 시켜, 두 여인에게 남복을 입히고 도롱이를 두르게 하여, 어둠을 타서 광화문으로 들어오게 하다가 문지기에게 붙잡혔다. 이 일로 세종은 다음과 같은 명령을 내렸다.

"이구와 이영은 법에 따라 시행하지 못할 것이니 다만, 직첩과 과전을 거두고 종들을 대궐 안에 두어서 다른 곳에 가지 못하게 하고, 본가에만 왕래하게 하되, 그것 역시 시간을 제한하여 마음대로 하지 못하게 하고, 두 여자는 장 100대에 처하여 제주로 내쫓아 관비로 삼고 매읍금과 박지 등은 장 100대에 처하되, 박지는 직첩을 거두고 도형 2년에, 매읍금은 사노이므로 3,000리 밖으로 내쫓도록 하라."

이구야 이미 전력이 있었고 나이도 스물두 살 청년이었지만, 당시 화의군 이영은 비록 결혼은 했지만, 열일곱 소년이었다. 그런데도 세종은 화의군에게도 벌을 내렸다. 이후 세종은 화의군의 직첩을 돌려줬는데, 이후에도 화의군은 또 사고를 쳤다. 그의 아내는 박 중손의 딸이었는데, 아내의 큰아버지 첩을 훔쳐 자식을 낳았다. 또 1449년에는 관원의 기생첩을 빼앗았는데, 이를 세종이 알고 다시 그의 직첩을 회수했다. 하지만 화의군의 이런 행실은 쉽게 고쳐지 지 않았다. 세종이 죽고, 문종이 죽고, 단종이 왕위에 오른 1455년 에는 이복동생 평원대군의 첩이었던 초요갱과 간통하여 유배되는 지경에 처한다.

며느리를 내쫓다

세종은 인자하고 너그러운 왕이었지만, 유독 며느리에게는 비정 했다. 세종은 소헌왕후에게서 여덟 아들을 얻었는데, 그들을 결혼 시킨 뒤, 무려 며느리 넷을 내쫓은 무서운 시아버지였다.

세종이 내쫓은 첫 번째 며느리는 세자 향(문종)의 세자빈으로 입 궁한 휘빈 김씨였다. 휘빈은 세자 향이 열네 살이 되던 1427년(세종 9년) 4월 9일에 맞이한 아내로 김구덕의 손녀이자 김오문의 딸이었 다. 그런데 세종은 2년 뒤인 1429년 7월 18일에 휘빈 김씨를 사가로 내쫓았다. 그 내용을 세종은 다음과 같이 구체적으로 밝히고 있다.

내가 전년에 세자를 책봉하고, 김씨를 누대 명가의 딸이라고 하여 간택해서 세자빈으로 삼았더니, 뜻밖에도 김씨가 미혹시키는 방법으로써 압승술壓勝術(주술이나 주문으로 화복을 만든다는 방술)을 쓴 단서가 발각되었다. 과인이 듣고 매우 놀라 즉시 궁인을 보내어 심문하였더니 휘빈이 이렇게 말했다.

"시녀 호초가 저에게 가르쳤습니다."

그래서 호초를 불러들여 친히 그 사유를 물었더니 호초가 대답했다.

"지난해 겨울에 세자빈께서 부인이 남편에게 사랑받는 술법을 묻기에 모른다고 대답하였습니다. 그러나 빈께서 강요하므로 제가 이렇게 말했습니다. '남편이 좋아하는 부인의 신을 베어다가 불에 태워 가루를 만들어 남편에게 술에 타서 마시게 하면, 빈께서는 사랑을 받게 되고 저쪽 여자는 멀어져서 배척을 받게 하오니, 효동·덕금 두 시녀의 신을 가지고 시험해보는 것이 좋겠습니다'."

효동과 덕금 두 여인은 휘빈이 시기하는 여자들이었다. 김씨는 즉시 그 두 여인의 신을 가져다가 자기 손으로 베어 가지고 있었다. 이런 행동을 세 번이나 하여 그 술법을 써 보고자 하였으나 틈을 얻지 못하였다고 한다.

호초가 또 말하였다.

"그 뒤에 빈께서 다시 묻기를 '그밖에 또 무슨 술법이 있느냐?'고 하셨습니다. 그래서 제가 '뱀 두 마리가 교접할 때 흘린 정기를 수건으로 닦아서 차고 있으면, 반드시 남편의 사랑을 받습니다'라고 말해드렸습니다. 이렇게 가르친 두 가지 술법 중 앞엣것은 박신이 버린 첩 중

가이에게서 전해 들었고, 뒤엣것은 정효문의 기생첩 하봉래에게 전해 들었습니다.”

또 세자궁에 순덕이라는 시녀가 있는데, 본래 김씨 본가의 여종이었다. 일찍이 휘빈의 약주머니 속에서 가죽신의 껍질이 있는 것을 발견하고 괴이하게 여겨 호초에게 물었다.

“우리 빈께 이런 짓을 하라고 가르친 자는 누구냐?”라고 묻자 즉시 그것을 꺼내어 감춰버렸다고 한다. 과인은 이 말을 다 듣고 즉시 순덕을 불러서 거듭 물으니 같은 내용을 말하였다. 순덕이 또 이렇게 말했다.

“제가 일찍이 빈의 어머니 집에 가서 가죽신의 껍데기를 내보인 뒤, 그 까닭을 말하였습니다. 그 가죽이 아직도 저에게 있습니다.”

그러면서 순덕이 꺼내어 바쳤다. 이에 과인은 중궁과 같이 김씨를 불러서 친히 정상과 사유를 물으니 일일이 자복하였고, 베어낸 신의 가죽이 그대로 있고 증언이 명백하였다.

이런 부덕한 자가 받드는 제사는 조종의 신령이 흠향하지 않을 것이며 왕궁 안에 용납할 수 없는 바이니, 도리대로 마땅히 폐출해야 할 것이다. 내 어찌 그대로 두어둘 수 있겠는가.

이를 요약하면 휘빈 김씨가 남편인 세자 향의 사랑을 받기 위해 주술을 사용했다가 발각됐다는 것이다. 세자 향이 아내인 자신에게는 냉랭하게 대하면서 오히려 효동이나 덕금 같은 시녀에게 따뜻하게 대하자 질투가 나서 저지른 일종의 해프닝이었다. 물론 세자빈이라는 직분에 어울리지 않는 경박한 행동임에는 분명하지만,

남편의 사랑을 받기 위한 아내의 몸부림 정도로 이해할 수 있는 일이었다. 더구나 주변에 소문이 난 것도 아니고 세자 향에게 무슨 변고가 생긴 것도 아니었다. 그야말로 세종이 눈 한번 슬쩍 감아주면서 휘빈에게 훈계 한마디 던지고 끝내면 될 일이었다. 더구나 사가에서는 흔히 일어나는 일이었고, 휘빈 김씨는 십 대의 어린 소녀였다. 그런데도 세종은 휘빈을 내쫓아버렸다. 참으로 무서운 시아버지의 면모였다. 거기다 휘빈의 시녀 호초는 참형에 처했다. 사실, 호초는 주인이 시키면 무슨 일이든 해야 하는 처지였는데, 그녀를 극형에 처했다는 것은 정말 이해할 수 없는 대목이다.

하지만 세종의 며느리 내쫓기는 거기에서 그치지 않았다. 휘빈을 내쫓고 3개월도 되지 않아서 세자 향은 창녕 현감 봉려의 딸 순빈을 세자빈으로 맞아들였다. 그런데 세종은 1436년 10월 26일에 순빈 봉씨도 폐출시켰다. 당시 순빈 봉씨는 결혼한 지 7년이 되었지만, 아이를 낳지 못하고 있었다. 세종은 그녀를 내쫓은 이유에 대해 이렇게 설명한다.

봉씨는 성질이 시기하고 질투함이 심하여서, 처음에는 사랑을 독차지하지 못한 일로 오랫동안 원망과 앙심을 품고 있다가 권 승휘(현덕왕후 권씨)가 임신하자 봉씨가 더욱 분개하고 원망하여 항상 궁인에게 이렇게 말하였다.

"권 승휘가 아들을 두면 우리들은 쫓겨나야 할 거야."

그러면서 때로는 소리 내어 울기도 하니 그 소리가 궁중에까지 들리었다. 내가 중궁과 같이 봉씨를 불러서 이렇게 타일렀다.

"네가 매우 어리석다. 네가 세자의 빈이 되었는데도 아들이 없는데, 권 승휘가 다행히 아들을 두게 되었으니 기뻐할 일인데도 도리어 원망하는 마음이 있다니 또한 괴이하지 않은가."

하지만 봉씨는 조금도 뉘우치는 기색이 없었다.

그 후에 또 세자에게 항상 이렇게 가르쳤다.

"비록 여러 승휘가 있지마는, 어찌 정적(세자빈)에서 아들을 두는 것만큼 귀할 수가 있겠느냐. 정적正嫡을 물리쳐 멀리할 수는 없느니라."

이때부터 세자가 순빈에게 조금 우대하는 예절을 보였는데, 그 후에 봉씨가 스스로 말하기를, "태기胎氣가 있다" 하여 궁중에서 모두 기뻐하였다. 그래서 순빈이 혹시 놀람이 있을까 염려하여 중궁으로 옮겨 조용히 거처한 지 한 달 남짓했는데, 어느 날 봉씨가 또 스스로 말하기를, "낙태落胎를 하였다"고 하면서 이렇게 말했다.

"단단한 물건이 형체를 이루어 나왔는데 지금 이불 속에 있다."

그래서 늙은 궁궐 여종에게 가서 이를 보게 했으나, 이불 속에는 아무것도 보이는 것이 없었으니, 그가 말한 "임신했다"는 것은 거짓말이었다.

또 지난해 세자가 종학에 옮겨 거처할 때에, 봉씨가 시녀들의 변소에 가서 벽 틈으로부터 외간 사람을 엿보았었다. 또 항상 궁궐 여종에게 남자를 사모하는 노래를 부르게 했다.

요사이 듣건대, 봉씨가 궁궐의 여종 소쌍을 사랑하여 항상 그 곁을 떠나지 못하게 하니 궁인들이 혹 서로 수군거리기를, "빈께서 소쌍과 항상 잠자리와 거처를 같이한다"고 하였다. 어느 날 소쌍이 궁궐 안에서 소제를 하고 있는데, 세자가 갑자기 묻기를, "네가 정말 빈과 같이 자느냐"라고 하니, 소쌍이 깜짝 놀라서 대답하기를, "그러하옵니다" 하였다. 그 후에도 자주 듣건대, 봉씨가 소쌍을 몹시 사랑하여 잠시라도 그 곁을 떠나기만 하면 원망하고 성을 내면서 말하기를, "나는 너를 매우 사랑하나, 너는 그다지 나를 사랑하지 않는구나!" 하였고, 소쌍도 다른 사람에게 늘 말하기를, "빈께서 나를 사랑하기를 보통보다 매우 다르게 하므로 나는 매우 무섭다" 하였다.

소쌍이 또 권 승휘의 사비 단지와 서로 좋아하여 혹시 함께 자기도 하였는데, 봉씨가 사비 석가이를 시켜 항상 그 뒤를 따라다니게 하여 단지와 함께 놀지 못하게 하였다. 봉씨가 새벽에 일어나면 항상 시중드는 여종들에게 이불과 베개를 거두게 했는데, 소쌍과 함께 동침하고 자리를 같이한 이후로는 자기가 이불과 베개를 거두었으며 몰래 그 여종에게 그 이불을 세탁하게 하였다.

이러한 일들이 궁중에서 자못 떠들썩한 까닭으로, 내가 중궁과 더불어 소쌍을 불러서 그 진상을 물으니, 소쌍이 말하기를, "지난해 동짓날에 빈께서 저를 불러 내전으로 들어오게 하셨는데, 다른 여종들은 모두 지게문 밖에 있었습니다. 저에게 같이 자기를 요구하므로 저는 이를 사양했으나, 빈께서 욱박지르므로 마지못하여 옷을 한 반쯤 벗고 병풍에 들어갔더니, 빈께서 저의 나머지 옷을 다 빼앗고 강제로 들어와 눕게 하여, 남자의 교합하는 형상과 같이 서로 희롱하였습니다" 라고 하였다.

세종이 순빈 봉씨를 폐한 사유를 요약하면, 첫째는 순빈이 아이를 갖지도 않았으면서 임신을 하고 낙태했다고 거짓말한 것이며, 둘째는 궁궐 여종 소쌍과 동성애를 즐겼다는 것이다. 그렇다면 순빈은 일종의 동성애자였다는 말인데, 세종의 말을 자세히 살펴보면 그녀가 동성애자는 아니었던 것 같다. 그녀가 여종에게 "남자를 사모하는 노래를 부르게 했었다"라는 내용이 나오는데, 이는 순빈이 남자를 그리워했다는 것을 의미한다.

하지만 세자 향은 순빈을 냉랭하게 대했고, 잘 찾지도 않았다. 그래서 순빈이 택한 것은 다른 방식으로 자신의 성욕을 채우는 것이었다. 당시 궁궐 안에는 궁녀끼리 함께 지내며 동성애를 즐기는 일이 허다했다. 궁녀들이 동성애를 행한 것은 그들의 특수 신분 때문이었다. 왕 이외에는 어떤 남자와도 가까이할 수 없었기에 인간의 본능인 성욕을 그런 방식으로라도 해소하려 했다. 사실, 순빈 봉씨의 처지도 그들 궁녀와 별반 차이가 없었다. 남편이 있기는 했으나 찾아주지 않았기에 궁녀들의 처지와 같았다.

휘빈 김씨와 순빈 봉씨 폐출 사건의 공통점은 남편의 사랑을 받지 못한 두 여인이 남편의 사랑에 목말라 다소 황당한 행동을 했다는 것이다. 한 사람은 남편의 사랑을 얻기 위해 방술까지 행하며 애타는 심정을 표현하고 있고, 다른 한 사람은 자신을 찾아주지도 않는 냉랭한 남편을 포기하고 자신의 성욕을 다른 수단으로 채웠다. 말하자면 이들 두 여인이 쫓겨나게 된 배경에 세자 향이 있다. 그는 아내로 맞아들인 두 여인에게 전혀 관심을 보이지 않았고, 심지어 냉랭하고 매정하게 대하면서 다른 여자들에게 사랑을 쏟았다.

이 때문에 세종과 소헌왕후가 세자 향을 불러 타일러 보았지만, 소용없는 일이었다. 따라서 휘빈 김씨와 순빈 봉씨 폐출에 근본적인 원인을 제공한 사람은 다름 아닌 남편인 세자 향이다. 그는 적법한 절차를 거쳐 혼인한 부인에 대해 남편의 의무를 전혀 행하지 않았다. 휘빈과 순빈의 일을 세종에게 고해바친 사람도 세자 향이었다. 하지만 세종은 이는 제쳐두고 두 여인의 행위만을 따져 며느리들을 폐출시켰으니, 비정한 시아버지라고 할 만하다. 만약 세종이 내쫓은 며느리가 이들 두 사람뿐이라면 세종을 비정한 시아버지라고 몰아붙이는 것이 과할 수도 있다. 하지만 휘빈과 순빈 사이에 또 쫓겨난 며느리가 있었다.

1433년(세종 15년) 6월 14일, 세종은 영의정 황희, 좌의정 맹사성, 우의정 최윤덕 등을 불러 이렇게 말했다.

"임영대군의 아내 남씨는 나이 열두 살이 넘었는데 아직 오줌을 싸고 눈빛이 바르지 못하며 혀가 심히 짧고 행동이 놀라고 미친 듯한 모습이기에 내쳐야 하겠다."

세종의 이 말은 임영대군의 아내 남씨가 나이에 비해 여러모로 뒤처지고 혀 짧은소리를 한다는 것이다. 하지만 남씨의 행동을 이해 못 할 바도 아니다. 이제 겨우 열두 살 소녀다. 그리고 갑자기 시집와서 낯선 소년과 한 방을 사용해야 하는 상황이다. 더구나 명색이 부부이니 같은 이불을 덮고 자야 하는 처지다. 이것이 열두 살 어린 소녀에게는 매우 낯설고 무서운 상황일 수 있다. 그래서 겁을 먹고 오줌도 싸고 눈빛이 바르지 못할 수 있다. 하지만 세종은 이런 남씨를 가차 없이 내쳤다.

세종이 남씨를 내친 시기는 휘빈 김씨를 폐출한 때로부터 4년 뒤다. 그리고 3년 뒤에 다시 순빈 봉씨를 내쫓았다. 그리고 1449년에 막내아들 영응대군의 처 송씨를 내쫓았다. 영응대군은 1444년에 열한 살 나이로 송씨와 결혼했는데, 5년 만에 내친 것이다. 송씨가 병이 있다는 것이 이유였다. 그리고 영응대군 이염은 그 해에 정충경의 딸에게 다시 장가들었다. 하지만 영응대군은 쫓겨난 송씨를 잊지 못했다. 그래서 세종이 죽은 뒤에 몰래 송씨와 만나 두 명의 딸까지 낳게 된다. 그녀가 두 명의 딸을 낳은 것을 보면 지병이 있었던 것도 아니었다. 또 영응대군은 여전히 그녀를 사랑했다. 그런데도 세종은 왜 송씨를 내쫓았을까?

사실, 송씨는 세종 부부가 선택한 여인이었다. 세종은 순빈 봉씨를 내쫓은 이후에 며느리를 간택하는 과정에 직접 참여했다. 이 이전에는 왕과 왕비는 직접 며느리를 뽑지 않았다. 내관과 상궁, 종친 대표들을 시켜 간택했다. 하지만 순빈 봉씨 사건을 경험한 후, 세종은 1439년에 의창군을 장가보낼 때부터 자신이 직접 며느리를 간택했다. 송씨는 그렇게 세종이 뽑은 며느리였다. 더구나 세종은 생의 마지막을 영응대군의 집에서 맞이할 만큼 막내아들을 아꼈다. 그렇기에 더욱 유별나게 막내며느리를 골랐고, 송씨는 이 과정에서 간택되었다. 세종은 그런 그녀를 병이 있다는 이유로 내쫓았던 것이다.

세종이 내쫓은 네 명의 며느리 중에 순빈 봉씨를 빼고는 내쫓은 이유가 빈약하다. 휘빈 김씨는 방술을 썼다는 것이 이유였고, 임영대군의 첫 부인 남씨는 어리숙하다는 것이 이유였으며, 영응대군의 첫 부인 송씨는 병이 있다는 이유였다. 조선 왕조의 어느 왕도 세종처럼 여러 차례 며느리를 내쫓은 경우는 없었다. 그렇다면 왜 유독 세종은 이렇게 반복적으로 며느리를 내쫓은 것일까? 아들에 대한 지나친 사랑 때문이 아니었을까 싶다. 세종의 아들 사랑은 여느 왕보다 지나친 감이 있었는데 다음 사례가 그렇다.

세종은 재위 30년(1448년) 8월 24일에 선공감 정 이사평을 파직했다. 그 이유를 실록은 "평원대군이 가까이 한 의녀 백이를 첩으로 삼은 까닭이었다"고 기록하고 있다. 이사평은 대마도 정벌로 잘 알려진 이종무의 셋째 아들이다. 말하자면 한양에서 제법 내로라하는 집안 출신인데, 백이라는 의녀를 첩으로 들였다. 당시 양반들은 의녀를 첩으로 들이면 자신의 개인 여종 한 명을 공노비로 내놓으면 되었다. 법을 어기는 일은 아니었다. 그런데 세종은 이사평을 파직했다. 그렇다고 백이가 평원대군의 첩도 아니었다. 단지 자신의 아픈 아들 평원대군이 총애하던 의녀를 첩으로 들였다는 것 때문이었다.

이러한 아들에 대한 지극한 사랑은 며느리에 대한 욕심으로 이어졌는지도 모른다. 그래서 성에 차지 않는 며느리는 가차 없이 내쫓지 않았을까 싶다.

먼저 보낸 자식들

세종은 18남 7녀의 자녀를 얻었는데, 이들 중에서 왕비 심씨가 8남 2녀를 낳았고, 영빈 강씨가 1남, 신빈 김씨가 6남 2녀, 혜빈 양씨가 3남, 숙빈 이씨가 1녀, 상침 송씨가 1녀, 사기 차씨가 1녀를 낳았다. 이들 중에서 왕비 소생이자 장녀였던 정소공주가 일찍 죽었고, 광평대군과 평원대군이 젊은 나이에 죽었다. 그리고 신빈 김씨 소생 옹주 두 명이 어린 나이에 죽었고, 사기 차씨 소생의 옹주 한 명도 일찍 죽었다. 이렇듯 세종은 자녀 여섯을 먼저 보냈는데, 이를 매우 고통스러워했다. 흔히 먼저 죽은 자식은 가슴에 묻는다고 하는데, 세종의 심정도 마찬가지였다.

세종이 장녀 정소공주를 먼저 보낸 것은 재위 6년(1424년) 4월이었다. 당시 정소공주는 열세 살이었는데, 천연두에 걸려 사망했다. 정소공주는 부부가 결혼한 지 4년 만에 얻은 첫아이였다. 당시 세종은 열여섯 살, 부인 심씨는 열여덟 살이었다. 대군의 딸로 자란 그녀는 일곱 살 때 궁궐에 들어와 공주가 되었고, 열네 살 되면 관례를 올리고 시집을 보내기로 했다. 그러나 관례를 한 해 남겨두고 죽으니, 세종 부부는 몹시 슬퍼했다. 정소공주가 죽고 2년 뒤인 1426년 4월 12일 세종은 딸을 기리는 제문에서 이런 말을 하였다.

"장수와 단명에 운명이 있으니 예로부터 피하기 어렵지만, 부녀

▶ 세종 영릉. 경기도 여주시에 있다. 권태균 사진

간의 정은 언제나 변할 리가 없다. 대개 사랑하고 귀여워하는 마음
은 천성에서 나오는데, 어찌 삶과 죽음을 가지고 다름이 있다 하겠
는가. 아아, 네가 죽은 것이 갑진년(1424년)이었는데, 세월이 여러
번 바뀌매 느끼어 생각함이 더욱 더하도. 이제 제일이 닥쳐오매
내 마음의 슬픔은 배나 절실하며, 나이 어리고 예쁜 모습을 생각하
매 영원히 유명幽明(저승과 이승)이 가로막혔도. 이에 중관을 명하
여 사실을 진술하고 제사를 올리게 하노라. 제도는 비록 한정이 있
지만 정에는 한정이 없도. 영혼이여, 어둡지 않거든 와서 흠향하
기를 바라노라."

　죽은 딸을 생각하며 부모 된 정에는 한정이 없음을 토로하고 있
는 세종의 슬픈 얼굴이 스쳐 가는 듯한 문장이다. 누구든 자식을
잃으면 땅이 꺼지고 가슴이 터지는 듯한 고통을 느끼게 마련이다.

더구나 열세 살 한창 예쁠 나이에 잃은 자식은 더욱 아리는 법이다. 이후에도 세종은 세 닝의 딸올 더 잃지만, 이들 세 옹주는 태어나서 얼마 되지 않아 죽었기 때문에 이렇듯 절절한 아픔을 표현하고 있지는 않다. 하지만 세종의 슬픔은 여기서 끝나지 않았다.

세종 26년(1444년) 12월 7일에는 왕비 심씨의 다섯째 아들 광평대군 이여가 스무 살의 젊은 나이에 홍역으로 죽었다. 그가 위독하다는 소리를 듣고 세종은 잠을 자지 않고 낫기를 염원했지만, 끝내 목숨이 끊어지자 절망한 나머지 식음을 전폐하고 드러누웠다. 광평을 잃은 슬픔이 채 가시기 전에 또다시 세종은 일곱째 아들 평원대군을 잃었다. 광평대군을 잃고 불과 한 달여 만이었다. 이때 평원대군의 나이는 불과 열아홉 살이었다. 평원 역시 홍역을 앓다가 죽었다. 이에 세종이 또 수라를 중지하니 의정부와 육조에서 수라 들기를 요청했다.

당시 세종의 몸 상태도 매우 좋지 않았다. 젊어서부터 앓고 있던 당뇨와 종기, 중풍, 망막증 등 한꺼번에 여러 질병을 앓고 있는 상태였다. 거기다 한 달 간격으로 두 아들을 잃은 슬픔까지 겹쳤으니, 세종의 건강 상태는 극도로 악화할 수밖에 없었다. 세종은 결국 재위 31년 6개월 만인 1450년 2월 17일에 영응대군의 집에서 쉰넷을 일기로 생을 마감했다.

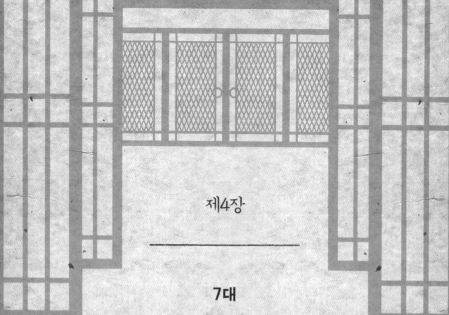

제4장

7대

세조

음흉한 괴짜,
기분파 냉혈한

세조의 가계도

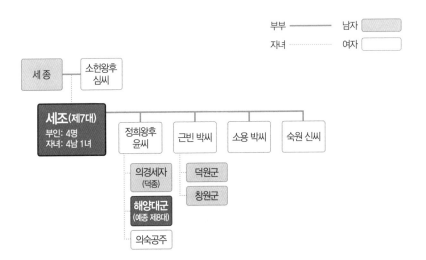

부부 ——— 남자 [   ]
자녀 ········· 여자 [   ]

- 세종 — 소헌왕후 심씨
- 세조(제7대)
  부인: 4명
  자녀: 4남 1녀
  - 정희왕후 윤씨
    - 의경세자 (덕종)
    - 해양대군 (예종 제8대)
    - 의숙공주
  - 근빈 박씨
    - 덕원군
    - 창원군
  - 소용 박씨
  - 숙원 신씨

학문보다 무예를 좋아한 왕자

　세조는 1417년 9월 24일에 당시 충녕대군이던 세종과 부인 심씨의 차남으로 태어났으며 이름은 유다. 그가 태어났을 때는 위로 누나 둘과 형 하나가 있었다. 그가 두 살이던 1418년에 아버지 충녕대군은 세자로 책봉된 뒤, 왕위에 올랐다. 이때 세 살 위의 형(문종)은 대궐로 들어갔으나 그는 민가에서 지냈다. 그가 궁궐에 들어가지 못한 것은 당시 상왕 정종의 건강이 몹시 나빴고 또 이듬해에 승하했기 때문이다. 정종에 이어 1420년에는 할머니 원경왕후 민씨가 승하했고 2년 뒤에는 태종이 승하했다. 이렇듯 세 번의 국장이 연이어 있었기 때문에 유는 어린 시절을 민가에서 보냈다. 이에 대해《세조실록》은 이런 기록을 남기고 있다.

　세조는 어릴 때 민간民間에서 자랐으므로 모든 어려움과 사실과 거짓을 일찍부터 자세히 겪어 알고 있었으며 도량이 성숙하였다.

▶ 세조 영정. 경남 합천 해인사 소장. 권태균 사진

왕자 유는 머리도 좋고 체력도 뛰어났다. 다섯 살에《효경》을 외워 주변을 놀라게 하기도 했으나 학문보다는 무술을 더 좋아했다. 이에 대해《세조실록》은 그를 "문학과 활쏘기와 말타기가 고금에 뛰어났으며, 역학·산학·음률·의술·점·기예 등의 일에 이르기까지 모두 그 묘妙를 다하였다"라고 기록하고 있다. 그는 외모가 특이하고 궁술과 승마에 뛰어났는데, 이에 대해《동각잡기》에는 다음 이야기를 전하고 있다.

> 세조는 얼굴이 괴기하고 활쏘기와 말 달리기가 남보다 뛰어났다. 나이 열여섯에 세종을 따라 왕방산에서 강무講武할 때, 하루아침에 사슴과 노루 수십 마리를 쏘아서 털에 묻은 피가 바람에 날려 겉옷이 다 붉었다. 늙은 무사 이영기 등이 보고 눈물을 흘리면서 말했다.
> "오늘 뜻밖에 다시 태조의 신무神武를 뵙는 듯합니다."

대개 왕의 얼굴에 대해서는 용의 형상이나 호랑이 형상이라고 표현하는 것이 일반적인데, 괴기하다고 표현했다는 것은 가히 매끈하게 생기거나 평범한 얼굴이 아니라는 뜻이다. 그리고 궁술과 승마에 매우 뛰어나 태조의 솜씨에 비견됐을 정도였다고 했는데, 이는 세조가 무술에 남다른 애착과 능력을 갖고 있었다는 의미다.

아버지 세종은 왕자 유의 이런 면모를 싫어하지 않았다. 세종의 아들 중에 임영대군도 무술이 뛰어났는데, 세종은 임영대군을 못마땅하게 여겼다. 그것은 임영대군이 학문은 하지 않고 축첩을 일

삼아 눈 밖에 났기 때문이다. 하지만 세조는 여색으로 애를 먹이지는 않았고, 학문도 게을리하지 않아서 세종의 총애를 받았다. 더구나 왕자 유는 용맹도 남달랐던 모양이다. 이에 대해 《동각잡기》에 이런 이야기가 나온다.

세종이 규표圭表(방위·절기·시각 등을 측정하던 천문관측기기)를 바로잡을 때, 세조와 안평대군 및 다른 유신에게 명하여 삼각산 보현봉에 올라서 해 지는 곳을 관측하게 하였다. 돌길이 위험하고 또 불측한 벼랑이 내려다보였으므로 안평대군 이하의 모든 사람이 눈이 어지럽고 다리가 떨려서 전진하지 못하였으나, 세조만은 유난히 걸음이 나는 듯하여 순식간에 올라갔다 내려갔다 하니 보는 자가 모두 탄복하여 따를 수 없다고 하였다. 늘 소매 넓은 옷을 입었으므로 궁중 사람들이 모두 웃으니 세종이 이렇게 말했다.
"너와 같은 용력 있는 사람은 의복이 이만큼이나 넓고 커야만 될 것이다."

왕자 유의 용맹성을 알려주는 이 글에서 눈에 띄는 내용이 하나 있다. 왕자가 소매 넓은 옷 입는 것을 좋아했다는 것이다. 이는 세조의 풍채가 크고 땀이 많은 체질이었음을 짐작하게 하는 내용이다. 따라서 세조의 외모와 체질을 유추해보건대, 전체적으로 몸집과 두상이 모두 큰 형상을 했으며, 몸에 땀이 많이 나는 체질이었다. 이는 추위를 별로 타지 않고 열이 많은 체질임을 의미하는데,

이런 사람은 대개 살이 잘 찌고 몸집이 크다. 또 열이 많고 땀이 많은 체질은 아토피 환자가 많은데, 세조도 피부병으로 고생한 것으로 봐서 이런 체질이었음이 분명하다.

그런데 활쏘기와 말타기, 사냥 등에 뛰어났다는 것으로 봐서 팔다리 근육이 발달하고 단단한 근육을 가졌을 것이다. 또 키가 컸다는 내용이 없는 것으로 봐서 키는 작으면서 다부진 체구였을 것으로 짐작된다. 그래서 얼핏 보기에 무인이나 장수처럼 보였을 것이다.《동각잡기》의 다음 이야기는 그 점을 증명한다.

> 계유년에 세조가 사은사謝恩使로 명나라에 갔더니 길에서는 보는 사람들은 반드시 그를 대장군이라고 여겼다. 북경 대궐 문밖에 서 있던 코끼리 여덟 마리가 그를 보고서는 일시에 물러가 움츠리니 사람들이 이상하게 여겼다.

이 글에서 알 수 있듯이 세조는 누가 봐도 무인으로 여길 정도로 외형이 단단하고 골격이 튼튼해 보였던 것 같다. 또 풍기는 인상도 강했던 모양이다. 코끼리가 물러가 움츠렸다는 것은 세조의 강한 인상과 기상에 눌렸다는 의미이기 때문이다.

기분 좋으면 오케이, 아부에는 함박웃음

세조는 냉철하고 이성적인 사람은 아니었다. 또 꼼꼼하거나 세밀한 성격도 아니었다. 세조는 기분파에다 아부에 혹하는 성격이었다. 그래서 금방 화를 냈다가도 상대가 자신의 기분을 좋게 만들면 이내 화를 풀고 관용을 베풀기도 하였다. 또 칭찬하다가도 마음 상하는 부분이 있으면 가차 없이 상대를 죽일 수도 있는 그런 사람이었다. 자신의 능력을 과시하기 좋아하여, 어디서나 자신의 능력을 과시할 방도를 모색하였고 또 그 능력을 알아주거나 칭찬하는 사람에게는 매우 후했다. 《오산설림》의 다음 이야기는 세조가 자신을 알아주는 사람에게 얼마나 후한 성격인지 바로 보여준다.

세조가 대군으로 있을 열네 살 때 어느 기생집에서 자는데, 밤중에 기생과 관계하는 자가 와서 문을 두들겼다. 세조가 놀라서 발로 뒷벽을 차서 벽이 넘어지자 곧 밖으로 나와 몇 길이나 되는 담을 뛰어넘었다. 그러자 그 사람 역시 뒤를 따라 넘으므로 세조는 또 이중의 성을 뛰어넘었더니, 그 사람 역시 뛰어넘었다.

세조가 1리쯤 가다가 길가에 속이 텅 빈 늙은 버드나무 한 그루가 있어 그 속에 숨었더니 그 사람이 따라오다가 찾지 못하고 투덜거리면서 가버렸다. 조금 뒤에 어떤 점잖은 사람이 나무 곁에 있는 집에서 문을 열고 나와 작은 다리 옆에서 소변을 보더니 하늘의 별을 올려다보면서 말했다.

"자미성이 유성에 걸려 있으니 괴이한 일이로다."

그런 뒤 한참 만에 도로 들어갔다. 세조가 돌아와서 그 이튿날 수소문해보니 그는 관상감에서 천문을 잘 보는 자였다. 세조가 등극한 뒤에 찾았으나 그 사람이 죽은 지 이미 오래되었으므로 그 아들에게 후히 주었다.

이 이야기에 나오는 자미성이란 왕을 상징하는데, 그 왕이 유성에 걸려 있다는 것은 아직 떠돌이별에 불과하지만, 왕이 될 것이라는 예언이었다. 세조는 이 말을 듣고 무척 기분이 좋았던 모양이다. 그래서 오랜 세월이 지난 뒤에 그 말을 했던 관상감 관원을 찾아 그 아들에게 사례했다. 웬만한 사람이면 흘려들을 법한 이 말을 그토록 오래도록 기억한 것은 세조가 그만큼 자신을 알아주는 사람에게 후한 사람임을 시사한다.

세조가 아부와 찬사에 약했던 것은 실록의 다음 이야기에 더 잘 드러난다. 세조 7년(1461년) 9월 19일에 좌의정이었던 신숙주가 얼음이 언 것을 축하하기 위해 비빙연飛氷宴을 베풀자 세조가 다음과 같은 시를 내려주었다.

추로(두루미와 해오라기)는 배부르게 나는데,
뜰 국화는 서리를 업신여긴다.

아침 햇빛은 해동海東을 비치고,

거북과 고기는 창랑滄浪에서 뛴다.

꿈 깨자 일어나 나라를 경영하니,

잠자는 사람은 깊은 방에 누웠다.

세조는 자신이 시 쓰는 것을 과시하면서 사람들에게 찬사 듣는 것을 좋아했는데, 이 비빙가를 내린 후에도 주변의 반응이 궁금했다. 그래서 주변 신하들에게 물었다.

"이 시가 어떠하냐?"

그러자 성균관 사성으로 있던 구종직이 찬사를 올리며 말했다.

"《시경》300편이 '비빙가'에 미치지 못합니다."

세조의 시를 《시경》의 시와 견준 것도 민망한 일인데, 《시경》의 시 300편보다 뛰어나다니 그야말로 아부의 극치가 아닐 수 없다. 이 말을 전해 들은 대사헌 양성지가 구종직을 탄핵하며 말했다.

"구종직이 '비빙가'를 《시경》300편보다 낫다고 했으니 그 말이 모두 아첨에서 나와서 구차히 합하기를 구하는 것입니다. 조정 신하가 이를 본받으면 나랏일이 날마다 그릇될 것이니 청컨대 벌을 주소서."

그러자 구종직이 화를 내며 말했다.

"아첨은 신하의 큰 죄인데 신이 어찌 감히 하겠습니까? 이제 양성지가 신을 아첨한다고 하니 신이 양성지와 더불어 어찌 감히 같은 조정에 있겠습니까? 청컨대 성상께서는 과죄科罪하소서."

그러나 세조는 웃으면서 말했다.

"경들은 화해하라."

사실, 세조는 구종직이 아부하고 있음을 잘 알고 있었다. 하지만 세조는 구종직의 말에 기분이 좋았다. 그래서 구종직의 아첨을 전혀 문제 삼지 않았다.《국조방목》의 다음 이야기도 세조의 기분파 성향을 잘 드러낸다.

재위 6년(1460년) 겨울에 친히 순행하여 평양에 이르러 부벽루에 올라가 시를 쓰고 뭇 신하에게 화답해 올리게 했다. 그리고 양서(황해도와 평안도)의 유생을 모아 두 가지의 책문을 내려서 시험을 보일 때 서쪽 뜰 안 석탑 밑에는 문장(문과)을 베풀고 동쪽 뜰 안 석벽 밑에는 무장(무과)을 베풀어서 전지를 내렸다.

"서방 사람이 아니면서 과거 보는 자가 있다면 벨 것이다."

그런데 생원 유자한이 타도 출신으로 첫머리에 합격하였으므로 임금이 격노하여 즉시 베라고 하였다. 그러자 자한이 꿇어앉아 고했다.

"으레 이런 일이 있을 줄 알았사오나, 공자께서 '아침에 도를 들으면 저녁에 죽어도 좋다朝聞道 夕死可矣'라고 하였으니 신이 감히 죽음을 사양하지는 못하옵니다."

이 말을 듣고 세조가 웃으면서 그만두고는 신숙주에게 그 일의 시말을 기록하게 하였다.

실록에는 유자한이 급제한 것이 1460년 10월 22일이라고 기록하고 있다. 당시 유자한이 타도 사람이면서 죽음을 각오하고 시험을 봐서 급제했는네, 세조는 자신의 명령을 어긴 죄로 그를 죽이려 했다. 하지만 유자한은 공자의 말을 인용함으로써 죽음을 면했다. 유자한은 세조의 성향을 잘 파악하고 있었다. 그래서 세조의 책문을 공자가 말한 도에 빗댐으로써 세조의 기분을 좋게 한 덕분에 죽음을 면하고 과거에 합격할 수 있었다.

사실, 이 이야기 외에도 실록과 야사에는 세조가 기분에 따라 죽이겠다고 한 사람을 살리고, 살리겠다고 한 사람을 죽인 사례가 꽤 많다. 세조는 기분에 따라 자신이 세운 원칙을 바꾸기도 하고, 생사를 결정짓기도 했다. 때론 금방 죽일 듯이 몰아세우다가 마음에 드는 소리를 하면 이내 얼굴을 바꾸고 웃으면서 상대를 추켜세우기도 했다. 그래서 신하들은 가끔 세조의 뜻이 어디에 있는지 종잡을 수 없어 곤란해하기도 했다. 하지만 눈치 빠른 자들은 세조가 듣기 좋은 소리에 약하다는 것을 잘 알고 있었다. 서거정도 그런 인물 중 하나였다. 언젠가 세조가 몰래 서거정을 불러 물었다.

"너는 유학자이니, 임금이 부처에게 절을 해야 하는지 아닌지 솔직히 말해 보라."

당시 세조는 불교를 섬겨 절을 찾아다니며 불공을 드렸다. 그런데 그에 대해서 유생들의 비판이 있자 당대 뛰어난 학자였던 서거정에게 자신을 합리화할 방도를 물은 것이다. 서거정은 세조의 속내를 이내 간파하고 이렇게 대답했다.

"송나라 태조가 상국사에 갔을 때, 불상 앞에서 향을 태우면서 절하는 것의 가부를 물었더니 중 찬녕이 '현재 불은 과거 불에게 절하지 않는다'고 하여 송 태조가 웃으면서 절을 하지 않았다고 합니다."

그리고 서거정은 이렇게 덧붙였다.

"그렇다면 임금이 부처에게 절을 하지 않는 것은 옳은 일이요, 절하는 것은 도를 권하는 일이라고 생각되옵니다."

말하자면 절을 하지 않는 것은 세조가 현재 불이기 때문에 과거 불에게 절을 하지 않는 것이 되고, 절을 하면 주변에 스스로 낮아지는 도를 권하는 것이 된다는 말이다. 그러니 절을 하지 않으면 부처가 되고, 절을 하면 도를 깨친 사람, 즉 부처가 되니 절을 해도 부처가 되고, 절을 하지 않아도 부처가 되는 셈이었다. 세조는 이 말을 듣고 몹시 기꺼워하며 좋아하였다고 한다. 아부로 치자면 서거정의 이 말이 최고가 아닌가 싶다.

과시하길 좋아하다

세조는 괴짜 행동을 많이 한 것으로도 유명한데, 이는 대개 자신의 남다른 능력이나 성품을 드러내기 위한 행동이었다. 세조는 곧잘 궁궐 안에서 감색 물을 들인 무명옷에다 푸른 짚신을 신고 나무

갓끈에 대나무 지팡이를 짚고 다녔다고 한다. 이는 자신의 검소함을 드러내기 위한 행동이었다.

세조는 유학과 문학, 천문학, 점술학 등 각종 학문과 잡학에 밝은 것을 자랑했는데, 때론 자신의 손재주와 음악 실력이 남다른 것도 과시했다. 그와 관련하여 《청파극담》에는 다음 이야기가 전한다.

세조가 일찍이 평양에 거둥할 때 중로에서 어떤 군인의 깃대를 바라보고 말했다. "저기 몇 번째의 기를 가지고 오라."

그랬더니 그 깃대의 대나무는 참 기이한 것이었다. 명하여 피리를 만드니 그 소리가 절묘했다. 옛날 채백개가 정자의 서까래 대나무를 취해 피리를 만들었더니 역대로 보배가 되어 전해왔는데, 그 일이 이와 대체로 같다. 하지만 채백개가 가까이서 본 것은 세조가 멀리서 골라낸 것보다 못하리라 생각된다.

이렇듯 세조는 뜻밖의 행동으로 자신의 능력을 드러내고, 주변을 감탄시키는 재주가 있었다. 물론 감탄하지 않는 신하는 자리보전을 못하므로 주변 신하들은 세조의 재주에 감탄하지 않으면 안 되었다.

세조 시절에는 신하 중에서도 세조와 유사한 성향을 보이는 자들도 있었는데, 대표적인 인물이 홍일동이었다. 그는 계유정난 때 세조 편에 서서 공신이 된 인물인데, 술을 좋아하고 글을 잘 지었으며, 음악에도 일가견이 있었다. 그런 소문을 듣고 어느 날 세조가 홍일동을 시험했다. 홍일동과 부처에 관해 논하다가 세조가 갑자기 화를 내며 소리쳤다.

"내 오늘 이놈을 죽여서 부처에게 사례해야겠다."

그러면서 좌우에 명령하여 칼을 가지고 오게 했다. 하지만 홍일동은 자신의 주장을 굽히지 않았다. 이에 세조가 좌우에 명하여 가짜 칼로 홍일동을 죽이려는 시늉을 했지만, 역시 홍일동은 안색 하나 변하지 않고 돌아앉은 채 자신의 말을 계속했다. 그러자 세조가 웃으면서 말했다.

"네가 술을 마시겠느냐?"

홍일동이 대답했다.

"번쾌는 한나라의 장수요, 항우는 남의 임금이었지만, 한 잔 술과 돼지 다리를 사양하지 않았는데, 하물며 전하께서 내리는 술이야 일러 무엇하겠나이까?"

그래서 세조가 술 한 항아리를 주니 홍일동이 통쾌하게 기울여 마셨다. 세조가 또 말했다.

"그대는 죽음을 겁내는가?"

홍일동이 대답했다.

"죽을 때가 되면 죽을 뿐이니, 어찌 생사로서 그 마음을 바꾸리까?"

그 말을 듣고 세조는 몹시 기뻐하며 옷을 내렸다. 《필원잡기》에 나오는 이 이야기는 세조가 농담을 좋아하고, 상대를 시험하는 것을 즐겼다는 것을 알려준다. 사실, 세조는 툭하면 신하들을 시험하고 그 속내를 간파하기를 좋아했다. 또 마음에 드는 신하들과 어울려 농지거리를 주고받는 것을 즐겼다.

농담과 진담을 넘나드는 괴팍함

세조가 가장 좋아하던 신하는 신숙주였고, 그다음이 한명회와 구치관이었다.《필원잡기》에 세조가 그들 신숙주와 구치관을 불러놓고 농담을 주고받는 장면이 나오는데, 그 내용을 옮겨보면 이렇다.

신숙주가 영의정이 되었을 때, 구치관이 새로 우의정이 되었다. 그래서 세조가 두 정승을 급히 내전에 불러서 일렀다.
"오늘 내가 경들에게 물음이 있을 테니, 능히 대답하면 그만이지만, 대답하지 못하면 벌을 피하지 못할 것이다."
이에 두 정승이 모두 절하며 물음을 기다렸다. 그때 세조가 "신 정승" 하고 부르자, 신숙주가 "예, 전하" 하고 대답하였더니 세조가 이렇게 말했다.
"내가 새로 된 신新 정승을 불렀는데, 경이 대답을 했으니 잘못이다."
그러면서 커다란 잔으로 벌주를 내렸다. 그리고 다시 "구 정승" 하고 불렀더니 구치관이 대답한즉, 세조가 일렀다.

"나는 옛 정승인 구舊 정승을 불렀는데, 경이 대답을 잘못했으니 벌주한 잔!"

그렇게 커다란 잔으로 벌주를 내린 뒤, 세조가 또 "구 정승" 하고 불렀더니 신숙주가 대답하므로 세조가 일렀다.

"난 성을 불렀는데, 경이 대답을 잘못하는구려."

그래서 또 벌주를 주고는 "신 정승" 하고 부르매, 신·구가 모두 대답하지 않고, "구 정승" 하고 부르매 구·신이 모두 대답하지 않았다.

세조가 다시 일렀다.

"임금이 불렀어도 신하가 대답이 없음은 예가 아니다."

그러면서 역시 벌주를 내렸다. 이렇게 종일토록 벌주를 마셔서 심히취하매 세조가 크게 웃었다.

옛말에 "왕은 농담하지 않는다"는 말이 있다. 그만큼 왕의 말 한마디의 무게가 대단해서다. 하지만 세조는 신하의 목숨을 가지고도 농담을 일삼았다. 또 정승들을 앞에 놓고 농담을 거듭하는 일도 잦았다. 그런데 세조의 농담에는 늘 뼈가 있었다. 두 정승과 술을 즐기는 이 장면도 얼핏 보면 단순히 구치관이 우의정 된 것을 축하하는 내용처럼 보인다. 하지만 이 상황을 좀 더 깊이 들여다보면 세조의 다른 의도가 보인다. 세조는 그들 두 정승의 성씨를 가지고 농담을 하고 있지만, 그 의도는 자못 음흉하다. 세조의 장난기 어린 행동 속에는 '너희들이 비록 정승이기는 하지만, 내 말 한마디면 꼼짝없이 벌을 받아야 하는 처지야'라는 경고 아닌 경고였다.

세조의 이런 속내는 홍일동의 일화 속에서도 보인다. 비록 장난이 있지만, 홍일동에게도 '나는 언제든지 너의 녹을 칠 수 있는 사람이다'라는 경고가 들어 있다. 세조는 자신의 일등공신이자 좌장인 한명회에게도 똑같은 행동을 하는데, 《명신록》에는 다음과 같은 이야기가 나온다.

6년 경진에 임금이 서도로 거둥하여 지방을 순찰할 때, 양서체찰사 한명회가 길에서 맞이하고 세조의 행차가 돌아올 때 한명회가 모시고 오려 하니 세조가 이렇게 말했다.

"그대는 나라의 장성인 만큼 움직일 수 없느니라."

그러면서 어의를 풀어 입혀주었다.

이 이야기는 얼핏 보면 한명회를 나라의 장성과 버금가는 존재로 치켜세우는 것처럼 보인다. 하지만 다시 들여다보면 '너는 내가 움직이라고 할 때까지 장성처럼 여기에 머물러 있어야 한다'는 메시지를 읽어낼 수 있다. 말하자면 세조는 한명회에게 '네가 비록 나를 왕위에 올린 일등공신이라고 해도 내 명령에 순응하지 않으면 언제라도 너를 칠 수 있다'는 경고를 하고 있다.

그런데 이런 경고는 현실에서 실현하기도 했다. 세조는 한명회를 자신의 장량이라고 하고, 신숙주를 자신의 위징이라고 하면서 늘 그들을 최고의 충신으로 추어올렸는데, 막상 그들을 의심할 만한 사태가 벌어지자, 언제 그랬냐는 듯이 태도를 바꾼 적이 있다.

1467년에 이시애가 난을 일으키면서 자기는 한명회와 신숙주가 역모하여 왕을 죽이려는 것을 막으려고 군대를 일으켰다는 말을 퍼뜨렸다. 그러자 세조는 당장 한명회와 신숙주를 옥에 가둬버린다. 그러다 나중에 이시애의 농간에 놀아났다는 사실을 알게 되자 두 사람을 풀어줬다. 그리고 풀려난 그들을 보자 맨발로 섬돌 아래까지 내려가서 자신의 잘못을 자책하고 그들의 손을 잡고 사과했다.

숙이면 벼슬, 쳐들면 죽음뿐

속리산 법주사 가는 길 한가운데에 약 600년 된 정이품송이 있다. 이 소나무에 정2품이라는 판서 벼슬을 내린 왕이 세조다. 재위 10년(1464년)에 세조가 법주사에 행차할 때 이 소나무 아래를 지나게 되었는데, 가지가 아래로 축 늘어져 있어 가마가 가지에 걸렸다. 그래서 세조가 "가마가 걸린다"고 말하니 소나무가 스스로 가지를 들어 가마가 무사히 지나갈 수 있게 했다 한다. 이에 세조가 이 소나무에 정2품 벼슬을 내렸다는 이야기가 있다. 또 세조가 이곳을 지나다가 나무 아래에서 비를 피해서 벼슬을 내렸다는 말도 있다. 어쨌든 세조가 이 소나무에 벼슬을 내린 것은 자신에게 도움을 줬기 때문이다.

세조는 자신에게 도움을 주거나 머리를 숙이면 충신으로 보고, 조금이라도 반발하거나 그런 의도가 보이면 가차 없이 역적으로 몰아세우는 그런 인물이었다. 그래서 세조는 충성을 맹세한 인물들만 조정에 두고 철저한 측근 정치로 일관했다. 한명회를 위시하여 권람, 신숙주, 구치관, 정인지, 최항 등이 그런 측근이었다.

세조에게 충성하지 않다가 죽은 대표적인 인물은 성삼문, 박팽년 등의 사육신이다. 그런데 이 사육신 사건도 자세히 보면 조작의 흔적이 역력하다. 사육신 사건은 상왕이었던 단종을 폐하기 위해 세조 측에서 만든 음모의 산물이었다. 그런데 왜 세조는 단종을 내쫓기 위해 성삼문 등을 역적으로 몰았을까? 왜 하필 성삼문이 역모 중심에 있게 되었을까? 세조가 단종을 내쫓기 위해 성삼문을 역적으로 만든 이유는《추강집》의 다음 글에서 찾을 수 있다.

> 수양대군, 정인지 등 36인의 훈勳(훈공)을 녹錄(기록)하여 정난공신이라 일컬었다. 한명회를 승진시켜 군기시軍器寺 녹사錄事를 삼았다.
>
> 성삼문, 박팽년은 집현전에서 숙위宿衛(궁궐에서 군주를 호위하며 지키는 일)하였다 하여 공신의 호를 주니 삼문이 그것을 부끄러워해서 밥맛을 잃었으며, 공신들이 돌아가면서 연회를 열었지만, 삼문은 홀로 열지 아니하였다.

성삼문이 세조의 눈 밖에 난 것은 바로 이 글의 마지막 구절에 있다. 다들 공신이 된 것을 축하하며 잔치를 열었지만, 성삼문은 홀로 잔치를 열지 않았다는 것, 바로 그 점이 세조의 심기를 건드렸다. 이 일로 세조는 성삼문이 자신에게 충성을 바칠 인물이 아니라고 판단했고, 단종을 내쫓기 위한 음모를 꾸미는 과정에서 그를 역적으로 몰아 죽였다. 성삼문뿐 아니라 신하 중에 조금이라도 자신에게 숙이지 않는 기색이 보이는 자들은 모두 죽였다. 비록 혈육이라도 자신에게 충성하지 않는 느낌이 들면 모략하여 죽음으로 내몰았다.

태종이 비록 왕위에 눈이 멀어 동복형제인 방간과 군대를 동원하여 싸웠지만, 형제라는 이유로 죽이지는 않았다. 그러나 세조는 동복이든 이복이든 자신에게 고개를 숙이면 잘해주고, 고개를 쳐들면 가차 없이 죽였다. 안평대군은 정치적 맞수여서 죽였다 치더라도 금성대군을 유배 보낸 이유는 황당하다. 금성대군이 집 안에 사람들을 모아놓고 활쏘기 모임을 했다는 것이 그 이유였다. 당시 양반들은 집 안에서 활쏘기 모임을 흔히 했다. 수양대군도 왕위에 오르기 전에 툭하면 벌이던 일이었다. 따라서 금성대군을 유배 보낸 진짜 이유는 활쏘기 모임이 아니라 수양대군에게 충성하는 태도를 보이지 않았기 때문이다. 더구나 금성대군은 유배된 후 반란을 도모했다는 죄목을 쓰고 죽임을 당했다. 하지만 금성대군의 반란 사건도 조작의 흔적이 역력하다.

이렇듯 세조는 자신에게 충성하지 않으면 모두 역적으로 간주하고 어떤 음모를 도모해서든 기어코 죽이는 잔인한 구석이 있었다.

제5장

9대

성종

낮에는 도덕군자,
밤에는 호색한

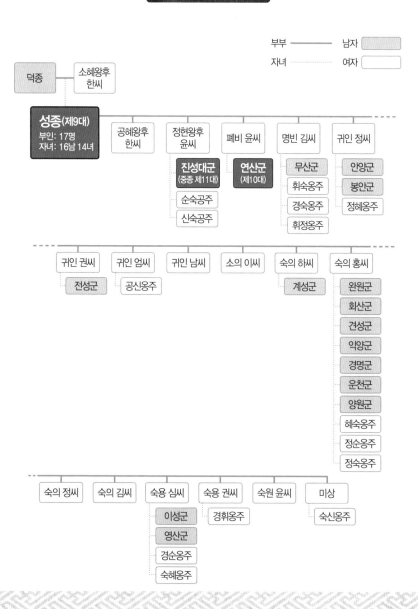

성종의 가계도

부부 ─────── 남자
자녀 ┄┄┄┄┄ 여자

덕종 — 소혜왕후 한씨

성종(제9대)
부인: 17명
자녀: 16남 14녀

공혜왕후 한씨

정현왕후 윤씨
- 진성대군 (중종 제11대)
- 순숙공주
- 신숙공주

폐비 윤씨
- 연산군 (제10대)

명빈 김씨
- 무산군
- 휘숙옹주
- 경숙옹주
- 휘정옹주

귀인 정씨
- 안양군
- 봉안군
- 정혜옹주

귀인 권씨
- 전성군

귀인 엄씨
- 공신옹주

귀인 남씨

소의 이씨

숙의 하씨
- 계성군

숙의 홍씨
- 완원군
- 회산군
- 견성군
- 익양군
- 경명군
- 운천군
- 양원군
- 혜숙옹주
- 정순옹주
- 정숙옹주

숙의 정씨

숙의 김씨

숙용 심씨
- 이성군
- 영산군
- 경순옹주
- 숙혜옹주

숙용 권씨
- 경휘옹주

숙원 윤씨

미상
- 숙신옹주

총명하고 고집 센 소년 왕

성종은 1457년 7월 30일에 동궁에서 세조의 장자 의경세자(덕종)와 한확의 딸 한씨(인수대비)의 차남으로 태어났고, 이름은 혈이다. 혈이 태어났을 때, 위로 두 살 위의 형 정(월산대군) 외에 다른 형제는 없었다. 불행히도 혈은 아버지의 얼굴을 알지 못했다. 혈이 태어난 지 두 달여 만인 9월에 아버지 의경세자가 죽었기 때문이다. 아버지가 죽은 후 어머니 한씨는 궁궐을 떠나 사가로 갔고, 정과 혈 형제는 궁궐에서 할아버지 세조의 보살핌을 받으며 자랐다. 성종의 자질과 성정에 대해 《성종실록》은 다음과 같이 기록하고 있다.

왕은 타고난 자질이 특별히 준수하고, 기상과 도량이 보통 사람보다 뛰어나므로, 세조가 대단히 사랑하였다. 왕이 일찍이 동모형 월산군 이정과 더불어 궁중의 처마 밑에서 글을 읽고 있을 때 마침 요란한 천둥소리가 나고, 어린 환관이 곁에 있다가 벼락을 맞아 죽으니, 모시고 있던 사람들은 놀라서 넘어지며 기운이 쭉 빠지지 않은 이가 없었다. 그런데 왕은 조금도 두려워하는 기색 없이 언어와 행동이 침착하여 평상시와 다름이 없으므로, 사람들이 모두 이를 기이하게 여겼다.

이때 벼락을 맞아 죽은 내시는 백충신이라는 자였다. 백충신이 벼락을 맞아 죽었는데도 소년 혈이 대담하고 침착하게 행동했다는 소리를 듣고 세조는 이렇게 말했다.

"이 애의 기국과 도량은 우리 태조를 닮았다."

그리고 정희왕후에게 이런 말을 했다고 한다.

"뒤에 나랏일을 이 애에게 맡길 것이니 이 말을 잊지 마시오."

정희왕후는 이 말을 새겨두었다가 세조가 죽고, 다시 예종이 재위 9개월 만에 죽자, 혈을 왕위에 앉혔다. 혈이 왕위에 올랐을 때 나이는 불과 열세 살이었다. 요즘으로 치면 초등학교 6학년이 왕위에 오른 셈이다. 이 때문에 그가 성년이 될 때까지 7년 동안 세조의 왕비 정희왕후 윤씨가 수렴청정하였다.

윤씨가 섭정하는 동안 혈은 매우 열심히 제왕 수업에 임했다. 이런 그의 면모에 대해 《연려실기술》은 다음과 같이 평한다.

임금은 총명하고 영걸스럽고 너그럽고 인자하고 공손하고 검소하며 경서와 사서, 성리의 학문에 깊이 통달했다. 백가의 글과 역법, 음악에 까지 널리 통달하고 활쏘기, 글씨, 그림에도 정묘한 경지에 이르렀다.

흔히 뛰어난 왕이 그렇듯이 혈은 학업에 매우 열중했다. 어느 날 경안전에서 제사를 지내고 경연장에 오자, 한명회와 최항이 이렇게 말했다.

"제사 지낸 후에 또 경연에 나오시느라고 육체가 피로하실까 염려됩니다."

그러자 혈은 이렇게 대답했다.

"나는 하루의 시간도 아끼는데, 재계하는 날은 할 수 없지만, 제사 지낸 후에는 경연을 정지할 수 없지요."

그리고 더운 여름날에 신하들이 더위가 심하니 경연 중에 주강(한 낮에 하는 수업)은 정지하자고 했는데, 이때 혈은 또 이렇게 대답했다.

"내가 촌각을 아끼는데 어찌 주강을 정지하리오."

그가 공부에 열중하자, 할머니 윤씨가 염려스러워 이렇게 물었다.

"주상, 피곤하지 않으시오?"

그러자 그는 이렇게 대답했다.

"읽고 싶어서 읽는 것이라 피로한 줄 모르겠습니다."

이렇듯 공부에 푹 빠져 있었지만, 그렇다고 시키는 일만 잘하는 순둥이는 아니었다. 나름대로 주관이 뚜렷하고 고집도 셌다. 《오산설림》에는 성종이 막 왕위에 올랐을 때 어느 장사치를 벌주는 일로 대왕대비 윤씨와 언쟁을 벌인 일이 나온다.

세조가 정난을 일으켰을 때 한 장사군이 큰 공을 세웠다. 그래서 세조는 그에게 "세 번 죽을죄를 지어도 용서받는다"는 글을 내렸다.

성종이 막 왕위에 올랐을 때 그 장사꾼이 사람을 죽였다. 관원은 법대로 처리하려 하였다. 그러자 장사꾼이 세조의 어필을 올렸다. 이에 정희대비가 교지를 내렸다.

"선왕께서 손수 내린 유교가 있으니, 그를 용서하시오."

하지만 성종은 이것이 가당치 않다고 생각했다.

"선왕의 유교는 한때의 사사로운 은혜요, 사람을 죽인 자가 죽게 되는 것은 만세의 공법이니 어찌 한때의 사사로운 은혜로 만세의 공법을 폐기하겠습니까?"

이에 대비가 말했다.

"그렇지만 선왕의 유교를 따르지 않을 수 없으니, 특별히 용서해 주시오."

그러나 성종은 두 번 세 번 반대하면서 말했다.

"대비께서 제 말을 듣지 않으시면 감히 나랏일을 맡을 수 없사오니, 바라건대 다른 사람에게 나랏일을 맡기소서."

이에 대비가 물러섰다.

"그렇다면 임금이 알아서 하오."

성종은 그 장사꾼을 곤장으로 치게 하였으나, 죽이지는 않았다.

이 내용으로 알 수 있는 것은 성종이 비록 어린 소년에 불과했지만, 대단히 사리에 밝고 공명정대한 성품이었다는 점이다. 정희대비도 그런 뛰어난 면모를 인정하고 정사를 처리하는 과정에서 성종의 뜻을 늘 존중했다고 한다.

인재를 알아보는 혜안

성종은 인재를 알아보는 혜안이 있었다고 한다.《오산설림》에는 이에 대해 여러 이야기가 나온다.

임금께서 한 수령이 특이한 정사를 했다는 말을 듣고 크게 쓸 수 있는 인물임을 알아보고 뽑아 올려 집의(사헌부 종3품 관직)를 삼았다. 삼사에서 글을 올려 다투자, 며칠 만에 그를 다시 이조의 참의(정3품)로 삼았다. 삼사에서 또 극력 논란한즉 다시 수일 만에 이조참판(종2품)으로 승진시켰다. 삼사는 드디어 중지하고 다시 논란하지 않기로 하면서 말했다.

"만약 우리가 그치지 않는다면 반드시 정승에까지 이르게 될 것이니, 그만 중지하는 것이 좋겠다."

그 사람은 후에 정승이 되었으며 과연 그 재능이 직무에 알맞았으니 이로써 사람들이 임금이 사람을 잘 알아보는 데 감복하였다.

또 이런 이야기도 있다.

예문관 교리 최한정은 성품이 순량하고 근실함으로써 임금이 후한 대우를 하니, 승지 임사홍이 그를 시기하여 임금께 아뢰었다.

"최한정은 나이가 많으니 시독侍讀하는 데 적합하지 못합니다."

그러자 임금은 대답은 하지 않고 어필로 최한정의 이름을 쓰고 등급을 뛰어 대사헌에 임명하니, 임사홍은 황공하여 어찌할 바를 몰랐으며, 사람들은 모두 통쾌하게 여겼다.

임사홍은 연산군 대의 간신으로 유명한 인물이다. 그런데 성종 시절에도 별로 인덕이 없었던 모양이다. 그래서 승지 자리에 있지만, 성종은 그를 신뢰하지 않았다. 오히려 그가 부족하다고 평한 인물을 대사헌으로 임명하여 왕의 인사에 대하여 함부로 입을 놀리지 못하게 했으니, 성종의 곧은 성품을 잘 엿볼 수 있는 대목이다. 이 사건 이후, 임사홍은 성종의 눈 밖에 나서 관직에서 밀려났다. 그리고 김종직 등 사림 세력을 중용하였다.

밤 나들이를 좋아하는 임금

성종은 야음을 틈타 궁궐 밖으로 자주 나들이를 나갔는데, 그 와중에도 인재를 뽑았다. 성종은 관리가 되기를 갈망하는 사람을 선뜻 뽑아서 관직을 주기도 했는데, 다음 이야기가 그에 관한 일화이다.

임금이 밤에 놀다 보니 멀리 삼각산에 불이 밤새도록 켜져 있었다. 사람을 시켜 가서 보게 했더니 서생이 등불을 달아놓고 글을 읽고 있었다. 심부름 간 사람이 그에게 물었다.

"무엇 하러 이렇게 부지런히 움직이며 고생하는가?"

서생이 대답했다.

"과거에 급제하려고 한다."

임금은 그 사람에게 절구를 짓도록 하여 시험한 후 이내 급제시켜주었다.

또 이런 이야기도 있다.

임금이 밖에 나갔다가 어떤 사람이 까치집이 있는 나무를 베어 자기 문 앞에 세운 것을 보았다. 사람을 시켜 연유를 물으니 아뢰기를,

"문 앞의 나무에 까치가 집을 지으면 과거에 급제한다고 하는데, 문 앞에 나무가 없으므로 이것으로써 대신하여 좋은 일이 있기를 바라는 뜻에서입니다."

이에 임금이 물었다.

"강송講誦(글을 강독하여 외움)을 잘하는가, 제술製述(시나 글을 지음)을 잘하는가?"

그러자 그가 대답했다.

"둘 다 잘하는데, 수십 년 동안이나 과거에 억울하게 실패하였습니다."

그러자 즉시 급제시켜주었다.

이 이야기를 통해 알 수 있는 것은 성종이 매우 직관이 뛰어난

인물이라는 것이다. 하지만 절차를 거치지 않고 즉시 인재를 고르는 행동을 자주 하는 것으로 봐서 자기 확신이 매우 강하고, 다소 즉흥적이며, 남의 말을 잘 듣지 않는 성정임을 알 수 있다.

말술의 호색한

성종은 정무 처리에 밝고 선비를 좋아하는 왕이었으나 두 가지 문제가 있었다. 첫째는 술을 너무 즐겼고, 두 번째는 여색을 밝혔다. 그래서 세간에는 성종을 일러 '주요순 야걸주晝堯舜 夜桀紂'라고 했다. 즉, 낮에는 요순과 같은 성군이요, 밤에는 걸주와 같은 호색한이었다는 뜻이다. 그만큼 성종은 술과 여자를 좋아했다.

성종은 술을 마실 땐 아주 큰 술잔으로 마셨는데, 종친 중에 이를 못마땅하게 여긴 인물이 있었던 모양이다.《오산설림》에는 이와 관련하여 이런 이야기가 전한다.

임금은 큰 술잔으로 술 마시기를 좋아했다. 맑기가 물과 같은 옥 술잔 하나가 있었는데, 임금은 늘 술에 취하면 다른 신하에게도 이 술잔으로 술을 마시게 하였다. 종실 사람 하나가 술을 마신 뒤에 이 술잔을 소매 속에 넣고 일어나 춤추다가 일부러 땅바닥에 넘어지니 술잔이

산산이 부서졌다. 이것은 임금이 술을 많이 마시는 것을 은근히 비판하는 뜻이었다. 임금도 그것을 허물하지 아니하였다.

성종이 오죽 술을 즐기면 종친이 나서서 이런 행동을 했을까. 그런데 술 좋아하는 인물치고 색 밝히지 않는 사람 없다고 했는데, 성종 역시 색욕이 강한 사람이었다. 《오산설림초고》에는 성종이 함경도 영흥의 이름난 기생인 소춘풍笑春風과 얽힌 이야기가 있다. '봄바람에 웃는다'는 이름의 소춘풍이 절색이라는 말을 듣고 성종은 그녀를 불러들여 후궁으로 삼으려고 했다. 어느 날 성종이 궁중 별전에서 소춘풍과 술잔을 기울이며 그녀에게 물었다.

"오늘 밤은 너와 함께하고 싶은데 너의 뜻은 어떠하냐?"

하지만 소춘풍은 후궁이 되어 달라는 왕의 제의를 거절한다. 그녀는 후궁이 되면 평생 다른 남자와 정을 나눌 수 없기 때문에 궁궐 생활은 싫다고 했다. 성종은 이 말을 듣고 그저 웃으면서 밤새 술을 마시며 그녀와 시를 주고받았다고 한다. 왕이 이렇듯 궁궐에 기생을 불러들여 논다는 것은 흔한 일이 아니었다. 연산군 같은 폭군을 제외하고는 기생을 궁궐로 끌어들인 왕은 별로 없었다. 그만큼 성종은 여성 편력이 심했다.

여인들의 암투

성종은 많은 여자를 거느렸지만, 여복은 별로 없었다. 여성 편력 때문에 엄청난 비극을 겪기도 했다. 그는 모두 세 명의 왕비와 십여 명의 후궁을 얻었는데, 첫 왕비 공혜왕후 한씨는 한명회의 딸이었다. 한명회는 예종과 성종에게 모두 딸을 시집보내 왕비 자리에 앉혔는데, 두 딸 모두 스무 살이 못 되어 죽었다. 성종이 의경세자의 장자이자 자신의 형인 월산대군을 제치고 왕이 된 것도 한명회의 딸과 결혼한 덕이 컸다. 예종이 죽을 당시 한명회는 조선 조정에 막강한 영향력을 행사하는 인물이었고, 그 덕분에 정희대비와 결탁하여 자신의 사위를 왕위에 앉혔다. 하지만 공혜왕후 한씨는 왕비가 된 지 6년 만에 죽고 말았다.

성종의 두 번째 왕비가 된 여인은 연산군의 생모 폐비 윤씨였다. 윤씨의 본관은 함양이며, 그녀의 어머니는 세조가 자신의 '위징'이라고 불렀던 신숙주의 누이였다. 성종은 한명회의 딸에 이어 또 한 명의 권신인 신숙주의 조카를 왕비로 맞아들였다. 폐비 윤씨는 공혜왕후가 죽던 해에 후궁의 신분으로 왕자 효신을 낳았다. 하지만 효신은 태어난 지 몇 개월 만에 죽고 말았다. 이후, 윤씨는 다시 임신하였고, 덕분에 1476년 8월에 왕비에 책봉되었다. 그리고 왕비가 된 지 3개월 만에 아들 융(연산군)을 낳으니, 성종이 융을 원자로 책봉하였다.

그런데 그녀는 성종의 무절제한 애정 행각 때문에 마음고생을 심하게 했다. 그런 가운데 왕비 윤씨의 방에서 비상과 방술을 기록한 책이 발견되었다. 성종은 이것이 후궁들을 죽이기 위한 것으로 판단하고 윤씨의 폐비 문제를 공론화하였다. 이후 대신들과 의논한 끝에 윤씨를 빈으로 강등하여 별궁인 자수궁에 따로 거처하게 하였다. 하지만 성종은 거기서 그치지 않고 그녀를 폐출시킨 후 사약을 내려 죽였다. 그녀가 폐출된 것과 관련하여 《기묘록》에는 다음과 같은 이야기가 전한다.

처음에 윤비가 원자를 낳아 임금의 사랑이 두터워지자 교만하여 여러 후궁을 투기하고 임금에게도 공손하지 못하였다. 어느 날 임금의 얼굴에 손톱자국이 났으므로 인수대비가 크게 노하여 임금을 격동시켜 외정에 보이니 대신 윤필상 등은 임금의 뜻을 받들어 의견을 아뢰어 윤비를 폐하여 사제로 내치게 하였다.

또 윤비에게 사약을 내려 죽게 한 것과 관련해서는 《기묘록》은 이렇게 기록하고 있다.

윤씨는 폐위되자 밤낮으로 울어 끝내는 피눈물을 흘렸는데, 궁중에서는 훼방과 중상함이 날로 더하였다. 임금이 내시를 보내어 염탐하게 했더니 인수대비가 그 내시를 시켜 이렇게 말하게 했다.

"윤씨가 머리 빗고 낯 씻어 예쁘게 단장하고서 자기의 잘못을 뉘우치는 뜻이 없다."

임금은 드디어 그 참소를 믿고 벌을 더 주었다.

《기묘록》은 이렇듯 윤씨의 폐출과 죽음의 배경에는 시어머니인 인수대비 한씨의 역할이 컸다고 쓰고 있다. 인수대비는 왜 그토록 윤 비를 내치려고 했을까? 사실, 인수대비가 윤씨를 내쫓으려고 혈안이 된 것은 그녀의 시어머니인 정희대비와 밀접한 관련이 있다. 폐비 윤씨가 쫓겨나고 성종의 세 번째 왕비가 된 여인은 정현왕후 윤씨였다. 정현왕후는 본관이 파평인데, 당시 대왕대비였던 정희대비와 한집안이었다. 정희대비의 아버지는 윤번인데, 윤번은 정현왕후의 증조부인 윤곤의 사촌 동생이었다. 이 윤곤의 손자가 정현왕후의 아버지인 윤호인데, 그는 정희대비의 아버지인 윤번의 재종손이었다. 그러니정희대비와 정현왕후는 매우 가까운 친족이었다. 따라서 정희대비는 정현왕후를 성종의 왕비로 삼고 싶었을 것이다.

그런데 정작 폐비 윤씨를 내쫓는 일에 앞장선 사람은 정희대비가 아니라 인수대비 한씨였다. 왜 그랬을까? 그녀는 시어머니인 정희대비와 모종의 결탁이라도 한 것일까? 인수대비가 폐비 윤씨를 내쫓고 정현왕후를 왕비로 삼으려 했던 데에는 두 가지 이유가 있었다.

인수대비는 정희대비의 호감을 사야 했다. 첫 번째 이유는 그녀가 정희대비에게 신세를 졌기 때문이다. 그녀는 세조의 맏며느리로 세자빈에 책봉되었지만, 의경세자가 일찍 죽는 바람에 왕비가 될 수 없었다. 그래서 성종은 예종의 양자로 입적하여 왕위를 이었는데, 그 때문에 인수대비는 대비의 칭호를 얻을 수 없었다. 또 그 때문에 예종의 계비인 인혜대비(안순왕후 한씨)보다 서열상 아래에 놓일 수밖에 없었다. 이 일로 성종이 왕위에 오른 후에 인혜대비와 인수대비 사이에 일종의 서열 다툼이 일어나기도 했다. 그래서 인수대비로서는 대비의 자리에 오르는 것이 최대의 숙원사업이었다.

그녀가 대비의 자리에 오르기 위해서는 성종이 예종의 양자가 아닌 의경세자의 아들로서 왕위를 이어야 했다. 그리고 의경세자를 왕으로 추존해야만 그녀는 왕비에 이어 대비의 자리에 오를 수 있었다. 또 그 권한은 궁중의 최고 어른인 정희대비에게 있었다. 정희대비는 기꺼이 의경세자를 덕종으로 추존하는 일에 동의했다. 덕분에 인수대비는 왕비의 칭호를 얻고 다시 대비의 자리에 오를 수 있었다. 말하자면 인수대비는 정희대비에게 일종의 빚을 졌고, 함안 윤씨를 내쫓고 파평 윤씨를 새 왕비로 세움으로써 그 빚을 갚은 셈이었다.

두 번째 이유는 인수대비도 파평 윤씨와 인척 관계였다는 점이다. 인수대비의 어머니는 남양 홍씨인데, 홍씨의 남동생, 즉 인수대비의 외삼촌인 홍원용의 부인은 파평 윤씨였다. 말하자면 외숙모가 파평 윤씨였다. 따라서 인수대비와 파평 윤씨는 인척 관계의 집안이었다. 이는 인수대비와 시어머니 정희대비도 인척 관계로 얽혀 있는 사이였음을 의미한다. 그 때문에 인수대비는 폐비 윤씨 집안인 함안 윤씨보다는 파평 윤씨에게 훨씬 호의적일 수밖에 없었다.

이렇듯 폐비 윤씨의 폐출과 죽음의 배경에는 왕비 자리를 놓고 벌인 파평 윤씨 가문과 함안 윤씨 가문의 처절한 투쟁이 도사리고 있었다. 또 윤씨의 폐출과 죽음 뒤에는 후궁들의 암투도 있었다. 성종은 무려 13명이나 되는 후궁을 뒀는데, 공혜왕후 한씨가 사망할 무렵에는 숙의 윤씨(폐비), 숙의 윤씨(정현왕후), 숙의 권씨, 숙의 엄씨, 소용 정씨 등이 왕비 자리를 놓고 치열한 암투를 벌였다. 그들의 암투는 폐비 윤씨가 임신 덕분에 왕비에 오른 뒤에도 계속되었다. 그리고 폐비 윤씨가 왕비로 있던 중에 숙의 권씨가 성종에게 투서 하나를 올렸다. 그 투서는 누군가가 숙의 권씨 집 마당에 던진 것이었는데, 투서 속에는 엄숙의와 정소용이 왕비와 원자를 해치려 한다는 내용이 들어 있었다. 이 일로 궁중은 발칵 뒤집혔고, 결국 범인은 정소용으로 결론이 났다.

하지만 당시 정소용은 임신하고 있어서 벌을 줄 수 없는 상황이었다. 그런 상황에서 이번에는 왕비의 방 안에서 비상과 방술서가 발견됐다. 이를 발견한 사람은 다름 아닌 성종이었다. 물론 누군가의 제보로 생긴 일이었다. 그 누군가는 중전을 미워하던 엄숙의와 정소용이었을 것이다. 그리고 그들의 배후에 인수대비와 정희대비도 있었다. 이렇듯 윤씨 폐출 사건은 정희대비와 인수대비 그리고 정현왕후와 숙의 엄씨, 소용 정씨, 숙의 권씨 등의 이해관계가 복잡하게 얽혀 있었다. ～

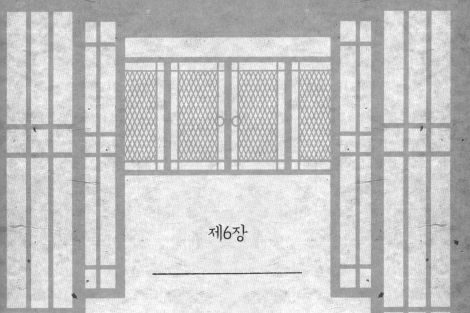

제6장

10대

연산군

살 떨리는 낭만주의자,

가련한 살인귀

연산군의 가계도

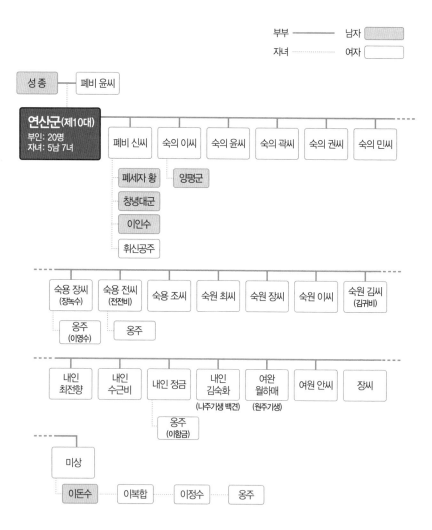

부부 ——— 남자 ▭
자녀 ······ 여자 ▭

성종 — 폐비 윤씨

연산군(제10대)
부인: 20명
자녀: 5남 7녀

폐비 신씨 | 숙의 이씨 | 숙의 윤씨 | 숙의 곽씨 | 숙의 권씨 | 숙의 민씨

폐세자 황 | 양평군
창녕대군
이인수
휘신공주

숙용 장씨
(장녹수) | 숙용 전씨
(전전비) | 숙용 조씨 | 숙원 최씨 | 숙원 장씨 | 숙원 이씨 | 숙원 김씨
(김귀비)

옹주
(이영수) | 옹주

내인
최전향 | 내인
수근비 | 내인 정금 | 내인
김숙화
(나주기생 백견) | 여완
월하매
(원주기생) | 여원 안씨 | 장씨

옹주
(이함금)

미상

이돈수 — 이복합 — 이정수 — 옹주

모정을 그리워하는 소년

1476년 11월 7일, 왕궁에서 한 왕자가 태어났다. 아이를 낳은 왕비의 나이는 스물두 살이었고, 왕의 나이는 그녀보다 두 살 어린 스무 살이었다. 왕비는 후궁 시절에 첫아들을 낳았으나 일찍 잃었고, 가까스로 두 번째 아이를 잉태한 덕분에 왕비에 책봉되었다. 그리고 아이를 출산하니 아들이었다. 왕은 첫아들을 얻은 기쁨을 담아 아이의 이름을 '마음이 지극히 크다'는 뜻의 융㦕이라고 지었는데, 세상에 하나밖에 없는 새로운 글자였다. 예부터 자식의 이름에 지나친 의미를 담지 말라고 했거늘, 아비는 아들을 얻었다는 기쁨에 도취하여 그런 생각은 미처 하지 못했다.

그런데 융이 네 살 되던 해인 1479년 6월 2일, 왕은 왕비를 쫓아낸다. 그녀의 생일이 6월 1일이었으니 생일 밥이 채 소화되기 전에 그녀는 폐출되는 신세가 되었다. 그리고 왕자가 일곱 살 되던 1482년 8월 16일, 왕은 그녀에게 사약을 내려 자진을 명령했다. 그렇게 왕비는 나이 스물여덟에 피를 토하고 죽었다. 왕비 윤씨는 죽기 전 자신의 피가 묻은 금삼을 친정어머니 신씨에게 전하면서 이런 유언을 남겼다고 한다.

"우리 아이가 다행히 목숨이 보전되거든 이것으로써 나의 원통함을 말해주고 또 나를 거둥하는 길옆에 장사하여 임금의 행차를 보게 해주십시오."

하지만 왕자 융은 그런 어머니의 처참한 죽음에 대해 전혀 모르고 자랐다. 그리고 어머니가 죽은 다음 해에 세자에 책봉되어 조선의 왕위 계승자가 되었다. 생모 윤씨가 폐출된 후, 융을 키운 사람은 성종의 세 번째 왕비인 정현왕후 윤씨였다. 그녀는 시어머니인 인수대비 한씨와 시할머니인 정희대비와 손을 잡고 융의 생모를 죽음으로 내몬 장본인이었다. 정현왕후는 1462년에 태어났는데, 열두 살 때인 1473년에 후궁으로 궁궐에 들어왔고, 열여덟 살 때인 1479년 폐비 윤씨가 쫓겨난 직후에 왕비로 책봉되었다. 폐비 윤씨가 쫓겨나 죽는 과정에 정현왕후의 친정아버지 윤호와 그녀의 칠촌 아저씨 윤필상이 관여한 정황이 있고, 그녀 또한 가담했을 것으로 보인다. 그렇다면 그녀는 융에게는 원수나 다름없는 여자였지만, 융은 그런 사실은 까맣게 모르고 그녀를 친어머니로 알고 자랐다.

하지만 어린 융이 생모의 죽음을 알고 있었을지도 모른다. 이와 관련된 이야기가 《아성잡기》의 다음 내용이다.

윤씨가 폐위된 뒤에 폐주廢主(연산군)가 세자로 동궁에 있을 때였다. 어느 날 세자가 이렇게 말했다.

"제가 거리에 나가 놀다 오겠습니다."

성종이 이를 허락하였다. 저녁때 세자가 돌아오자, 성종이 물었다.

"네가 오늘 거리에 나가서 놀 때 무슨 기이한 일이라도 보았느냐?"

세자가 대답했다.

"구경할 만한 것은 없었습니다. 다만 송아지 한 마리가 어미 소를 따라가는데, 그 어미 소가 소리를 하면 그 송아지도 문득 소리를 내어 응하여 어미와 새끼가 함께 살아 있으니 이것이 가장 부러운 일이었습니다."

성종이 이 말을 듣고 슬퍼여겼다.

영명한 세자, 잔인한 성정

왕자 융은 비교적 명민했으나 잔인한 구석이 있는 소년이었다. 《아성잡기》에는 다음과 같은 기록이 있다.

연산군이 본성을 잃은 것은 윤씨가 폐위된 데 원인이 있었다. 왕위에 처음 올랐을 때는 자못 슬기롭고 총명한 임금으로 일컬어졌다.

또 《명신록》도 "연산군이 새로 왕위에 오르니 조정과 민간에서 모두 영명한 임금이라 일컬었다"라고 쓰고 있다. 하지만 신하 중에는 연산군에게 광기나 포학한 성정이 있음을 알아본 사람도 있었다. 《명신록》에 이런 이야기가 나온다.

김종직은 연로함을 핑계로 벼슬을 그만두고 고향으로 돌아갔다. 그러자 동향 사람이 그에게 물었다.
"지금 임금이 영명한데, 선생은 어찌하여 벼슬을 그만두고 왔습니까?"
김종직이 이렇게 대답했다.
"새 임금의 눈동자를 보니, 나처럼 늙은 신하는 목숨을 보전하는 것만도 다행스러워해야 할 것이오."

《명신록》의 기록대로라면 연산군은 왕위에 오를 당시에는 매우 영리하고 사리에 밝은 임금이었다. 하지만 김종직은 연산군의 눈을 보고 예사롭지 않다고 판단하고 서둘러 벼슬을 버리고 낙향했다는 것이다. 김종직 말고도 연산군이 왕위에 오른 직후 벼슬을 버리고 낙향한 인물은 또 있었다. 박영이라는 인물은 선전관이 되었을 때, 연산군이 부왕인 성종이 기르던 사슴의 새끼를 활로 쏘아 죽이는 것을 보고 벼슬을 던지고 낙향했다.

연산군은 열아홉 살 때 왕위에 올랐다. 왕위에 오르자 부왕이 키우던 사슴 새끼를 쏘아 죽였다. 왜 그랬을까? 그 이유를 《오산설림》에는 이렇게 적고 있다.

> 일찍이 성종이 사향 사슴 한 마리를 길렀는데, 길이 잘 들어서 항상 곁
> 을 떠나지 않았다. 어느 날 폐주(연산군)가 곁에서 성종을 모시고 있었
> 는데, 그 사슴이 와서 폐주를 핥았다. 폐주가 발로 사슴을 차니 성종이
> 불쾌하게 여겨서 말했다.
> "짐승이 사람을 따르는데, 어찌 그리 잔인하게 구느냐?"
> 뒤에 성종이 세상을 떠나고 폐주가 왕위에 오르자, 그날 손수 그 사슴
> 을 쏘아 죽였다.

《오산설림》의 기록대로라면 어린 시절에 자신을 욕 듣게 했던
사슴을 왕이 된 날 쏘아 죽였다는 것인데,《명신록》에서는 '사슴 새
끼를 쏘아 죽였다'고 했다.《명신록》의 기록대로 사슴 새끼를 쏘아
죽인 것이 맞을 성싶다. 원래 자신을 욕 듣게 한 사슴은 이미 죽었
고, 성종이 좋아하던 새끼 사슴만 있었는데, 그 사슴에게 화풀이를
대신 한 것으로 해석할 수 있을 것이다. 그만큼 연산군의 성정 속
에는 잔인한 구석이 있었던 듯하다.

공부를 싫어하다

연산군이 왕위에 올랐을 때, 다들 영명한 임금이 즉위했다고 칭송이 자자했지만, 연산군은 학문을 별로 좋아하지 않았다. 학문을 좋아하지 않은 세자로 태종의 장자 양녕대군을 첫째로 꼽을 수 있는데, 연산군은 그 정도는 아니었다. 다만, 자신에게 공부를 강요하고 감정을 상하게 하는 상황을 싫어했다. 그래서 그런 상황이 생기면 관련된 사람을 결코 그냥 두지 않았다. 이는 양녕대군에게는 없던 성정이었다. 《사재척언》의 다음 내용에서 연산군의 그런 면모를 엿볼 수 있다.

임금(연산군)이 세자로 있을 때, 허침은 필선(세자시강원의 정4품 관직)이 되고, 조지서는 보덕(세자시강원 종3품 관직)이 되었다. 폐주는 날마다 유희만 일삼고 학문에 마음을 두지 않았다. 다만, 성종의 훈계가 엄함을 두려워하여 서연에 억지로 나올 따름이었다. 동궁의 관원이 마음을 다하여 강의하여도 모두 귀 밖으로 들었다. 조지서는 천성이 군세고 곧아 매번 나아가 강의할 때마다 책을 앞에 펼치면서 말했다.
"저하께서 학문에 힘쓰지 않으시면 신은 마땅히 임금께 아뢰겠습니다."
이에 폐주가 매우 고통스럽게 여겼다. 하지만 허침은 그러지 않고 부드러운 말로 조용히 깨우쳐 주었으므로 폐주가 매우 좋아했다. 어느 날 벽에 폐주가 이렇게 써 붙였다.

"조지서는 큰 소인이요, 허침은 큰 성인이다."

이 말을 들은 사람들은 조지서를 매우 위태롭게 여겼다. 폐주가 왕위에 오르고 갑자년의 화가 일어나자 먼저 조지서를 베어 죽이고 그 집을 적몰하였다. 허침은 우의정이 되어 잘못된 것을 바로잡지는 못했으나 매번 왕의 명을 받들어 의정부에 앉아서 죄수를 논죄할 때에 주선하고 구원하여 살린 사람이 매우 많았다. 하지만 정무를 마치고 집에 돌아오면 매양 피를 두어 되가량 토하더니 이내 분하고 답답해하다 죽었다.

이 이야기는 연산군이 학문을 좋아하지 않고, 자신에게 엄하게 구는 신하를 끝내 죽이는 잔인한 성정의 소유자였다는 얘기다. 하지만 좀 더 분석해보면 조지서를 연산군이 사적인 감정 때문에 죽인 것은 아니었음을 알 수 있다. 연산군이 조지서를 죽인 갑자사화는 그가 왕위에 오른 지 10년 뒤에 일어난 일이다. 이 말은 왕위에 오른 뒤 10년 동안 조지서를 살려뒀다는 것인데, 이는 연산군이 사적인 감정 때문에 조지서를 죽인 것이 아니라는 방증이다. 연산군이 조지서를 죽이고자 했다면 무오사화 때 죽였을 것이다.

또 연산군이 조지서를 미워한 것은 협박하는 방식으로 자신을 대했기 때문이다. 허침은 부드럽고 따뜻한 말로 학문을 가르쳤지만, 조지서는 아버지께 일러바치겠다는 강압적인 말로 교육했다.

연산군은 조지서의 그런 태도가 싫었다.

연산군이 학문을 좋아하지 않았음을 실록은 다음과 같이 기록하고 있다.

> 왕이 오랫동안 스승 곁에 있었고 나이 또한 장성했는데도 문리를 통하지 못했다. 하루는 성종이 시험 삼아 서무를 재결시켜 보았으나 혼암하여 분간하지 못하므로 성종이 꾸짖기를 "생각해 보라. 네가 어떤 몸인가. 어찌 다른 왕자들과 같이 노는 데만 힘쓰고 학문에는 뜻이 없어 이같이 어리석고 어두우냐" 하였는데, 왕이 이 때문에 부왕 뵙기를 꺼려 불러도 아프다는 핑계로 가지 않은 적이 많았다.

부왕 성종이 엄하게 대하자, 연산군은 부왕 만나기를 꺼렸다. 그 때문에 성종은 세자를 폐위하려는 생각까지 하였다. 이에 관해 실록은 이렇게 기록하고 있다.

> 하루는 성종이 소혜왕후에게 술을 올리면서 세자를 불렀으나 또 병을 칭탁하고 누차 재촉해도 끝내 오지 않으므로, 성종이 나인을 보내어 살피게 하였더니 병이 없으면서 이르기를 "만약 병이 없다고 아뢰면 뒷날 너를 마땅히 죽이겠다" 하매, 나인은 두려워서 돌아와 병이 있다고 아뢰었다. 성종은 속으로 알고 마음에 언짢게 여기며 그만두었다. 이로부터 세자를 폐하고 싶은 마음이 많았으나 금상(중종)이 아직 어리고, 다른 적자가 없으며, 또 왕(연산군)이 어리고 약하여 의지할 곳이

없음을 불쌍히 여겨 차마 못 하였다.

사실, 연산군을 세자에서 폐위시켜야 한다고 생각한 사람은 신하 중에도 있었다. 《조야첨재》와 《오산설림》 등에는 이와 관련하여 다음과 같은 이야기가 있다.

성종이 인정전에 술자리를 마련하고 술이 반쯤 취하였는데, 우찬성 손순효가 이렇게 말했다.

"친히 아뢸 말씀이 있습니다."

성종이 어탑으로 올라오게 하였더니, 순효는 세자이던 폐주가 능히 그 책임을 감당할 수 없을 것을 알고 임금이 앉은 용평상을 만지면서 말했다.

"이 자리가 아깝습니다."

그러자 성종이 이렇게 대답했다.

"나 역시 그것을 알지만, 차마 폐할 수 없다."

사실, 신하가 임금의 용상에 올라가는 것은 목을 내놓는 일이었다. 또 임금과 몰래 속삭이는 것도 죽음을 각오해야 하는 일이었다. 그런데도 용상에 다가가 세자를 폐위해야 한다는 취지의 말을 했다는 것은 그만큼 세자가 제왕 감이 되지 못한다고 판단했다는 뜻이다. 이 일과 관련하여 대간들이 나서서 손수효가 용상에 올라간 일이나 임금에게 귓속말한 것은 큰 죄이니 옥에 가둬야 한다고 했다. 이에 성종은 이렇게 말하며 이 일을 무마했다.

"순효가 나를 사랑하여 나에게 여색을 좋아함을 경계하고 술 끊기를 청하였으니, 무슨 죄가 될 것이 있으리오."

회릉과 죽음의 잔치

경기도 고양시 서삼릉 뒤편의 비공개 묘역에는 회묘懷墓가 있다. 이 무덤은 원래 서울 동대문구 회기동 경희의료원 자리에 있었는데, 박정희 시절인 1969년에 서삼릉으로 이장했다.

회묘는 성종의 계비였던 폐비 윤씨, 즉 연산군 생모의 묘다. 성종은 1482년에 윤씨를 사약을 내려 죽게 한 뒤, 그녀의 묘소를 '윤씨지묘尹氏之墓'라 표시하고, 묘지기 두 명을 두었다. 그리고 소재지 관원에게 절기마다 제사를 지내게 했으며, 영구히 묘의 위상을 고치지 못하게 했다. 하지만 연산군은 왕위에 오른 뒤, 재위 2년이던 1496년에 '회묘'라는 이름을 내렸다. 이 회묘가 있던 동네 이름은 회기동이다. 현재는 돌아올 회回에 터 기基를 쓰고 있다. 또 이와 관련하여 이곳에서 나고 자란 사람은 반드시 돌아오는 곳이기 때문에 이런 이름이 붙었다는 말도 있다. 하지만 회기동의 회는 원래 회묘에서 따온 것이다. 따라서 회기동은 '회묘의 터가 있는 동네'

라는 뜻이다.

회묘의 회懷는 '마음에 품고 그리워한다'는 의미다. 연산군이 재위 2년에 생모의 묘를 찾아 회묘라는 이름을 내린 것으로 봐서, 그는 어린 시절부터 생모가 따로 있었다는 사실을 알았던 것 같다. 그리고 오랫동안 사무치게 그리워하다가 왕이 되고 나서야 비로소 생모에 대한 그리움을 묘지명에 붙인 것이다.

하지만 연산군은 생모 윤씨가 어떻게 죽게 되었는지 구체적인 내막은 알지 못했다. 그에게 윤씨의 죽음 내막을 알린 사람은 임사홍이었다. 임사홍은 성종 시절 대간의 탄핵을 받아 쫓겨났기 때문에 사림 세력에 원한이 많은 인물이었다. 그는 연산군이 왕위에 오르자 연산군에게 생모의 어머니, 즉 외할머니가 생존해 있음을 알렸다. 이에 연산군은 외할머니인 고령군 부인 신씨를 만났는데, 그녀는 연산군에게 폐비 윤씨의 피 묻은 적삼을 건넸다. 이를 본 연산군은 이성을 잃고 광기를 드러내며 한바탕 피바람을 일으켰다. 바로 갑자사화였다. 이에 대해 《국조기사》는 다음과 같은 기록을 남겼다.

갑자년 봄에 임금은 그 어머니가 비명에 죽은 것을 분하게 여겨 당시 논의에 참여했던 신하들을 모두 대역죄로 추죄하되 팔촌까지 연좌시켰으니, 폐비의 사약을 가져갔던 승지 이세좌의 친족도 연좌되어 화를 입었다.

또 《미수기언》과 《풍암집화》는 이보다 더 구체적인 기록을 남기고 있다.

윤필상, 한치형, 한명회, 정창손, 어세겸, 심회, 이파, 김승경, 이세좌, 권주, 이극균, 성준을 십이 간이라고 부르며 어머니를 폐한 사건에 연루시켜 모두 극형에 처했다. 윤필상, 이극균, 이세좌, 권주, 성준 등은 죽임을 당하고 그 나머지는 관을 쪼개어 송장의 목을 베고 골을 부수어 바람에 날려 보냈으며, 심하게는 시체를 강물에 던지고 그 자제들을 모두 죽이고 부인은 종으로 삼았으며, 사위는 먼 곳으로 귀양을 보냈다. 연좌되어 사형할 사람 중에 먼저 죽은 사람은 송장의 목을 베도록 하고, 같은 성의 8촌까지 장형을 집행하고 여러 곳으로 나누어 귀양 보냈으며, 그들의 집을 헐어 못을 만들고 비석을 세워 그 죄명을 기록하였다.

폐비 사건과 관련된 사람 중에 살아 있던 사람은 모두 참수하고 죽은 사람은 관을 파내 다시 죽이는 부관참시 형에 처했다. 이렇게 해서 죽어 나간 사람이 100명이 훨씬 넘었다. 또 윤씨 폐비에 적극적으로 가담한 후궁 엄씨와 정씨를 때려죽이고, 할머니 인수대비는 머리로 받아 죽음에 이르게 했다.

그렇듯 한바탕 칼춤을 추며 죽음의 잔치를 벌인 뒤, 연산군은 회묘를 회릉으로 격상시켰다. 그리고 폐비 윤씨에게 '제헌왕후'라는 시호를 내렸다. 이후로 연산군은 광기에 가득 차서 조금이라도 눈

에 거슬리는 자가 있으면 가차 없이 죽이며 잔혹한 살생을 이어갔
으니, 미쳐서 날뛰었다는 표현 외에 다른 말로 형용할 수 없을 지
경이었다.

팜므파탈 장녹수, 죽음을 부른 질투

연산군의 광기는 색욕과 살인으로 귀결되었는데, 전국에 신하들
을 파견하여 기생을 뽑아 궁궐에 들이고, 그중 마음에 드는 여자는
모두 후궁으로 삼았다. 그러다 보니 후궁의 수가 급격히 늘어나 스
무 명을 훌쩍 넘겼다. 후궁 중에 연산군이 특히 총애하던 여인 셋
이 있었는데, 장녹수와 전전비 그리고 백견이었다. 이들은 모두 천
비 출신의 기생들이었다.

이들 중에 연산군이 가장 아낀 여인은 장녹수였다. 장녹수는 갑
자사화 이전에 연산군이 후궁으로 들인 여인이었다. 장녹수는 원
래 집안이 곤궁하여 몸을 팔아 생활하던 여자였다. 그런 탓에 여러
남자와 살았다. 그러던 중에 제안대군(예종의 아들)의 가노家奴와 결
혼하였다. 이후 그녀는 아들을 하나 낳았고, 그런 상황에서 춤과 노
래를 배워 창기娼妓가 되었다.

그녀의 노래와 춤 실력은 탁월했다. 특히 노래를 무척 잘하여 입

술을 움직이지 않고도 맑고 고운 목소리를 낼 정도였다. 게다가 나이에 비해 매우 앳된 얼굴이었다. 나이 서른에도 얼굴은 열여섯 처녀처럼 고왔다. 연산군이 소문을 듣고 그녀를 불렀다. 연산군은 첫눈에 그녀에게 반했고, 즉시 궁으로 들여 애첩으로 삼았다. 이후 그녀는 숙원의 첩지를 받았고, 계속 품계가 올라 숙용에 이르렀다.

그녀는 일반 후궁들처럼 연산군을 대하지 않았는데, 특이하게도 연산군은 그녀의 그런 면에 매료되었다. 실록에서는 연산군에 대한 그녀의 태도에 대해 "왕을 조롱하기를 마치 어린아이 다루듯 하고, 왕에게 욕하기를 마치 노예에게 하듯 했다"고 쓰고 있다. 그런데 연산군은 아무리 화가 나는 일이 있어도 녹수만 보면 기뻐하였다. 실록은 또 장녹수에 대해 "얼굴은 중인中人 정도를 넘지 못했으나 남모르는 교사와 요사스러운 아양은 견줄 사람이 없었다"고 쓰고 있다. 어쨌든 연산군은 장녹수의 말이라면 어떤 것이든 들어줬고, 장녹수와 함께하는 일은 뭐든지 즐거워했다. 그러니 후궁 중에 장녹수를 질투하는 여인이 생기는 것은 당연했다. 하지만 연산군은 후궁들의 질투를 절대 용납하지 않았다.

재위 10년(1504년) 6월 19일에 연산군은 후궁 둘을 끔찍한 방법으로 살해했다. 죽임을 당한 이는 최전향과 수근비라는 궁녀였다. 연산군은 이들을 죽인 뒤에도 분이 풀리지 않아 그들의 잘라낸 사지를 전시하고, 그것도 모자라 시신을 각각 다른 곳에 묻었으며, 묻은 자리에는 죄명을 적은 돌을 세웠다. 도대체 이 두 궁녀는 누구이며, 그들이 무슨 짓을 저질렀기에 이토록 지독한 처벌을 했을까?

전향과 수근비는 원래 연산군이 총애하던 여자였다. 전향은 출신이 분명치 않은 후궁이었고, 수근비는 여종 출신 궁녀이자 애첩이었다. 전향이 언제 후궁이 됐는지는 알 수 없으나 수근비는 이 사건이 있던 해인 1504년 3월 7일에 궁녀가 된 여인이다. 그녀는 원래 사노私奴였으나 연산군이 관비 옥금을 그녀 대신 내주면서 입궁시킨 여인이었다.

당시 연산군은 전국에 채홍사를 파견하여 대궐로 엄청난 수의 여인을 모아들여 음주가무를 즐겼는데, 그런 가운데 눈에 띄는 여인이 있으면 장소를 가리지 않고 취하여 애첩으로 삼았다. 전향과 수근비도 역시 그런 과정을 거쳐 후궁이 된 여인들이었다. 하지만 이 두 사람은 그로부터 한 달쯤 뒤에 궁궐에서 쫓겨났다. 그 이유에 대해 연산군은 이렇게 밝히고 있다.

"부인의 행실은 투기하지 않는 것을 어질게 여긴다. 그러나 지금 전향과 수근비는 간사하고 흉악하며 교만한 마음으로 투기하여 내정의 교화를 막히게 했으니, 그 죄를 용서할 수 없다."

그들은 질투심을 드러내다 발각되어 쫓겨난 것이다. 연산군은 그들을 쫓아내는 것으로 끝내지 않았다. 두 사람 모두 장 80대를 때리게 하고, 전향은 강계에, 수근비는 온성에 유배 보냈다. 연산군이 한때 총애하여 후궁으로 삼았던 그들을 유배시킨 것은 장녹수 때문이었다. 장녹수가 연산군의 사랑을 독차지하자 전향과 수근비가 질투했고, 그것이 연산군에게 발각되어 폐출된 것이다. 장녹수로 인한 다른 후궁들의 시기와 질투는 여간 아니었다. 전향과 수근비는 바로 장녹수를 시기하다가 그들 모두의 본보기가 된 격이었다.

하지만 사건은 그것으로도 끝나지 않았다. 그들이 유배지로 떠난 뒤인 그해 6월 8일, 연산군은 소격서의 종 도화를 비롯하여 전향과 수근비의 일족을 모두 잡아들이라고 명했다. 이유인즉, 간밤에 도성의 어느 담벼락에 익명서가 나붙었는데, 그 내용이 연산군을 비하하고 장녹수를 저주하는 것이었다. 연산군은 이것을 전향과 수근비 일족의 짓이라고 생각하고 그들을 잡아들였다. 그들을 국문한 것은 추관으로 선임된 유순과 의금부 당상관들이었다. 심문 내용은 공개되지 않았다. 궁궐 내부의 비밀스러운 일이라 하여 사관조차 국문장에 가지 못했고, 그 때문에 익명서의 구체적인 내용은 기록되지 못했다.

두 여인의 일족 60여 명을 잡아들여 국문했지만, 아무도 죄를 인정하지 않았다. 그러자 연산군은 그들의 이웃집 사람 40여 명을 더 잡아들이라고 했다. 고문을 하며 두 여인의 일족과 이웃들을 다그쳤지만, 역시 자복하는 사람은 없었다. 그러자 연산군은 전향과 수근비의 부모와 형제에게는 장 100대를 치게 하고, 사촌들에게는 80대를 치게 했다. 이어 전향과 수근비의 사지를 찢고 머리를 뽑아 전시했다. 또 전향과 수근비의 머리를 궁인들에게 강제로 보게 했다. 이후 그녀들의 머리는 외딴 섬에 묻혔고 그곳에 그들의 죄명을 돌에 새겨 세우게 했다.

살인귀

연산군의 학정과 패악은 날이 갈수록 심해졌고, 이를 보다 못한 내관 김처선이 직언하다 죽임을 당하는 사건이 벌어졌다. 처선의 직언에 분을 참지 못한 연산군은 당장 그를 하옥시켰다. 그리고 우선 장 100대를 때리고 궁 밖으로 쫓아냈다. 거의 초주검이 된 채로 궁 밖으로 내던져진 김처선은 그로부터 수개월 동안 제대로 운신하지 못했다. 김처선이 누워 있는 동안에도 연산군의 피의 잔치는 이어졌다.

김처선이 몸을 추스르고 일어난 것은 이듬해 4월 1일이었다. 이날 김처선은 궁으로 향하면서 집안사람들에게 궁에 들어가면 다시 돌아오지 못할 것이라는 말을 남겼다. 그리고 두려운 마음을 이기기 위해 술도 한잔 걸치고 연산군을 찾아가 독설을 쏟아냈다.

"늙은 놈이 네 임금을 섬겼고, 경서와 사서도 대강 통했는데, 고금을 통틀어 상감과 같은 짓을 하는 사람이 없었습니다."

이미 죽기로 각오한 그였다. 연산군은 그 말을 듣고 화살을 꺼내 들었다. 그리고 이내 화살이 김처선의 갈빗대를 파고들었다. 그러나 김처선은 말을 멈추지 않았다.

"조정의 대신들도 죽음을 두려워하지 않는데, 늙은 내시가 어찌 죽음을 아끼겠습니까? 죽이십시오. 다만, 상감께서 오래도록 임금

노릇을 하지 못하는 것이 한스러울 뿐입니다."

김처선은 그때 이미 연산군이 쫓겨날 것을 예견하고 있었다. 그 말에 연산군은 눈에 핏발을 세우며 미친 듯이 활을 쏘아댔다. 화살을 맞고 김처선이 쓰러지자, 연산군은 칼을 뽑아 그의 다리를 내리쳤다. 양쪽 다리와 팔을 모두 칼로 내리쳐 자른 뒤에 연산군이 소리쳤다.

"일어나 걸으라! 어명이다 걸으라!"

김처선이 고통스러워하며 대답했다.

"상감께서는 다리가 부러져도 걸어 다닐 수 있소이까?"

그러자 연산군은 김처선의 혀를 자르고 직접 칼로 그의 배를 갈라 창자를 끄집어냈다. 당시 김처선은 숨이 멎을 때까지 말을 멈추지 않았다고 한다. 이 이야기는 조신의 《소문쇄록》에 나오는데, 다소 과장한 면이 있겠지만, 당시 연산군의 행동 양태로 봐서 사실일 것이다. 연산군이 김처선에 대해 얼마나 분노하고 흥분했는지는 그가 이후에 취한 조치에서 잘 드러난다. 연산군은 그날 김처선을 죽이고, 김처선의 양자이자 환관이었던 이공신도 죽였다. 당시 이런 명령을 내렸다.

"내관 김처선이 몹시 술에 취해 임금을 꾸짖었으니, 그 가산을 적몰하고 그 집을 헐어 연못을 파고 김씨의 본관을 혁파하라."

연산군은 김처선의 흔적이 될 만한 것은 모두 없애려 했다. 심지어 본관까지 혁파하라고 했으니, 그의 분노가 어떠했는지 알 만하다. 그런데 연산군의 분노는 거기서 그치지 않았다. 김처선의 7촌까지 모두 죄인으로 다스리고, 김처선 부모의 무덤을 없애고, 석물을 없앴다. 심지어 김처선에 관한 분노를 담은 시까지 쓰며 승지에게 화답 시를 바치라고 소리쳤다.

하지만 김처선의 일은 연산군에게도 매우 고통스러웠던 모양이다. 그는 궁중에서 자신이 직접 칼을 들고 사람을 죽인 일을 놓고 이렇게 말했다.

"이번 일은 내가 불법으로 여기기 때문에 침식이 편안치 않고 더욱 유감스럽다."

연산군은 그래도 화가 풀리지 않았는지 김처선과 이공신의 아내를 관비로 삼아 내사복시에서 일을 시켰다. 또 대소 신료 및 군사 중에 김처선과 이름이 같은 자는 모두 개명하게 했고, 절기 중 처서處暑를 조서로 고치게 했는데, 처서의 '처'자가 김처선의 '처'자와 같았기 때문이다. 또 모든 문서와 온 나라 사람의 이름에 처處 자를 쓰지 못하게 했다.

그해 12월에 사인 성몽정이 벌을 받게 됐는데, 우습게도 그 이유가 문서에 '처' 자를 썼기 때문이었다. 그런데 성몽정이 국문을 받던 중 그가 올린 문서가 '처' 자를 쓰지 말라는 왕명이 공포되기 이전에 작성된 것임이 밝혀져 무죄 방면되기도 했다. 또 그 해에 과거가 있었는데, 권벌이 시권에 '처' 자를 써넣었다가 낙방하는 일까지 벌어졌다. 권벌은 3년 뒤인 정묘년에 과거를 다시 쳐 합격했다.

연산군의 김처선에 대한 분노는 그래도 계속 이어졌다. 1506년 3월 12일에는 김처선의 집을 철거하여 못을 팠는데, 거기에 김처선의 죄를 새긴 돌을 묻게 했다. 또 다음날에는 김치신의 쇠명을 돌에 새겨 그 집 길가에도 묻고 담을 쌓으라고 지시했다.

삼년상을 금하노라

연산군은 도성 밖에 있는 인가를 모두 헐고, 양주와 파주, 고양 등의 고을을 폐지하여 자신의 놀이터와 사냥터로 삼았다. 또 도성 동쪽과 북쪽 100리 안으로는 금표를 세우고 관사와 민가를 모두 헐어 통행을 금지했으며, 이를 어긴 자는 사형에 처했다. 이렇듯 학정이 심해지자, 곳곳에서 불만이 터져 나오기 시작했다. 이러한 불만은 주로 훈민정음으로 쓴 벽보로 나타났는데, 이 때문에 연산군은 훈민정음 사용을 금했다. 그리고 백성들이 억울함을 호소하기 위해 만든 신문고도 폐지했고, 임금에게 직언을 올리는 사간원도 없었다. 또 임금의 교육장인 경연도 없애버렸으며, 성균관 유생들을 내쫓고 공자 사당도 헐어버렸다. 그 외에 여러 금지법을 만들었는데, 그나마 그중에 쓸 만한 것도 있었다. 바로 삼년상 금지법이다.

연산군은 재위 11년(1505년) 6월 30일에 이런 지시를 내렸다.

"3년의 상기喪期는 성인聖人(공자)이 제정한 바로, 상하가 통행한 지 오래다. 그러나 시의時宜를 참작하여 제도를 새로이 한 것도 시대 왕들의 제도이니, 이일역월제以日易月制(하루를 한 달로 계산하는 제도)를 이미 행하였거늘, 아랫사람이 홀로 삼년상을 행하는 것이 가한 것인가? 또 쓸 만한 사람을 상제喪制에 얽매어 일을 맡기는 데에 때를 잃으니 이는 옳지 못하다. 일을 맡기는 때를 당하여 비록 기복起復(부모의 상중에 벼슬에 나아감)을 한다고 하여도 그 마음에 친상親喪을 마치지 못하였다고 생각하는데 고기를 먹고 관직에 임하려 하겠는가. 정해진 제도가 있다면 자식 된 마음은 비록 그지없더라도 또한 왕이 정한 제도를 따를 수 있는 것이다. 이제부터 양부모의 상은 100일로 마치고 친부모의 상도 참작하여 줄이는 것이 어떠한가? 삼공三公 · 예관을 불러 의논하고 보고하라."

연산군의 이 지시 이후, 삼년상은 엄격하게 금지되었다. 연산군이 볼 때 삼년상은 지나친 제도라는 것이었다. 하지만 이에 대한 반발도 만만치 않았다. 인수대비가 죽었을 때, 3년을 24개월로 삼고, 한 달을 하루로 계산하여 복상 기간을 24일로 정하자, 대비였던 정현왕후가 강하게 반발하며 삼년상을 고집하였다. 그러자 연산군은 정현왕후에게 무섭게 화를 내며 이렇게 말했다.

"부인은 남편이 죽은 뒤에는 아들을 따라야 합니다."

이른바 삼종지도를 말한 것인데, 이에 대해 정현왕후는 이렇게 한탄한다.

"내가 소혜왕후(인수대비)에게 죄를 얻을 것이 분명하다."

하지만 연산군은 삼년상 금지법을 강력하게 추진하여 지키게 했다. 사실, 이 법을 환영하는 사람도 많았다. 실제 양반 중에 삼년상을 제대로 하는 사람도 드물었고, 특히 3년간 시묘를 하는 사람은 손에 꼽을 정도였다. 관리들은 대부분 부모상을 당하면 어떻게 해서든 기복 명령을 받아 상복을 벗고 관청에 출근하기를 원했다. 연산군은 그런 현실을 고려하여 삼년상 금지법을 만든 것인데, 요즘 세상에서 1년을 하루로 삼고 3일 상을 치르는 것을 보면 연산군의 견해가 옳지 않았나 싶다.

대화금지법과 쓸쓸한 최후

연산군이 만든 금지법 중에 가장 최악은 우어금지법이다. 이 법은 사람들이 모여서 자신을 비판하는 것을 두려워하여 만든 법이다. 우어偶語란 두 사람이 마주 보고 대화하는 것을 의미한다. 따라서 우어금지법이란 두 사람 이상이 모여서 대화하는 것을 금지하는 법을 말한다. 이에 대해 실록은 다음과 같은 기록을 남기고 있다.

비방하는 의논이나 우어를 금하는 법을 만들어 감찰이 날마다 방방곡곡을 사찰하였다가 초하루 보름으로 아뢰게 하였고, 온갖 관사와 여러 부府 또한 초하루 보름으로 세태를 비방하는 자가 있나 없나를 적어 아뢰게 하여, 비록 부자간이라도 관에 보고한 뒤에라야 서로 만나

▶ 연산군과 폐비 신씨의 무덤. 서울 도봉구 방학동에 있다. 권태균 사진

도록 하므로, 모두 서로 손을 저어서 말을 막았고, 사람마다 스스로 위태롭게 여겨 길에서 눈짓만 했다.

이웃은 물론 부자간이나 형제간에도 서로 말을 섞지 못하게 했으니, 연산군이 얼마나 백성들을 철저히 감시했는지 알 만하다. 연산군이 백성과 관리들을 감시한 것은 두려움 때문이었다. 연산군은 재위 말기에 자신이 쫓겨날 것을 예감하는 말을 여러 번 했는데, 실록은 재위 12년(1506년) 8월 23일에 다음의 기록을 남기고 있다.

왕이 나인을 거느리고 후원에서 잔치하며 스스로 풀피리를 불며 탄식하였다.
"인생은 초로와 같아서 만날 때가 많지 않은 것."

읊기를 마치자 두어 줄 눈물을 흘렸는데, 여러 계집은 몰래 서로 비웃었고 유독 전비와 장녹수 두 계집은 슬피 흐느끼며 눈물을 머금으니, 왕이 그들의 등을 어루만지며 일렀다.

"지금 태평한지 오래이니 어찌 불의에 변이 있겠느냐마는, 만약 변고가 있게 되면 너희들은 반드시 면하지 못하리라."

그러고는 각각 물건을 하사하였다.

연산군은 이날에서 채 10일도 되지 않은 9월 2일에 중종반정으로 쫓겨났다. 그가 쫓겨난 뒤, 그가 총애하던 장녹수와 전전비, 백견 등은 모두 죽임을 당했다. 그리고 그는 강화도 교동으로 쫓겨나 위리안치(죄인을 그 장소에서 달아나지 못하게 울타리를 쳐 가둠)되었다.

필자는 연산군이 안치되었던 곳에 가본 적이 있는데, 그야말로 인가 하나 없는 산속이었다. 그는 이곳에서 절망에 사로잡힌 채 홀로 지냈다. 자신이 만든 우어금지법을 본인에게도 적용한 셈이었다. 그리고 유배된 지 두 달이 갓 지난 그해 11월 6일, 서른한 살의 젊은 나이에 홀로 쓸쓸히 죽어갔다. 그의 사인은 전염병이라고도 하고, 화병이라고도 한다. 그는 죽기 전에 자신의 세자 황이 사약을 받고 죽었다는 소식을 듣고 절망했다고 한다. 그리고 숨을 거두기 직전에 왕비인 폐비 신씨가 보고 싶다는 말을 남겼다고 한다. 그의 죽음에 대해 독살설이 퍼지기도 했는데, 터무니없는 주장은 아닌 듯싶다. 그의 아들이 모두 독배를 받고 죽거나 처형된 것을 볼 때, 원한을 품은 정적들이 그를 살려둘 리 만무하다. 〜〜

제7장

11대

중종

우유부단한 이기주의자,
두 얼굴의 통치자

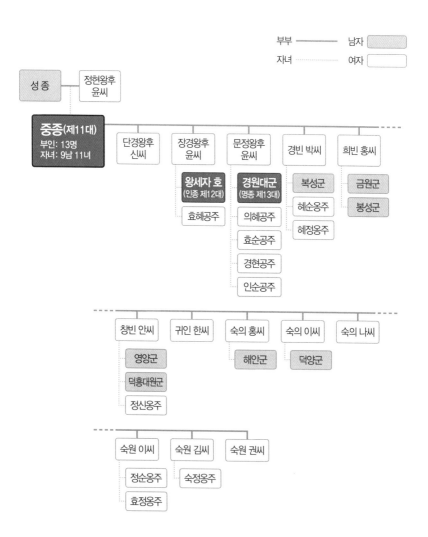

중종의 가계도

부부 ——— 남자
자녀 ········· 여자

성종 — 정현왕후
윤씨

중종(제11대)
부인: 13명
자녀: 9남 11녀

단경왕후
신씨

장경왕후
윤씨
- **왕세자 호**
(인종 제12대)
- 효혜공주

문정왕후
윤씨
- **경원대군**
(명종 제13대)
- 의혜공주
- 효순공주
- 경현공주
- 인순공주

경빈 박씨
- 복성군
- 혜순옹주
- 혜정옹주

희빈 홍씨
- 금원군
- 봉성군

창빈 안씨
- 영양군
- 덕흥대원군
- 정신옹주

귀인 한씨

숙의 홍씨
- 해안군

숙의 이씨
- 덕양군

숙의 나씨

숙원 이씨
- 정순옹주
- 효정옹주

숙원 김씨
- 숙정옹주

숙원 권씨

불안에 떠는 어머니, 무서운 형

중종은 1488년 3월 5일 성종의 차남이자 정현왕후 소생으로 이름은 역(진성대군)이다. 그가 태어났을 때, 이복형 연산군은 열세 살로 세자에 책봉된 상태였다. 그리고 역이 일곱 살 되던 해에 연산군은 열아홉 나이로 왕위에 올랐다. 이후 연산군은 자신의 생모인 폐비 윤씨의 묘를 찾아내 회묘라는 이름을 내렸다. 연산군이 생모의 존재를 알지 못하며, 자신을 친어머니로 안다고 여겼던 역의 어머니 자순대비(정현왕후)는 연산군이 왕위에 오른 지 불과 2년 만에 생모의 무덤을 찾아내 이름을 내리자 불안감에 사로잡혔다.

그녀는 시어머니인 인수대비 한씨와 시할머니인 정희왕후 윤씨가 연산군의 생모를 내쫓은 덕분에 가장 큰 혜택을 누린 사람이었다. 그 때문에 누가 봐도 정현왕후가 폐비 윤씨를 내쫓는 일에 깊이 관여했을 것으로 여겨졌다. 더구나 그녀의 집안 어른인 윤필상은 폐비 윤씨를 내쫓는 일에 가장 적극적인 인물 중 한 명이었다.

머리 좋고 영악한 연산군이 그 사실을 모를 리 없었고, 그 때문에 그녀는 불안감에서 벗어날 수 없었을 것이다. 만약 연산군이 어미의 죽음에 대한 복수전을 펼칠 경우, 그 화살이 자기 아들 역에게 미칠 것은 너무도 뻔한 일이었다.

정현왕후 윤씨의 불안감은 이미 연산군이 세자로 있을 때부터 시작되었다. 어쩌면 이 때문에 정현왕후는 여러 경로를 통해 연산군을 세자에서 내쫓을 생각을 했을지도 모른다. 성종이 연산군을 폐세자하는 문제를 놓고 고민한 것도 그녀와 같은 불안감 때문이었을 것이다. 하지만 연산군을 대신하여 세자 자리에 앉힐 왕자가 없었다. 그녀의 아들 역 외에 다른 적자는 없었고, 역은 너무 어렸다. 성종도 그런 현실 때문에 연산군을 세자에서 내쫓지 못했다.

역은 그런 불안감을 안고 살아가는 모후 밑에서 자랐다. 이 때문에 어린 시절부터 역은 이복형 연산군에 대한 모종의 두려움을 갖고 살았다. 그리고 그 두려움은 현실이 되었다. 1504년 연산군은 갑자사화를 일으켜 생모 윤씨에 대한 대대적인 복수전을 감행했다. 그 과정에서 폐비 윤씨의 출궁과 직접적인 관계가 있던 후궁 엄씨와 정씨를 때려죽이고, 그 아들들도 죽였다. 그리고 직접 칼을 뽑아들고 자순대비를 죽이기 위해 달려갔다. 연산 재위 10년(1504년) 3월 20일에 벌어진 이 사건을 실록은 다음과 같이 기록하고 있다.

왕이 전교하였다.

"안양군 이항과 봉안군 이봉의 목에 칼을 씌워 옥에 가두라."

그리고 또 전교하였다.

"숙직 승지 두 사람이 당직청에 가서 항과 봉을 장 80대씩 때려 외방에 부처하라. 또 의금부 낭청 1인은 옥졸 10인을 거느리고 금호문 밖에 대령하라."

또 전교하였다.

"항과 봉을 창경궁으로 잡아 와라."

그리고 그들이 궁으로 잡혀 온 지 얼마 뒤에 다시 전교하였다.

"모두 다 내보내라."

항과 봉이 나오니 밤이 벌써 3경이었다. 항과 봉은 정씨의 소생이다. 왕이 생모인 윤씨가 폐위되고 죽은 것이 엄씨·정씨의 참소 때문이라고 하여, 밤에 그들을 대궐 뜰에 결박하고 손수 마구 치고 짓밟다가 항과 봉을 불러 엄씨와 정씨를 가리키며 "이 죄인을 치라" 하니 항은 어두워서 누군지 모르고 치고, 봉은 마음속에 어머니임을 알고 차마 장을 대지 못하니, 왕이 불쾌하게 여겨 사람을 시켜 마구 치되 갖은 참혹한 짓을 하여 마침내 죽였다.

왕이 손에 장검을 들고 자순 왕대비 침전 밖에서 큰소리로 외쳐댔다.

"빨리 뜰 아래로 나오라."

이런 상황에서 시녀들은 모두 흩어져 달아났고, 대비는 나오지 않았다. 그런데 왕비 신씨가 뒤쫓아가 힘껏 구원하여 위태롭지 않게 되었다. 왕이 항과 봉의 머리털을 움켜잡고 인수대비 침전으로 가 방문을 열고 욕하였다.

"이것은 대비의 사랑하는 손자가 드리는 술잔이니 한번 맛보시오."

그리고 항을 독촉하여 잔을 드리게 하니, 대비가 부득이하여 허락하였다. 왕이 또 말하였다.

"사랑하는 손자에게 하사하는 것이 없습니까?"

이에 대비가 놀라 창졸간에 베 두 필을 가져다주었다. 왕이 말하였다.

"대비는 어찌하여 우리 어머니를 죽였습니까?"

그렇게 말하며 불손한 말이 많았다. 뒤에 내수사를 시켜 엄씨·정씨의 시신을 가져다 찢어 젓을 담그고 산과 들에 흩어버렸다.

이날 왕비 신씨가 말리지 않았다면 정현왕후도 연산군의 칼에 목숨을 잃었을 것이다. 그리고 이 사건이 있고 한 달쯤 뒤인 4월 27일에 인수대비 한씨가 죽었다. 한씨의 죽음과 관련하여 《소문쇄록》은 이런 기록을 남기고 있다.

이때 임금이 성을 내 엄숙의와 정숙의를 때려죽이니, 소혜왕후(인수대비)는 병들어 자리에 누웠다가 갑자기 일어나 바로 앉으면서 말했다.

"이 사람들이 모두 부왕의 후궁인데, 어찌 이럴 수가 있습니까?"

임금이 왕후의 몸을 머리로 부딪쳤다. 이에 왕후는 "흉악하구나" 하며 자리에 눕고 말하지 아니하였다.

와병 중인 할머니를 머리로 받아 죽음에 이르게 했다는 것이다. 이후 연산군의 분노는 자순대비의 아들 역(중종)에게로 향했다.

죽음의 공포 속에서 살다

하지만 연산군은 노골적으로 역에게 칼을 휘두르지는 않았다. 대신 목숨을 위협했다. 이에 대한 내용이 《부계기문》에 남아 있다.

임금이 들에서 사냥할 때, 중종이 진성대군으로서 모시고 따라갔다. 사냥을 마치고 난 뒤에 임금은 준마를 타고 중종에게 명령했다.

"나는 흥인문으로 들어갈 터이니 너는 숭례문으로 들어오라. 나보다 뒤에 오면 마땅히 군법으로 다스리겠다."

중종이 크게 두려워하니, 영산군 전(중종의 이복형)이 조용히 아뢰었다.

"걱정하지 마십시오. 내 말은 임금이 타신 말보다 매우 빠른데, 내가 아니면 제어할 수 없습니다."

그러면서 즉시 하인 옷으로 갈아입고 말고삐를 잡고 뒤를 따라가니, 중종이 탄 말이 나는 듯이 달아났다. 대궐 문에 이르니, 조금 후에 임금이 이르렀다. 이에 중종이 죽음을 면하니, 사람들이 이런 말을 하였다.

"영산군과 그 말은 모두 중종을 위하여 때를 맞춰 난 것이다."

연산군이 중종을 위협한 일에 대한 기록은 이 내용밖에 남아 있지 않지만, 연산군이 왕이 된 이후 소년 역이 겪었을 두려움은 매우 컸을 것이다. 특히, 갑자사화 이후 연산군이 미쳐 날뛰며 눈에 거슬리면 왕족이든 신하든 가리지 않고 죽이던 시설에는 공포가 한층 더 했을 것이다.《국조기사》의 다음 이야기는 소년 역이 늘 연산군이 자신을 죽일지도 모른다는 공포감에 시달리며 살았다는 것을 바로 보여준다.

반정하던 날 먼저 군사를 보내 진성대군의 사저를 에워쌌다. 이것은 해칠 자가 있을 것을 염려해서 호위하기 위해서였다. 그런 줄도 모르고 임금이 놀라서 자결하려고 했다. 그러자 부인 신씨가 말하였다.
"군사의 말 머리가 이 궁(진성대군의 사저)으로 향해 있으면 우리 부부가 죽는 것이 마땅하지만 만일 말꼬리가 이 궁으로 향하고 머리가 밖으로 향해 섰다면 분명 공자를 호위하려는 뜻이오니, 알고 난 뒤에 죽어도 늦지 아니하오리다."
그러면서 소매를 붙잡고 말리며 사람을 내보내 살피고 오게 하였다. 그랬더니 과연 말머리가 밖을 향해 있었다.

박원종 등이 반정을 일으키던 날, 중종을 보호하기 위해 부하들을 보내 그의 사저를 지키게 했는데, 중종은 연산군이 자신을 죽이기 위해 군사들을 보낸 줄 알고 자결하려 했다. 이는 당시 열아홉 살인 중종이 연산군이 자신을 죽일지도 모른다는 공포 때문에 얼마나 힘들어했는지 잘 보여주는 대목이다. 이렇듯 중종은 연산군이 왕위에 오른 이후로 줄곧 죽음의 공포 속에서 살았다. 이러한 공포심은 향후 중종의 행동 방식에 막대한 영향을 끼치게 된다.

부족한 결단력

중종은 어떤 성격의 소유자였으며, 어떤 왕이었을까? 이에 대해 실록은 사관의 말을 빌려 이런 평가를 하였다.

"상은 인자하고 유순한 면은 남음이 있었으나 결단성이 부족하여 비록 일할 뜻은 있었으나 일을 한 실상이 없었다. 좋아하고 싫어함이 분명하지 않고 어진 사람과 간사한 무리를 뒤섞어 등용하여서 재위 40년 동안에 다스려진 때는 적었고 혼란한 때가 많았다.

인자하고 공검한 것은 천성에서 나왔으나 우유부단하여 아랫사람들에게 이끌리어 진성군을 죽여 형제간의 우애가 이지러졌고, 신비愼妃를 내치고 박빈朴嬪을 죽여 부부의 정이 없어졌으며, 복성군과 당성위를 죽여 부자간의 은의가 어그러졌고 대신을 많이 죽이고 주륙誅戮이 잇달아 군신의 은의가 야박해졌으니 애석하다."

실록의 이 평가를 보면, 중종은 우유부단하고 결단력이 부족하며 신하와 아내 그리고 자녀들에 대한 의리와 정이 부족하여 그들을 죽음으로 내몰았다. 이 기록에 나오는 진성군은 중종의 이복형제로, 중종 2년인 1507년에 이과의 모반 사건 때 추대를 받았다 하여 간성에 유배되었다가 사약을 받고 죽은 인물이다.

또 여기에 등장하는 신비는 중종의 첫 왕비였으나 폐출된 단경왕후를 지칭한다. 단경왕후는 연산군의 처남 신수근의 딸이었는데, 반정 당시 성희안과 박원종 등에게 피살된 인물이다. 박빈은, 곧 경빈 박씨를 가리킨다. 중종 22년(1527) 세자를 저주한 이른바 '작서의 변'이 일어나자 경빈과 그녀의 아들 복성군이 의심을 받고 귀양갔다. 이후 이들은 중종 28년(1533)에 박빈 소생인 혜정옹주의 남편 당성위 홍여와 함께 세자 저주의 진범으로 혐의를 뒤집어쓰고 사사되었다. 그러나 후일 이것이 모두 김안로의 계략이라는 것이 드러나 혐의를 벗게 된다. 그리고 대신을 많이 죽이고 주륙이 잇달았다는 것은 기묘사화를 비롯한 여러 정치사건으로 조광조와 김식을 비롯한 많은 선비가 죽거나 유배된 것을 말한다.

두 얼굴을 한 왕

중종은 38년 왕위에 있었는데, 그가 왕위에 있는 동안 조정은 몹시 혼란스러웠고, 숱한 선비들이 목숨을 잃었으며, 간신이 판을 쳤는데, 이 모든 것이 그의 우유부단한 성격 탓이라는 지적이다. 하지만 중종에게 우유부단한 면만 있었던 것은 아니다. 어떨 때는 정말 두 얼굴의 사나이처럼 이중적인 행동을 할 때도 있었다. 그럴 때면 신하 모두 "저분이 정말 우리 주상이 맞나?" 하면서 자신들의 눈을 의심할 정도였다고 한다. 중종의 이런 행동은 그가 가장 신뢰하던 조광조와 김안로를 죽일 때 확실히 드러났는데, 우선 조광조의 죽음에 대해 당시 사관은 다음과 같이 남겨놓았다.

"대간이 조광조 무리를 논하되 마치 물이 더욱 깊어가듯이 아직 드러나지 않았던 일을 날마다 드러내어 사사하기에 이르렀다. 임금이 즉위한 뒤로는 대간이 사람의 죄를 논하여 혹 가혹하게 벌주려 하여도 임금은 반드시 무난하고 평이하게 처리하여 임금의 뜻으로 죽인 자가 없었다. 그런데 이번에는 대간도 조광조를 더 벌주자는 청을 하지 않았는데 문득 이런 분부(죽이라는 명령)를 하였다. 전날에 좌우에서 가까이 모시고 하루에 세 번씩 뵈었으니 정이 부자처럼 아주 가까울 터인데, 하루아침에 변이 일어나자 용서 없이 엄하게 다스렸고 이제 죽인 것도 임금의 결단에서 나왔다. 조금도 가엾고 불쌍히 여기는 마음이 없으니, 전일 도타이 사랑하던 일에 비하면 마치 두 임금에게서 나온 일 같다.(중종 14년 12월 16일 기사)"

그리고 권신이자 외척인 김안로를 과감하게 내치고 죽일 때의 일에 관해 사관은 또 이런 글을 남겼다.

"양사(兩司)에게 김안로의 사독함과 권세를 독차지한 죄가 극악하다는 것과 김근사가 악의 무리라는 형상을 자세히 아뢰자, 상이 즉시 윤허하였다. 이때 양연이 대사헌으로 이 의논을 먼저 주장한 것은 왕의 밀지를 받았기 때문이라고 한다. 이보다 며칠 전에 상이 경연에서 '위태한 데도 붙들지 않으니 그런 재상을 장차 어디에 쓸 것인가'라고 하였고 또 우의정 윤은보에게 비망기를 내려 조정에 사람이 없음을 걱정한다는 뜻을 극론하였는데, 이는 대개 상이 김안로의 죄악을 알았기 때문에 이런 교시를 내려 조정에 은미하게 보인 것이다.

김안로가 윤원로 등이 장차 자기를 해칠 것을 알고는 공론을 칭탁하여 사림에 전파하여 윤원로 등을 정죄하였다. 윤원로 등이 김안로의 흉사하고 부도한 죄상을 몰래 상께 아뢰니, 상께서 매우 두려워하여 무사를 시켜서 김안로의 무리를 박살하려 했는데, 초친椒親(왕비의 친척) 윤안인 등과 의논하여 그렇게 하지 않고 윤임과 윤안인을 시켜 은밀히 양연에게 교시하였다. 양연이 즉시 양사를 거느리고 아뢰었는데 김안로의 일은 쾌하게 여기지 않는 사람이 없었다. 다만, 그 일이 조정에서 나오지 않고 외척에게서 나왔으므로 정대正大하지 못하다 해서 식자들이 한스럽게 여겼다.”

김안로는 섬으로 유배된 뒤 며칠 되지 않아 조광조와 마찬가지로 사약을 받고 죽었다. 당대 최고의 권력자였던 조광조와 김안로는 중종의 기습적인 공격으로 목숨을 잃었는데, 이는 평소에 중종이 보이던 우유부단함과는 완전히 다른 것이었다. 그 때문에 사관은 이 일들이 마치 두 임금에게서 나온 것 같다고 표현했다.

그렇다면 중종은 어떤 상황일 때 이런 두 얼굴의 사나이가 되는 것일까? 그에 대한 실마리는 조광조와 김안로를 내쫓아 죽이는 일에서 발견된다. 이 두 사건은 공통점이 있는데, 첫째는 조광조와 김안로가 모두 임금의 최측근이자 당대 최고의 권신이라는 점이고, 두 번째는 그들이 모두 왕권을 위협한다는 고발이 있었다는 것 그리고 세 번째는 그 고발한 자들이 모두 외척이라는 점이다. 즉, 외척에 의해, 임금이 믿고 의지하는 자가 왕권을 노린다는 고발이 이뤄지면 인정사정 보지 않고 상대를 죽였다. 그것도 단 한 번도 재고하지 않고 냉정하고 단호하게 결단을 내렸다. 즉, 친분 여하를 떠나 왕위를 위협한다고 판단되면 냉혹하고 단호하게 돌변했다.

이런 그의 이중성은 이복형제인 진성군을 죽일 때도, 자신의 큰아들 복성군과 총애하던 경빈 박씨를 죽일 때도 여지없이 드러난다. 비록 그 대상이 아내나 아들, 형제라고 해도 상관없이 죽였다.

그런데 문제는 그런 결단이 너무나 급작스레 이뤄지고 또 결심이 서면 신하들이 아무리 말려도 소용이 없었다는 점이다. 도대체그는 왜 이런 이중성을 가지게 된 것일까? 아마도 어린 시절부터줄곧 시달렸던 죽음에 대한 공포 때문이었을 것이다. 연산군에게언제 죽을지 모른다는 공포감이 방어기제가 되어 잠복해 있다가누군가가 자기를 죽이고 왕위를 뺏을지도 모른다는 불안감이 들면우유부단함이나 인자함은 사라지고 폭력적으로 변하는 것이다.

조강지처를 버리다

중종은 3명의 왕비에게서 2남 5녀를 얻었고, 10명의 후궁에게서7남 6녀를 얻어, 모두 9남 11녀의 자녀를 뒀다.

중종의 첫 왕비는 단경왕후 신씨였다. 그녀는 익창부원군 신수근과 청원부부인 청주 한씨의 딸이다. 할아버지 신승선은 세종의 4남 임영대군의 사위에다 연산군의 장인이었으며, 아버지 신수근은 좌의정을 지냈고, 연산군의 처남이었다. 연산군 5년(1499년) 열두 살 나이로 한 살 어린 진성대군(중종)에게 시집간 신씨는 7년 후에 박원종이 군대를 일으켜 연산군을 내쫓고 진성대군을 추대하자, 그와 함께 입궐했다. 입궐 다음 날 박원종, 성희안, 유자광 등 반정 중신들은 아비를 죽였는데, 딸을 중전으로 두면 보복당할 염려가 있다며 중종에게 신씨를 궁 밖으로 내보내라고 요구했다.

"의거를 일으키던 때 먼저 신수근을 죽인 것은 대사를 성공시키기 위해서였습니다. 지금 신수근의 딸이 궁중에 있는데, 만일 그를 왕비로 정하게 되면 인심이 위태롭고 의혹이 생길 것입니다. 인심이 위태롭고 의혹이 생기면 종묘사직에 관계되는 일이 있을 터이니, 은정恩情을 끊고 내보내소서."

이에 중종은 다음과 같이 말했다.

"아뢴 일은 당연하나, 조강지처를 어찌하겠소?"

하지만 반정 중신들이 강력히 내쫓기를 주장하자, 중종은 별수 없이 그녀를 사가로 내보냈다. 왕비가 된 지 7일 만에 폐출당한 것이다. 당시 신씨 소생은 없었다. 중종은 신씨를 사가로 보낸 후에도 그녀를 그리워했다. 그래서 모화관으로 명나라 사신을 맞으러 갈 때면 꼭 모화관에서 멀지 않은 신씨의 처소로 말을 보내 먹이를 주게 하였고, 신씨는 흰죽을 직접 만들어 말에게 먹였다고 한다. 또 중종이 신씨를 잊지 못해 날마다 경회루에 올라 신씨가 머물던 인왕산 쪽을 바라본다고 하자, 신씨는 다홍치마를 인왕산 바위 위에 펼쳐놓았다는 치마바위 전설도 있다. 그런데 이런 애틋한 이야기들과 달리 중종은 정작 신씨를 복위시킬 기회가 있었는데도 외면하고 그녀를 다시 맞이하지 않았다.

단경왕후가 쫓겨난 이후, 중종의 왕비가 된 이는 장경왕후 윤씨였는데, 그녀는 1515년에 원자 호(인종)를 낳고 산욕열로 사망했다. 왕비 자리가 비자, 중종의 총애를 받던 경빈 박씨가 왕비 후보로 부상했다. 경빈 박씨는 복성군의 어머니였는데, 복성군은 원자 호보다 여섯 살 위였다. 따라서 경빈 박씨가 왕비가 되면 원자의 처지가 매우 위태로워질 게 뻔했다. 이런 상황에서 중종은 새 왕비 들이는 문제를 신하들과 의논했다. 이에 사림에서 이름이 있던 순창군수 김정과 담양부사 박상이 상소하여 폐비 신씨를 복위시킬 것을 주청했다. 그러자 이 일은 조정의 큰 논란거리가 되었다. 대사헌 권민수와 대사간 이행 등의 언관들이 그들 두 사람을 강력하게 비판하며 '의금부에 잡아다가 문초하여 그 사유를 캐내야 한다'고 주장했다. 이에 중종도 그들의 의견에 동조하여 이렇게 말했다.

"나도 상소를 보고 국가 대사를 너무 경솔하게 논의했다고 생각했다. 내 뜻도 그 이유를 추궁하고 싶었으나 내가 조언을 구하여 상소한 것이기 때문에 덮어두었다."

이후 중종은 당상관들을 모두 불러 신씨 복위를 건의하는 상소문을 보여줬다. 그러자 유순, 정광필, 김응기 등의 삼정승은 임금이 조언한 것에 대한 상소이므로 잡아다 추궁하는 것은 옳지 않다는 의견을 냈다. 그리고 홍문관의 관원들도 그들의 상소 내용이 적절치 않다고 하더라도 왕이 조언을 구해서 올린 상소이기 때문에 죄 주는 것은 옳지 않다고 했다. 하지만 중종은 김정과 박상을 잡아다 의금부에서 심문하라고 명하고, 그들을 유배 보냈다.

이후, 단경왕후 신씨는 궁궐로 돌아오지 못했다. 조강지처로서 반정이 있던 날 자신의 목숨을 살려주고, 자신도 그토록 그리워한다고 했던 그녀를 중종은 냉정하게 외면했다. 그렇듯 단경왕후를 버리고 새로운 왕비로 얻은 여인이 희대의 악녀로 불리는 문정왕후 윤씨였으니, 참으로 잘못된 선택이었다.

한편, 남편으로부터 버림받은 신씨는 1557년(명종 12년) 12월 7일 일흔한 살로 생을 마감했다. 사망 후, 그녀는 시호도 없이 폐비 신씨 혹은 신비로 불리다가 200년이 지난 1739년(영조 15년) 3월 28일에 김태남 등의 건의로 '단경'이라는 신호를 받고 복위되었다.

잘못된 판단

중종의 첫 부인은 단경왕후 신씨였지만, 중종이 처음으로 사랑한 여자는 따로 있었다. 바로 경빈 박씨였다. 신씨는 열한 살의 어린 나이에 멋모르고 맞아들인 부인이었기에 사랑을 전제로 만난 사이는 아니었다. 하지만 경빈 박씨는 중종이 청년이 되어 직접 보고 반하여 만난 여인이었다. 경빈 박씨는 꽤 미인이었던 모양인데, 연산군 시절에 홍청(기녀)으로 뽑혀 들어와 궁에서 지내다가 중종이 보고 반하여 후궁으로 삼은 여인이다. 말하자면 중종이 태어나서 처음으로 매료되어 사랑에 빠진 여인이었던 셈이다.

경빈은 중종의 첫 애인이었던 만큼 중종의 총애가 대단했다. 그때문에 그녀는 매우 거만하고 분수에 넘치는 행동을 일삼았다. 또 뇌물을 즐겨 받아 청탁하는 사람이 줄을 이었다고 한다. 그녀 덕분에 아버지 박수림과 오라비 박인형, 박인정이 모두 벼슬을 얻어 한껏 권세를 부렸다. 하지만 그녀는 자신을 그토록 총애했던 연인 중종이 내린 사약을 받고 죽어야 했다. 그녀를 죽음으로 내몬 것은 이른바 '작서의 변'이라는 저주 사건이었다.

사건의 경위는 이렇다. 1527년 2월 26일에 동궁의 해방亥方(24방위의 하나로 북북서쪽)에 불태운 쥐, 즉 작서灼鼠 한 마리가 걸려 있고, 물통의 나무 조각으로 만든 방서榜書(방술을 적은 글)가 함께 발견되어 조정이 발칵 뒤집혔다. 당시 동궁에는 세자 호(인종)가 기거했다. 인종은 돼지띠로 해亥년생이며, 그 사건 3일 뒤인 2월 29일이 생일이었다. 세자의 생일에 앞서 세자를 저주하는 일이 발생한 것이다. 쥐는 돼지와 비슷한 데가 있어 쥐를 태워 걸어놓은 것은, 곧 세자를 저주한 것이므로 중종과 조정 대신들이 매우 민감한 반응을 보일 수밖에 없었다.

중종은 이 일을 철저히 조사하라는 명을 내렸고, 수사 끝에 범인으로 지목된 사람이 경빈 박씨였다. 이 일로 경빈의 여러 시녀와 사위 홍려가 매 맞아 죽었다. 좌의정 심정이 경빈과 결탁했다고 사사되었으며, 그 외에도 많은 사람이 죽었다. 또 경빈 박씨와 그녀의 아들 복성군도 서인으로 전락하여 유배되었다가 사사되었으며, 박씨의 두 딸도 서인으로 전락하여 유배되었다. 이로써 중종은 첫 부인을 버린 데 이어 첫사랑을 죽이고 첫아들까지 죽이는 결과를 낳았다. 그것도 모두 중종의 사려 깊지 못한 판단 때문이었다.

그런데 그들이 죽은 뒤(1533년) 같은 서체의 방서가 발견되었다. 글씨 쓴 자를 조사하는 과정에서 김안로는 지난번 발견된 방서의 글씨와 다르다 하였고, 대사간 상진은 같다고 하였다. 경빈과 심정을 죽일 때 김안로는 방서의 글씨가 경빈의 사위 홍려의 것이라고 주장했고, 홍려는 매질을 이기지 못해 자기 글씨라고 자백했다. 그러니 김안로는 글씨가 다르다고 주장해했던 것이다.

하지만 상진은 당시 사건의 방서와 새로 발견된 방서의 글씨가 같다고 함으로써 홍려는 범인이 아니며, 경빈과 복성군이 억울하게 죽었다는 것을 밝히려 했다. 이 일은 중종이 방서가 적힌 나무를 태우게 함으로써 종결되었는데, 훗날 방서의 글씨는 김안로의 아들 김희의 글씨로 판명되었다. 김안로가 심정에게 원한을 품고 그를 죽이기 위해 '작서의 변'을 획책하였다는 결론이다. 그 사실이 밝혀지면서 이미 죽고 없던 김안로는 천하에 둘도 없는 사악한 모사꾼의 대명사가 되었다.

제8장

13대

명종

매 맞는 군주,
절망에 빠진 마마보이

명종의 가계도

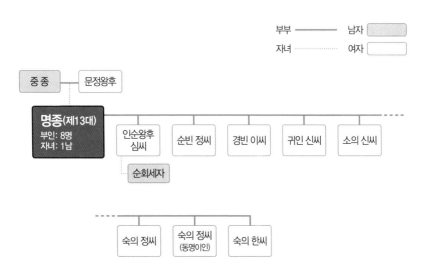

부부 ——— 남자
자녀 ········· 여자

중 종 — 문정왕후

명종(제13대)
부인: 8명
자녀: 1남

인순왕후
심씨

순빈 정씨

경빈 이씨

귀인 신씨

소의 신씨

순회세자

숙의 정씨

숙의 정씨
(동명이인)

숙의 한씨

무서운 엄마와 효심 지극한 형

　명종은 1534년 5월 22일에 중종과 그의 세 번째 왕비 문정왕후 윤씨 사이에 태어난 아들이며, 이름은 환이다. 왕자 환은 어머니 윤씨가 다섯 명의 딸을 낳은 후에 어렵게 얻은 아이들이었다. 그런 까닭에 윤씨는 환에 대한 애착이 남달랐다.

　사실, 그녀는 환을 낳을 때까지 왕자를 생산하지 못해 설움을 많이 겪었다. 남편 중종에게는 적장자 호(인종)를 비롯하여 경빈 박씨의 아들 복성군, 희빈 홍씨의 아들 금원군과 봉성군, 창빈 안씨의 아들 영양군과 덕흥군 등 여러 아들이 있었다. 그들 후궁은 모두 권신을 끼고 자기 아들을 세자에 앉히기 위해 갖은 계략을 꾸몄는데, 문정왕후는 아들이 없었기 때문에 세자 호를 보호하려 했다. 그 과정에서 가장 강력한 정적이었던 경빈 박씨와 복성군을 제거하기도 했는데, 그들이 제거된 후 천운으로 잉태한 아들이 바로 왕자 환이었다.

왕자 환을 낳은 후, 문정왕후의 태도는 돌변했다. 그때까지 세자 호를 보호하던 자세를 버리고 제 아들 환을 세자로 앉히기 위해 안간힘을 썼다. 그런 까닭에 세자 호의 외삼촌인 윤임과 대립할 수밖에 없었다. 윤임은 중종의 큰딸 효혜공주의 시아버지인 김안로와 손을 잡고 문정왕후를 내쫓기 위해 혈안이 되었고, 문정왕후는 자신과 왕자 환을 지키기 위해 그들과 목숨을 건 투쟁을 해야 했다. 그러던 중 문정왕후는 자신을 궁궐에서 쫓아내려고 계략을 꾸미던 김안로를 숙청하는 데 성공한다.

하지만 문정왕후 앞에는 여전히 윤임이라는 강력한 정적이 버티고 있었다. 그녀는 다시 윤임과 목숨을 건 건곤일척乾坤一擲의 싸움을 벌였다. 윤임을 죽이지 않으면 자신이 죽어야만 한다는 절박한 심정으로 그녀는 동생 윤원로와 윤원형을 앞세워 윤임을 상대했다. 그래서 세간에서는 윤임을 대윤이라고 하고, 윤원형 형제를 소윤이라고 불렀다. 대윤의 힘은 모두 세자로부터 비롯되는 것이었고, 소윤의 힘은 모두 왕비인 그녀로부터 비롯되는 것이었다. 그 때문에 그녀는 세자를 제거해야만 윤임을 제거할 수 있다고 판단하였다. 그런 상황에서 누군가의 방화로 동궁전이 소실되는 사건이 일어나기도 했다. 누가 범인인지는 밝혀지지 않았지만, 그녀 소행으로 보는 시각이 다수였다. 하지만 그녀가 방화범이라는 명백한 증거가 없었던 덕에 무사했다.

문정왕후와 윤임의 대립이 극에 달해 있을 때, 설상가상으로 그녀의 방패막이가 되어 주던 중종이 승하했다. 그리고 인종이 즉위하자 윤임의 힘은 더욱 강해졌다. 윤임은 어떻게 해서든 그녀와 경원대군 환(명종)을 제거하려 했다. 그때마다 그녀는 인종에게 달려가 "언제 우리 모자를 죽일 것이냐"고 악다구니를 퍼부었다. 다행히 인종은 매우 어질고 효심이 지극한 인물이었다. 그녀는 인종의 그런 성정을 파고들어 자신과 아들의 안전을 지키고자 했다. 인종은 악다구니를 쓰는 계모를 안심시키기 위해 온갖 노력을 다했는데, 그 내용의 일부가《유분록》에 전한다.

어느 날 자전대비가 홀로된 자신과 약한 아들이 보전하기 어렵다는 말로 미안한 말을 내리니 임금이 그 말을 듣고 미안함을 이기지 못하여 아침 처마에 더운 햇볕이 쪼이는데 땅에 오랫동안 엎드려서 대비를 위안했다. 그리하여 성의로 감동을 준 연후에야 대비가 약간 안색을 풀었다. 이런 뒤로 임금이 많이 근심하여 이로써 점점 병을 이루어 조정이 황황하여 어찌할 바를 알지 못했다.

인종의 건강이 악화하자 대비 윤씨는 경원대군 환을 왕위에 앉힐 욕심을 노골적으로 드러냈다. 인종은 서른 살에 왕위에 올랐는데, 자식이 없었다. 그래서 만약 인종이 그대로 죽게 된다면 왕위는 환의 차지가 될 수 있었다. 윤씨는 그 점에 희망을 걸고 자기 아들을 왕위에 앉히는 데 혈안이 되었다.

당시 인종은 건강이 매우 좋지 않았다. 중종의 간병과 삼년상을 치르며 무리한 탓이었다. 인종은 부왕 중종이 서거하자, 무려 6일

동안이나 물 한 모금도 입에 대지 않았다. 그리고 닷새 동안 계속해서 울음을 멈추지 않아 주변에서 걱정하게 하였다. 또 초상 때부터 졸곡 때까지 3개월 동안 죽만 먹었고, 소금과 간장조차 입에 대지 않았다. 이 때문에 인종의 건강이 극도로 악화되었다. 그런 와중에도 인종은 계모 윤씨에게 효성을 다했다. 《동각잡기》에는 인종의 효성에 대해 다음과 같은 기록을 남기고 있다.

임금이 장례 치르는 일에 예를 다하고 자전대비를 지극히 효성스럽게 받드니 여러 신하가 임금에게 애통함을 억제하여 몸을 보전하기를 청했으나 듣지 않고 점점 병이 되었다. 을사년 6월 27일에 벼락이 경회루 기둥을 때려서 기둥을 둘러싼 쇠가 부서지기까지 하니, 인종이 위독한 중에도 이렇게 말했다.
"벼락이 어디를 때렸느냐? 대비께서 놀라셨을까 걱정이구나."
그러면서 바로 내관을 보내 문안했다.

이 일은 1545년 6월 27일에 있었던 일이다. 이때 인종은 병이 악화되어 사경을 헤매는 중이었다. 그런 상황에서도 계모를 챙겼으니 그의 효성은 정말 지극하다 못해 너무 지나쳤다고 하는 표현이 맞다. 그리고 이틀 뒤인 6월 29일에 인종은 경원대군에게 왕위를 넘겼다. 그리고 다음 날인 7월 1일에 숨을 거뒀다.

마마보이 아들, 매 맞는 왕

인종에 이어 왕위에 오른 왕자 환은 그때 겨우 열두 살이었다. 요즘으로 치면 초등학교 5학년 나이에 왕위에 올랐으니 모든 왕권은 문정왕후 윤씨의 차지가 되었다. 그녀는 편전에 나가 발을 드리우고 섭정을 했다.

명종은 어렸지만, 어머니 윤씨와 달리 성정이 착하고 순해서 어머니 문정왕후의 의견에 어떤 토도 달지 못했다. 심지어 궁궐 내부에 자그마한 시설 하나도 모두 모후의 허락을 받고 만들 정도였다. 이에 대해 실록은 이렇게 쓰고 있다.

> 윤비尹妃(문정왕후)는 천성이 엄하고 강하여 비록 주상을 대하는 때라도 말과 얼굴을 부드럽게 하지 않았고 수렴청정한 이래로 무릇 뭐라도 하나 만드는 것도 모두 상감이 마음대로 하지 못하였다.

한마디로 명종은 모후 문정왕후의 허락 없이 어떤 것도 결정할 수 없는 마마보이였다. 이러한 명종의 성정은 재위 내내 그를 어머니의 손아귀에서 벗어날 수 없게 만들었다.

문정왕후가 섭정하자 조정에는 한바탕 피바람이 몰아쳤다. 당시 윤임은 사림 세력과 가까웠는데, 문정왕후는 윤임을 제거하면서 사림 세력도 대거 숙청했다. 이른바 이 대윤 세력의 숙청에 앞장선 인물은 명종의 외삼촌 윤원형이었다. 문정왕후를 등에 업은 윤원형은 대윤 세력을 역적으로 몰아 100여 명을 죽였으니, 이것이 곧 1545년에 벌어진 '을사사화'였다. 하지만 윤원형은 거기서 그치지 않았다. 2년 뒤에는 다시 양재역 벽서 사건을 확대해 조정에 남아 있던 대윤의 잔당들을 마저 제거하니, 이것이 '정미사화'였다.

이렇듯 조정 내에서 견제 세력이 모두 사라지자, 윤원형은 권력을 독식하며 애첩 정난정과 함께 뇌물을 받아 챙기며 부를 축적하는 데 혈안이 되었다. 하지만 어린 명종은 어떤 조치도 취할 수 없었다. 명종이 그나마 윤원형을 견제하기 시작한 것은 1553년에 문정왕후의 섭정이 끝난 뒤였다. 명종이 스무 살이 되자 문정왕후의 수렴청정은 종결되었고, 명종은 비로소 친정을 시작했다. 이후 명종은 윤원형을 견제하기 위해 왕비인 인순왕후 심씨의 외삼촌 이량을 이조판서로 기용했다. 하지만 이량 역시 윤원형과 다를 바 없는 인물이었다. 그 바람에 여전히 국정은 혼란하였고 조정은 권신들의 손아귀에서 놀아났다. 그런데도 명종은 어떤 대응책도 내놓지 못하고 있었다.

명종은 친정을 시작한 이후에도 문정왕후의 그늘에서 벗어나지 못했다. 명종이 나름대로 자신의 의지로 정치를 이끌고자 하면 문정왕후는 여지없이 그를 불러 무섭게 다그쳤다.

"너를 왕으로 만든 사람이 바로 나다. 그런데 네가 내 말을 듣지 않으니, 그것이 자식의 도리라 할 수 있느냐?"

명종은 이 말 한마디에 꼼짝없이 무너졌다. 1565년에 문정왕후가 죽을 때까지 명종은 그녀의 손아귀에서 벗어나지 못했다. 이에 대해《축수편》은 이런 기록을 남기고 있다.

임금이 이미 장성하였으므로 대비가 비로소 정권을 돌렸다. 따라서 마음대로 권력을 부리지 못하게 되었으므로 만일 하고 싶은 일이 있으면, 곧 국문으로 조목을 나열하여 중관을 시켜 내전에 내보냈다. 임금이 보고 나서 일이 행할 만한 것은 행하고, 행하지 못할 것이면 곧 얼굴에 수심을 드러내며 그 쪽지를 말아서 소매 속에 넣었다. 이로써 매양 문정왕후에게 거슬렸으므로 왕후는 불시에 임금을 불러들여 이렇게 말했다.

"무엇 무엇은 어째서 해주지 않느냐?"

이렇게 따지면 임금은 온순한 태도로 그 합당성 여부를 진술하였다. 그러면 문정왕후는 버럭 화를 내며 말했다.

"네가 임금이 된 것은 모두 우리 오라비와 나의 힘이다. 지금 네가 편히 앉아서 복을 누리면서 도리어 나의 명을 거역한단 말이냐?"

어떤 때에는 때리기까지 하여 임금의 얼굴에 기운이 없어지고 눈물 자국까지 보일 적이 있었다.

화병을 얻다

문정왕후가 살아 있는 동안에는 명종은 자신의 소신대로 정사를 펼친 적이 단 한 순간도 없었다. 무서운 어머니 밑에서 자란 마마보이는 눈물만 보일 뿐 한 번도 제대로 자신의 소신을 펼친 적이 없었다. 그 때문에 심한 스트레스에 시달린 나머지 병을 얻었다. 이에 대해 실록은 이렇게 적고 있다.

> 문정왕후는 스스로 명종을 세운 공이 있다 하여 때로 주상에게 "너는 내가 아니면 어떻게 이 자리를 소유할 수 있었으랴" 하고, 조금만 여의치 않으면 곧 꾸짖고 호통을 쳐서 마치 민가의 어머니가 어린 아들을 대하듯 함이 있었다. 상의 천성이 지극히 효성스러워서 어김없이 받들었으나 때로 후원의 외진 곳에서 눈물을 흘리었고 더욱 목 놓아 울기까지 하였으니, 상이 심열증을 얻은 것이 또한 이 때문이다.

심열증이란, 곧 화병을 의미하는 것이니 명종은 악독한 어머니 때문에 마음의 병을 얻었고, 이것이 심해져서 죽음에 이르게 된다. 명종이 그나마 자신의 소신을 펼치기 시작한 것은 문정왕후가 죽은 뒤부터였다. 권력을 독식하던 외삼촌 윤원형과 그의 첩이자 악녀였던 정난정을 내쫓고 유배지에서 선비들을 불러들여 조정을 겨우 정상으로 돌려놓았다. 하지만 문정왕후가 죽고 불과 2년 뒤에 명종도 죽었다. 명종이 죽은 원인은 어머니 때문에 생긴 심병 탓도 있었지만, 삼년상을 지나치게 치른 탓도 컸다. 이에 대해 실록은 이런 기록을 남기고 있다.

상은 천성이 순하고 고와 매사에 예법을 준수하였다. 문정왕후의 삼년상에는 그 효성스러운 마음을 다하였고, 제사의 의례를 모두 지성으로 하지 않음이 없었다. 이때는 상이 바야흐로 편치 않은 때였는데 묘당을 모시는 의례가 임박하자 몸소 제사를 올리려 하므로 대신들이 그만두기를 청했으나 상이 따르지 않고 무더위를 무릅쓰고 질병을 참으며 행례를 하다 그길로 크게 병세가 악화하여 마침내는 구하지 못하게 되었으니, 온 나라가 울부짖는 슬픔이 어찌 끝이 있겠는가.

명종은 문정왕후가 죽자, 인종처럼 지극 정성으로 상을 치렀는데, 이것이 화근이 되어 건강이 극히 악화하였고 급기야 삼년상을 마치자마자 죽음에 이르렀으니, 그 어미가 아들에게는 죽음에 이르는 병이었던 셈이다.

하나뿐인 아들을 먼저 보내다

　명종은 한 명의 왕비와 후궁 일곱을 뒀지만, 자식은 인순왕후 심씨에게서 얻은 순회세자 부가 유일했다. 순회세자는 명종이 열여덟 살 때인 1551년 5월 28일에 얻은 귀한 아들이었다. 부가 일곱 살 되던 해에 세자에 책봉하여 제왕 교육을 했고, 열한 살 때인 1561년에 윤옥의 딸인 공회빈과 혼례를 치렀다. 이때 공회빈 윤씨의 나이는 열 살이었다. 그야말로 꼬마 신랑에 꼬마 각시였다. 이렇듯 세자빈까지 맞이했지만, 세자 부는 2년 뒤인 1563년에 9월 20일에 죽고 말았다. 이 일로 명종은 엄청난 절망감과 슬픔에 사로잡히는데, 이 때문에 명종의 병이 더욱 악화하였다.

　당시 세자는 병을 앓은 지 이미 오래되었으나 외부에는 비밀로 하였다. 이에 대해 실록은 이런 기록을 남기고 있다.

　　동궁이 편찮은 지 오래되었는데 내의 양예수가 진찰하고 약을 쓰면서 다른 의원은 알지 못하게 한 것은 그 공을 독차지하려고 한 짓이었다. 그러다가 위독한 지경에 이르러 어쩔 수 없게 되어 버리니 사람들이 다 통분을 금치 못했다.

　순회세자가 죽자, 세자빈 윤씨는 열두 살의 어린 나이로 청상과

부가 되었다. 그녀는 그 뒤로 30년 정도 홀로 살다가 1592년에 죽었는데, 애석하게도 그녀는 죽은 뒤에도 편안하지 못했다. 그녀가 죽은 직후 임진왜란이 일어났는데, 그 바람에 선조는 궁궐을 버리고 도주하기 바빠 그녀의 장례를 제대로 치르지 못했다. 그래서 그녀의 시신을 궁궐 후원에 임시로 묻었다. 그런데 이듬해 환궁하여 후원을 파보니, 그녀의 시신은 온데간데없고 임시로 매장한 무덤도 흔적조차 없었다. 선조가 사람을 풀어 후원을 모두 파헤쳤지만, 시신을 찾지 못했다. 어쩔 수 없이 선조는 그녀의 신주만 모셨는데, 인조 때 일어난 병자호란으로 신주마저 사라져버렸다. 이렇듯 공회빈은 죽어서도 불행한 여인이 되었다. ❧

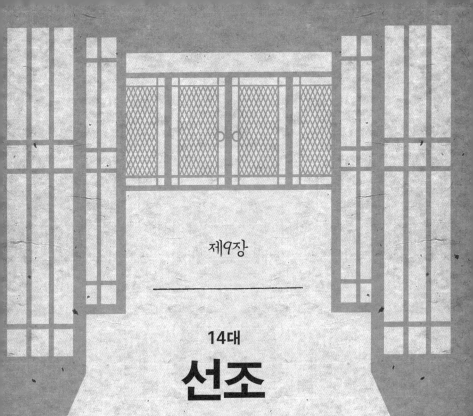

제9장

14대

선조

눈치 빠른 처세가,
영리한 현실주의자

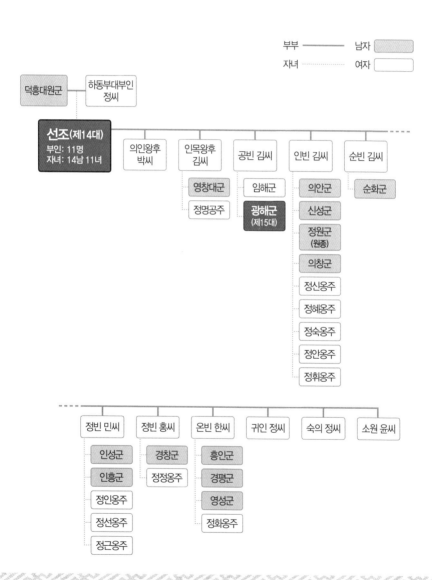

선조의 가계도

부부 ——— 남자 ▢
자녀 ········· 여자 ▢

덕흥대원군 — 하동부대부인 정씨

선조(제14대)
부인: 11명
자녀: 14남 11녀

의인왕후 박씨

인목왕후 김씨
　영창대군
　정명공주

공빈 김씨
　임해군
　광해군 (제15대)

인빈 김씨
　의안군
　신성군
　정원군 (원종)
　의창군
　정신옹주
　정혜옹주
　정숙옹주
　정안옹주
　정휘옹주

순빈 김씨
　순화군

정빈 민씨
　인성군
　인흥군
　정인옹주
　정선옹주
　정근옹주

정빈 홍씨
　경창군
　정정옹주

온빈 한씨
　흥인군
　경평군
　영성군
　정화옹주

귀인 정씨

숙의 정씨

소원 윤씨

일찍 부모를 여의다

선조는 1552년에 덕흥대원군 이초와 하동부대부인 정씨의 셋째 아들로 태어났으며, 이름은 균, 군호는 하성군이었다. 덕흥군 이초는 중종의 후궁 창빈 안씨 소생으로 명종보다 네 살 많은 이복형이다. 그리고 하동부대부인 정씨는 세조 대에 영의정을 지낸 정인지의 손자 세호의 딸이다. 이초와 정씨는 3남 1녀를 뒀는데, 균이 막내였다. 1562년에 균이 태어났을 때, 큰형 하원군 이정은 여덟 살이었고, 둘째 형 하릉군 이인은 일곱 살이었다. 그리고 누나 이명순은 다섯 살이었다.

균은 두 형과 누나 사이에서 비교적 다복하게 자랐다. 하지만 균이 여덟 살 되던 1559년에 덕흥군이 병으로 죽는 바람에 아버지 없이 소년 시절을 보냈다. 그리고 불행하게도 어머니 정씨마저도 균이 열여섯 살이던 1567년에 생을 마감했다. 균이 부모를 모두 잃고 슬픔에 빠져 있던 상황에 명종이 타계했다. 명종은 순회세자를 잃고 왕위 계승을 위해 조카 중에 양자를 선택하고자 했는데, 이 일을 매듭짓지 못하고 죽었다. 하지만 죽기 전에 미리 인순왕후 심씨에게 양자의 이름을 쓴 봉함 편지를 맡겨뒀는데, 그 편지 속에 하성군 이균의 이름이 적혀 있었다. 《선조실록》은 이균에게 왕위를 계승하게 된 경위를 다음과 같이 기록하고 있다.

정묘년(1567년) 6월 28일 신해일에 명종대왕의 병이 매우 위중하였다. 이날 밤중에 대신을 불러들였는데, 영의정 이준경이 도당에서 관복을 갖추고 대기하고 있다가 부름을 받고 들어왔다.

어상御床(임금의 침상)으로 올라가 상의 손을 잡았으나 상께서는 이미 말을 하지 못하였다. 준경이 울면서 중전께 대계를 정할 것을 청하니, 중전이 하교하였다.

"을축년에 결정한 대로 하려고 합니다."

이보다 앞서 을축년에 명종대왕이 병을 앓았는데, 당시 세자였던 이부는 이미 죽었고, 아직 후계자가 정해지지 않은 상태였다. 그래서 대신들이 조카 중에서 미리 선정해두기를 청하였다. 상이 마침내 하성군에게 들어와 병시중에 참여하게 하였고, 유사儒士 중 특별히 가려서 사부師傅로 삼아 가르치게 하였다. 상의 총애가 특별하였으므로 국내의 민심이 모두 하성군에게 집중되어 왔다. 그 때문에 이 하교가 있었다.

준경이 아뢰었다.

"나라의 대계가 결정되었으니 더 아뢸 말씀이 없습니다. 양사의 장관들도 같이 들어와 듣게 하는 것이 어떻겠습니까?"

준경이 또 큰소리로 상께 아뢰었다.

"신들은 물러가겠습니다."

그러자 상은 무슨 말을 하고 싶어 하였으나 하지 못하였다. 곁에 있던 사람들은 자기도 모르게 울음을 터뜨렸다. 이윽고 상이 홍서하였다. 대신이 왕비가 받은 유명遺命에 의해서 시위할 관원들에게 세자 행차에 필요한 의장을 갖추어 사제私第에 가서 하성군을 모시고 오게 하였다. 하성군은 당시 모친상을 입고 있었는데, 울면서 굳이 사양하였다. 신하들이 옹립하여 재촉한 뒤에야 비로소 길을 나섰다. 침전 곁방으로 들어와 상주로서 거상을 하였다. 나이는 열여섯이었다.

용모가 뛰어나고 속 깊은 아이

이렇게 선조는 모친상 중에 왕위에 오르게 되었다. 그런데 명종은 왜 균을 양자로 삼으려 했을까? 균의 어떤 면을 보고 제왕감이라고 생각했을까? 이에 대해《부계기문》은 이렇게 전한다.

처음에 명종이 여러 왕손을 궁중에서 가르칠 때 하루는 익선관을 왕손들에게 써보라 하면서 말했다.

"너희들이 머리가 큰지 작은지 알려고 한다."

그러면서 여러 왕손에게 차례로 써보라고 하였다. 선조는 그중에서 나이가 제일 적었는데도 두 손으로 관을 받들어 어전에 도로 갖다 놓으며 머리를 숙여 사양하며 말했다.

"이것이 어찌 보통 사람이 쓰는 것이오리까."

명종이 그 말을 듣고 심히 기특하게 여겨 왕위를 전해줄 뜻을 정하였다.

이 내용으로 보면 균은 왕손 중에서 가장 어렸지만, 가장 속 깊고 어른스러웠다. 또《석담일기》에는 이런 이야기가 나온다.

하루는 왕손들에게 글을 써서 올리라고 명령하였더니 짧은 시를 쓰거나 구절을 이어 쓰기도 했는데, 선조는 홀로 '충과 효가 본래 둘이 아니다忠孝本無二致'라는 여섯 자를 썼다. 이에 명종이 기특하게 여겼다. 이후로 선조를 총애하심이 특히 후하여서 자주 불러 학업을 시험해보고 연이어 은혜를 내리니, 세자라는 이름을 아직 붙이지 않았을 따름이었다. 별도로 선생을 택하여 가르치니, 한윤명과 정지연이 그 선택에 들었다. 선조는 글 읽는 것이 매우 정밀하여 때로는 질문하는 바가 사람들이 미처 생각 못한 것이어서 선생들도 대답을 못하였다.

이렇듯 왕손 균은 명민하고 사려 깊은 소년이었다. 실록은 선조의 면모에 대해 "타고난 자질이 뛰어나고 기백과 도량이 영특하여 모두 특이하게 여겼다"고 쓰고 있다. 또《석담일기》는 "선조는 어려서부터 아름다운 바탕이 있어 용모가 맑고 뛰어났다"고 전한다.

비겁한 도주인가, 현명한 결단인가

선조는 판단력이 흐리며 비겁한 왕으로 평가받는데, 이는 아마도 임진왜란 때 도성을 버리고 도주한 일 때문일 것이다. 하지만 실제 선조는 학문에 밝고 명민하며, 매우 합리적인 인물이었다. 이런 선조의 면모에 대해《지봉유설》은 이렇게 쓰고 있다.

> 임금의 지혜가 뛰어나 무릇 나랏일에 대해 계획하는 것이 모두 임금의 결정에서 나왔으므로 비변사의 모든 사람은 임금의 물음이 있을 때마다 "상교윤당上敎允當(상의 가르침이 진실로 합당합니다)"이라고 대답했고, 승정원에서도 미처 봉행하지 못하여 간간이 황공하여서 대죄하였으므로 "황공대죄승정원, 상교윤당비변사"라는 농담까지 생겼다.

이 말은 선조가 정사를 처리하면서 판단력이 좋고 합리적인 결정을 잘 내렸다는 뜻이다. 선조의 업무 처리 능력에 대해 실록의 사관들은 이렇게 평하기도 했다.

"임금은 문文으로는 족히 지극한 정치를 이룩할 수 있고, 무武로는 족히 화란을 평정할 수 있으며, 밝기는 충과 거짓됨을 변별할 만하고, 지혜로는 사무를 처리할 만하니, 참으로 소위 세대마다 날 수 없는 성인이요, 크게 일할 수 있는 임금이었다."

▶ 피란길에 오르는 선조의 어가행렬. 위키피디아 사진

그런데 이렇게 일 처리를 잘했던 그가 왜 임진왜란 당시에 도성을 버리고 도주했을까? 누구라도 이런 질문을 던질 만하다. 그런데 선조가 도성을 버리고 도주한 것이 정말 겁이 많았기 때문일까? 그렇다면 만약 임진왜란 당시에 선조가 도주하지 않고 한성을 지키며 일본군과 맞섰다면 어떤 결과를 얻었을까?

단언컨대, 선조가 한성을 고수하고 결사적으로 싸우겠다고 덤볐다면 결과는 병자호란 때의 인조처럼 되지 않았을까. 전력이 현격히 떨어지는 장수가 전장에서 물러날 때 흔히 쓰는 말이 '작전상 일시 후퇴'인데, 당시 선조의 몽진은 '작전상 도주'라는 말이 적합하다. 생각 같아서야 왕이 직접 나서서 전장을 호령하며 맹렬하게 저항하는 결기를 보여야 함이 마땅할지 모르지만, 만약 그러다 패전하여 선조가 포로로 잡히면 순식간에 항복할 수밖에 없다. 따라서 당시 선조가 도성을 버리고 북쪽으로 달아난 것은 어쩌면 현명한 선택이었을지 모른다.

고려 시대의 공민왕도 홍건적 20만 명이 개성으로 들이치자 몽진하여 안동으로 몸을 피한 적이 있었다. 이후 개성이 회복되자 다시 궁궐로 돌아와 도성을 복구한 뒤, 홍건적을 몰아내고 영토를 확장했다. 만약 이때 공민왕이 개성을 지키기 위해 홍건적과 싸웠더라면 어떻게 되었을까? 백제의 개로왕은 고구려의 장수왕이 대군을 이끌고 공격해왔을 때, 도성을 사수하며 전쟁을 직접 챙겼다. 하지만 백제의 처참한 패배와 개로왕의 죽음 그리고 한성 주변 영토를 고구려에 빼앗기는 결과를 낳았다. 개로왕도 일단 몸을 피해 훗날을 기약하는 것이 현명한 처사가 아니었을까.

사실, 임진왜란 당시 일본군은 공민왕 시절의 홍건적보다 훨씬 전쟁 경험이 풍부하고 명령 체계가 확실한 강력한 부대였다. 거기에 비해 당시 조선 군대는 오랫동안 전쟁 경험이 없었던 오합지졸이었다. 기껏해야 여진족과 국지전을 벌인 경험이 전부였다. 게다가 그런 경험이 있는 군인도 몇 되지 않았고, 여진족과의 전투를 승전으로 이끌었던 이일이나 신립 같은 장수들이 손 한 번 제대로 쓰지 못하고 패전하는 마당이었다. 그런 상황에서 선조가 도성을 지키겠다고 깃발을 들고 나선들 일본군의 상대가 될 리 없었다.

당시 조선이 의존할 군대는 수군과 명나라의 원군밖에 없었다. 일본은 상대적으로 수군이 약했고, 조선은 왜구의 빈번한 출몰로 수군이 강했다. 하지만 보병은 형편없는 수준이었다. 병력을 지휘하던 일부 군관을 빼고는 칼 한 번 제대로 휘둘러보지 못한 병사가 대부분이었다. 그중에 실제로 전쟁터에서 적병을 죽여 본 병사는 만에 하나 될까 말까 한 수준이었다. 병력도 조선은 모두 합해야 5만 명도 되지 않았고, 그것도 전국에 흩어져 있었다. 신립이 일본군과 싸울 때 안간힘을 써서 모은 병력이 불과 8,000명이었다는 사실만 봐도 이는 확연히 증명된다.

이에 비해 일본군은 전쟁 경험이 풍부하고, 당시로써는 가장 발달한 무기인 조총부대까지 있었다. 이렇게 잘 훈련된 16만 명의 병력이 쳐들어왔는데, 조선의 오합지졸이 무슨 수로 당해낼 수 있었겠는가? 더구나 전쟁이라고는 제대로 구경조차 못 해본 선조가 무슨 수로 도성을 사수했겠는가. 만약 선조가 도성을 사수하겠다고 나섰다면 그것은 치기 어린 만용에 불과했고, 그로 인해 조선은 일본의 속국이 되었을지도 모를 일이다.

뛰어난 재치, 발 빠른 임기응변

선조는 사무 처리도 잘했지만, 재치와 임기응변에 능했다. 이와 관련하여 《공사견문록》에 이런 이야기가 전한다.

임금이 왜적을 치러온 명나라 장수와 한강에서 배를 타고 노는 데, 명나라 장수가 이런 말을 하였다.

"이 속에 숨은 용이 있습니다. 우리 장교 중에 잡을 수 있는 자가 있으니, 한번 보시렵니까?"

이에 임금은 이렇게 답했다.

"용이 해가 되는 것도 아닌데 굳이 잡을 거야 있겠소?"

이 말에 명나라 장수가 웃고 말았으니, 대개 중국 사람 중에 요술하는 자가 많은 고로 혹시 속을까 염려함이었지만, 또 잡은 것이 정말 용이라면 처치도 곤란하기 때문이다.

선조의 재치와 관련해서《연려실기술》에는 이런 이야기도 나온다.

계유년에 관학유생이 상소하여 정업원 철폐를 청하니, 임금이 손수 글을 써서 답했다.

"성균관에 있으면서 강론하는 것은 도의요, 기대하는 것은 정자나 주자이니 마땅히 마음을 단련하고 성질을 참아서 갈고 닦아 공경과 의로움으로 안과 밖의 수양을 쌓아야 할 것이다. 그리하여 후에 참선비가 되어서 위로는 임금인 나를 돕고 아래로는 백성에게 혜택을 주어서 정치가 잘 되고 풍속이 아름답게 되면 유학의 도가 쇠락한다든지 이단이 유혹한다든지 하는 것은 염려조차 할 필요가 없을 것이다. 그런데 위나라의 태무제와 같이 중을 죽이고 절을 헐어야 할 것이 있으랴."

정업원은 왕이 죽은 뒤 후궁들이 머무는 절이었다. 후궁들이 이곳에 머문 이유는 여승처럼 살면서 정절을 지키게 하는 데 있었다. 현실적으로 왕실에서는 그런 제도가 필요했으므로 선조는 함부로 정업원을 없앨 수 없다고 판단했다. 그래서 이런 비답을 내렸는데, 그 내용이 매우 합리적이고 현실적이다. 조선이 유학을 중심으로 통치되는 나라였지만, 백성들의 종교는 불교였다. 그러니 불교를 함부로 대할 수 없었다. 그런 현실을 고려하여 불교를 핍박하는 것으로 유학을 드러내는 것보다 유학을 바로 세움으로써 불교보다 우수하다는 것을 증명하는 것이 진정으로 유학을 드러내는 방도라고 일침을 가한 것이다. 가히 뛰어난 학문과 정연한 논리를 갖추지 않고서는 이런 말을 할 수 없을 법하다. 선조의 재치는 사소한 일에서도 유감없이 발휘되었는데,《연려실기술》에는 이와 관련하여 이런 이야기가 소개되고 있다.

> 언젠가 임금이 사용하던 활을 길에서 잃었는데, 법 맡은 관리가 활을 주운 자를 잡아 와 벌주려 하였다. 이에 임금이 이렇게 말했다.
> "이미 잃은 것이니 반드시 주운 자가 있을 것 아니냐."
> 그러면서 석방했다.

임금이 활을 잃어버렸지만, 주운 자는 그것이 임금의 것인지 알지 못했을 것이다. 또 활을 주워 관아에 바치지 않은 것도 잘못이지만, 근본적으로는 잃어버린 자의 잘못이 더 크다. 선조는 그런 점을 헤아려 주운 자를 벌주지 않으면서 임금의 너그러움을 보여주었다. 만약 그 상황에서 소심하게 그 백성을 벌주었더라면 선조는 옹졸한 임금이 되었을 것이다. 그 점을 헤아리고 순간적으로 재치를 발휘하여 자신의 덕도 펼치고 백성을 형벌에서 벗어나게 했다.

무명옷을 입는 검소한 임금

선조는 또 매우 검소한 성품을 지녔는데, 《선조실록》은 이렇게 기록하고 있다.

왕은 성품이 검소하고 화려한 것을 좋아하지 않으며, 사냥하는 등의 오락을 마음에 두지 아니하고, 음식에 육미를 여러 가지로 하지 않으며, 의복은 새것만 입지 않고 빨아서 입으니 비빈들도 사치한 의복을 감히 입지 못하였다. 난리를 겪은 뒤에는 더욱 검소한 것을 바탕으로 삼았으니 궁중에서 밥알 하나라도 땅에 떨어뜨리지 못하게 하며 이렇게 말했다.

"이것이 모두 농부들이 고생해서 얻은 물건인데, 편히 앉아서 먹는 것도 사치스럽거늘 하물며 함부로 없앨 수 있느냐?"

언젠가 나인이 불고기 먹는 것을 보고 이런 말도 하였다.

"소가 없으면 농사를 짓지 못하는데, 사람이 소를 죽이는 것도 매우 인자하지 못한 짓이거늘 하물며 지금은 쓰러지고 부서지고 없는 판이 아니냐. 소 잡는 것을 엄금하여도 오히려 번식시키지 못할까 두려운데, 어찌하여 임의로 도살하게 둘 수 있겠느냐?"

선조의 검소한 성품에 대한 이야기는 이것 말고도 여러 이야기가 전해진다.

"임금의 검소한 덕행은 여러 제왕 중 높이 뛰어났다. 만년에 병이 났을 때 내의가 들어가 진찰했는데, 푸른 무명 요를 깔고 이불은 자주 명주였다. 입은 옷도 굵은 푸른 명주였으며, 약을 마시는 그릇도 백자기에 무늬 없는 것이었고, 흰 책상에 글씨 쓴 병풍이 있을 뿐 방장房帳(겨울에 외풍을 막기 위하여 두르는 휘장) 같은 것도 없었다고 한다."《식소록》)

"비단 어의御衣(임금이 입는 옷)가 없고 수라에도 두 가지 고기가 없었다. 서교西郊에서 명나라 사신을 맞이할 때, 내시가 점심을 올렸다가 물리면 여러 의빈儀賓(임금의 부마)을 불러주시는데, 차린 것은 물에 만 밥 한 그릇과 마른 생선 대여섯 조각, 생강 조린 것, 김치와 간장뿐이었다. 여러 의빈들이 먹고 나니 임금이 '그 남은 것은 싸서 가라. 그것이 예절이니라' 하였다."《공사견문록》)

선조의 이런 검소한 생활 때문에 신하들도 함부로 사치스러운 행동을 하지 못했다.《공사견문록》은 여러 이야기를 전하고 있다.

입시한 대간이 근래에 복색이 화려해진다고 말하자, 임금이 속옷을 헤쳐 보이며 말했다.

"내 옷도 무명을 쓰는데, 신하들의 의복이 나보다 나은 자가 있단 말이냐?"

그러자 여러 신하가 황송하고 부끄러워하며 물러 나왔는데, 그 후로는 사치하는 습속이 사라졌다.

선조는 자식들의 사치스러움도 매우 경계했다.

정숙옹주가 마당이 좁은 것을 싫어하여 임금께 청을 넣었다.

"이웃집이 너무 가까워 말소리가 서로 들리고, 처마가 얕고 드러나서 막히는 것이 없으니, 값을 주시어 그 집을 사게 하여 주소서."

그러자 임금이 이렇게 대답했다.

"소리를 낮게 하면 들리지 않을 것이고, 처마를 가리면 보이지 않을 것이다. 마당이 굳이 넓어야 하느냐? 사람의 거처는 무릎만 들여놓으면 족한 것이니라."

그러면서 굵은 발 두 벌을 주며 말했다.

"이것으로 가리게 하라."

정숙옹주는 선조와 인빈 김씨 사이에서 태어난 옹주였다. 인빈 김씨는 선조가 총애하던 후궁이며, 정숙옹주 역시 선조가 아주 사랑한 딸이었다. 하지만 그 딸의 부탁에도 선조는 검소한 면모를 그대로 드러내고 있다. 대개 자신은 검소하게 살아도 자식은 풍족하게 살게 하는 부모가 많다. 더구나 그 자식이 아주 사랑스러운 자식일 때는 더욱 그렇다. 하지만 선조는 비록 사랑스러운 자식의 일이어도 결코 검소함의 금도禁度를 저버리지 않았다.

재주보다는 행실을 보다

흔히 선조를 질투가 심하고 옹졸한 왕으로 알고 있다. 이는 아마도 이순신을 백의종군하게 한 일 때문일 것이다. 하지만 선조는 인재를 등용하면서 출신보다는 실력을 중시하고, 다양한 인재를 곁에 두길 좋아했다. 그 덕분에 선조 대는 조선 역사상 인재가 가장 많았던 시기였다. 이이, 정철, 류성룡, 이항복, 이덕형, 이순신, 이원익 등 조선을 대표하는 인재들이 모두 선조 대 인물이었는데, 결코 우연이 아니었다.

사실, 이순신을 특별 승진시켜 종6품 현감에서 일약 정3품 당상관인 수군절도사 자리에 앉힌 것도 선조의 결단이었다. 이순신을 전라 좌수사에 임명한 것은 1591년 2월 13일인데, 선조는 이런 명령을 내린다.

"전라 감사 이광은 지금 자헌대부에 가자하고, 윤두수는 호조판서에, 이증李增은 대사헌에, 진도 군수 이순신은 초자超資하여 전라 좌수사에 제수하라."

선조의 명에 '초자'가 나오는데 이 말은 한꺼번에 여러 단계의 품계를 뛰어넘어 승진시키는 것을 뜻한다. 즉, 특별 승진이다. 그때 이순신은 종6품 현감으로 있다가 종4품 진도 군수로 발령이 났는데, 부임 전에 특별 승진을 시켜 정3품 당상관인 좌수사에 제수했으니, 간관들의 반발이 있는 것은 당연했다. 이에 대해 선조는 이런 말로 반발을 무마했다.

"이순신의 일이 그러한 것은 나도 안다. 다만, 지금은 상규에 구애될 수 없다. 인재가 모자라 그렇게 할 수밖에 없었다. 그 사람이면 충분히 감당할 터이니 관작의 고하를 따질 필요가 없다. 다시 논하여 그의 마음을 동요시키지 말라."

선조가 1591년 2월에 이순신을 특진시켜 전라 좌수사로 임명한 것은 매우 중요한 사실이다. 이 시기는 일본으로 떠난 황준길과 김성일이 돌아오기 전이다. 다시 말해 일본이 명나라를 칠 것이니 조선은 길을 비켜달라는 히데요시의 국서가 도착하기 이전이다. 또 부산포 만호가 대마도주로부터 일본이 명나라를 공격할 것이라는 말을 듣기 전이며, 오억령이 현소에게서 같은 내용의 말을 듣기 전이다. 선조는 이때 이미 전쟁에 대비해 이순신을 특진시켜 전라 좌수사로 임명했다. 선조의 폭넓은 인재 등용에 관해서《연려실기술》에는 다음과 같은 이야기가 전한다.

임금은 인재를 등용할 때 모두 제각기 그 직무에 합당하게 썼으며, 유학하는 선비를 더욱 중하게 여겨 혹 헐뜯는 자가 있어도 곡진히 보호하였다. 언젠가 대신들에게 이렇게 말하기도 했다.

"우리나라에는 인재가 적은데, 그 취해 쓰는 방법도 오로지 과거에 있을 뿐이니, 그중에는 과거 보는 것을 달갑게 여기지 않고 산림이 되어 그대로 늙어가는 자도 있을 것이다. 사람을 천거하여 임금을 섬기는 것은 경들의 직무인즉, 마땅히 기특한 재주와 특이한 행실 있는 자를 힘써 구하여 내가 쓰게 하라. 예전에 안영(제나라의 대부)은 그 종을 천거하고, 사안(진나라 재상)은 그 조카를 추천하였으니, 진실로 쓸 만한 사람이라면 친척이라도 겸연쩍게 여기지 말고 미천하다고 버리지 말라."

선조는 뛰어난 인재에 대해 매우 너그러운 편이었다. 심지어 붕당도 인재를 구하는 좋은 수단으로 생각했다. 또 자신이 원하는 인재라고 판단하면 매우 극진하게 대했으며 한번 믿은 신하에 대해서는 신뢰를 저버리지 않았다. 하지만 자신의 눈 밖에 나거나 행실이 불량하다고 판단하는 인물에 대해서는 끝내 마음의 문을 열지 않았다. 《국조보감》에 전하는 이야기다.

경자년에 왕비가 환후로 누우니, 약방에서 여의 애종이 문자도 좀 알고 의술도 그 동류 중에서 제일 낫다 하여 들어가 진찰하기를 청하였더니, 임금이 이렇게 말했다.

"듣건대, 애종이란 계집은 본시 창녀라고 하니, 비록 편작과 같은 의술이 있다고 하더라도 내전에는 출입할 수 없다."

이 기록에서 선조가 애종을 창녀라고 표현한 것은 애종이 기생 노릇을 한 적이 있기 때문이다. 당시 양반들이 의녀를 기생 취급하여 자신들의 잔치에 불러 노래를 부르게 하고 춤을 추게 하는 일이 잦았다. 하지만 이는 의녀들의 잘못이 아니라 양반들의 잘못으로 생긴 풍습이었다. 애종도 아마 그래서 여러 잔치에 불려 다녔던 모양인데, 선조는 이 점을 문제 삼아 왕후 박씨를 진찰하지 못하게 했다. 선조는 아무리 실력이 있더라도 행실이 올바르지 못하면 그 실력을 쓸 수 없다는 생각을 고수했다.

이런 선조의 가치관은 정여립에 대한 태도에서도 명백하게 드러난다. 정여립은 스물두 살에 과거에 급제하여 이이와 성혼에게 가르침을 받고 촉망받는 인재로 세인들의 시선을 끌었다. 하지만 선조는 정여립의 행실이 바르지 못하다고 여겨 좋아하지 않았다. 이이가 이조판서 시절인 선조 16년(1583년) 10월 22일에 정여립의 뛰어난 학문을 높이 평가하여 선조에게 등용하여 쓸 것을 주청했다.

"지금 인재가 적고 문사 중에는 쓸 만한 인물을 얻기가 어렵습니다. 정여립이 많이 배웠고 재주가 있는데, 비록 남을 업신여기는 병통이 있지만, 큰 현자가 아니고서야 어찌 병통 없는 사람이 있겠습니까? 그가 쓸 만한 인물인데, 매번 쓰기를 청하여도 낙점하지 않으시니 무슨 까닭이 있으신지요?"

이에 선조가 이렇게 대답했다.

"이런 자를 어떻게 쓸 수 있겠는가? 대체로 사람을 등용할 때는 그의 명망만 보아서는 안 되고 반드시 일을 시켜본 다음에 알 수 있는 것이다."

선조는 정여립의 학문이 뛰어나고 재주가 많은 것은 인정했지만, 성정이 건방지고 다른 사람을 깔보는 습관이 있으며 무례한 인간이라고 생각하여 몹시 꺼렸다. 당시 정여립은 예조 좌랑으로 정6품 벼슬에 있다가 이듬해인 1584년에 같은 품계의 홍문관 수찬으로 자리를 옮겼다. 이때 경연 자리에서 자신의 스승인 이이를 맹렬하게 공격하고, 이이와 같은 서인인 박순과 정철도 바로 앞에서 공격하였다. 당시 정여립의 비판이 얼마나 대단했던지 정철은 경연 자리에 끝까지 앉아 있지 못할 정도였다.

그런데 정여립이 이이를 비판할 당시 이이는 이미 죽고 없었다. 이이는 1584년 1월에 죽었는데, 선조는 정여립이 의리를 저버리고 죽은 스승을 헐뜯는다고 하여 그를 몹시 미워하였다. 또 정여립은 서인에서 동인으로 당을 바꾸었는데, 선조는 이를 변절로 규정하고 여러 차례 그를 불러 꾸지람하였다. 그 때문에 정여립은 벼슬을 버리고 낙향하였고, 결국 나중에 역적으로 몰려 죽게 된다.

후궁의 야망

선조는 두 명의 왕비와 아홉 명의 후궁에게서 적자녀 1남 1녀와 서자녀 13남 10녀를 얻어 총 14남 11녀의 자녀를 두었다.

첫 왕비 의인왕후 박씨는 선조 재위 2년인 1569년 나이 열다섯에 왕비로 간택되어 입궐했다. 하지만 그녀는 아이를 생산하지 못해 왕비로서 큰 영향력을 행사할 수 없었다. 선조에게 첫아이를 안겨다 준 여인은 후궁인 공빈 김씨였다. 그녀는 임해군과 광해군 형제를 낳았다. 맏아들 임해군 진을 낳았던 1572년에 김씨의 나이는 스무 살이었다. 그리고 3년 뒤에 차남 광해군 혼을 낳았다. 선조는 두 아들을 안겨다 준 그녀를 무척 사랑했다. 하지만 광해군 혼을 낳은 뒤, 공빈 김씨는 시름시름 앓기 시작하더니 2년 만인 1577년에 숨을 거두고 말았다. 죽기 전에 그녀는 누군가가 자신을 몹시 질투하여 저주하고 있다는 말을 남겼다. 그 누군가는 또 다른 후궁인 인빈 김씨였다.

공빈 김씨는 선조에게 첫사랑이었다. 그녀에 대한 선조의 사랑이 지극하여 다른 후궁들은 아예 거들떠보지도 않을 정도였다. 그 때문에 그녀가 떠난 뒤에도 선조는 쉽게 다른 여자에게 마음을 열지 못했다. 그때 선조의 슬픔과 외로움을 달래준 여인이 바로 인빈 김씨였다. 그녀는 공빈을 심하게 질투를 하던 여인이었지만, 선조는 그 사실을 알지 못했다.

공빈의 죽음으로 쓸쓸한 마음을 달랠 길 없던 선조에게 그녀가 지극 정성으로 다가오자 선조 또한 그녀에게 마음을 열었다. 이후 선조의 총애를 한몸에 받은 인빈은 왕자 넷과 옹주 다섯을 낳았다. 이렇듯 인빈에 대한 선조의 사랑이 깊어지자 공빈 소생 임해군과 광해군은 찬밥 신세가 되었다. 인빈은 그런 상황을 이용하여 어떻게 해서든 자신의 소생으로 왕위를 계승케 하려는 야망을 품고 있었다. 어차피 의인왕후 박씨는 아이를 낳지 못하므로 서자 중 하나가 왕위를 계승해야 했다.

하지만 인빈의 그런 야망을 여지없이 꺾어버리는 일이 일어났다. 1588년에 그녀의 첫아들 의안군이 열세 살의 어린 나이로 사망한 것이다. 그러자 그녀는 다시 둘째 신성군 후를 세자로 삼을 계획을 세웠디. 선조 역시 신성군에 대해 남다른 애정을 보였고, 내심 그를 세자로 낙점하고 있었다. 당시 조정의 대신들은 세자를 빨리 세워 국가 대계를 세워야 한다는 의견이었다. 그래서 좌의정 정철, 우의정 류성룡, 영의정 이산해 등의 대신들은 선조에게 세자 세우는 문제를 건의하기로 합의했다. 하지만 세자 책봉에 대해 대신들의 합의가 쉽게 이뤄지지 않아 차일피일 미뤄졌다.

당시 세자 책봉 문제를 계속 미뤄왔던 인물은 영의정 이산해였다. 동인의 영수였던 이산해는 이 문제를 이용하여 서인의 영수 정철을 제거하려는 모략을 꾸미고 있었다. 이산해는 인빈의 오빠 김공량과 친했던 터라 선조가 신성군을 세자감으로 염두에 두고 있음을 알았다. 그래서 하루는 김공량과 술을 마시기로 하고 먼저 자기 아들 경전을 김공량의 집에 가게 했다. 그러고는 곧이어 자신의 종으로 하여금 경전의 뒤를 쫓아가게 해 이렇게 말하게 했다.

"대감께서 막 오시려고 하다가 별안간 어떤 소문을 듣고는 문을 닫고 눈물만 흘리고 계시니 어찌 된 연유인지 모르겠습니다."

그 말을 듣고 이경전이 급히 일어나 집을 다녀와서는 김공량에게 이렇게 말했다.

"부친께서 정정승이 장차 세자 세우기를 청하고, 세자가 세워지면 신성군 모자를 없애버리고자 한다는 말을 들으신 까닭에 어찌할 줄 모르고 계십니다."

그러자 김공량이 급히 입궐하여 인빈에게 그 말을 전하니, 인빈

이 선조를 찾아가 울면서 하소연하였다.

"정정승이 우리 모자를 죽이려 한답니다."

선조가 그 말을 듣고 놀라 물었다.

"무슨 까닭으로 너희 모자를 죽인다고 하더냐?"

"먼저 세자 세우기를 청한 뒤에 죽인다고 한답니다."

선조가 인빈의 말을 믿고 정철에 대해 분노하고 의심했는데, 이런 내막을 전혀 몰랐던 정철은 경연 자리에서 세자 세우는 문제를 의논하자고 제의하였다. 그러자 선조가 무섭게 화를 내며 소리쳤다.

"내가 살아있는데, 세자 세우기를 청하니, 어쩌자는 것이냐?"

선조가 무섭게 분노하자, 사헌부와 사간원 양사에서 정철을 탄핵했고, 결국 정철은 유배되고 말았다. 이것이 1591년에 일어난 '건저의 사건'이다.

내키지 않는 세자 책봉

이 사건 후, 한동안 세자 책봉 문제는 거론되지 않았다. 그런데 이듬해 임진왜란이 발발했다. 전쟁 중에 무슨 사태가 벌어질지 알 수 없어 세자를 책봉하지 않으면 안 되는 상황이 되었다. 전쟁 중에는 조정을 나눠야 하는 분조 사태가 일어날 수 있었다. 그 때문에 선조는 마음에 두고 있던 신성군을 세자로 책봉하지 못했다. 당시 신성군의 나이 불과 열다섯 밖에 되지 않았으므로 분조를 감당할 수 없으리라고 판단했다. 그래서 선조는 별수 없이 광해군 혼을 선택했다. 당시 광해군도 열여덟 살밖에 되지 않았으나 맏아들 임해군이 성격과 자질 문제로 제왕감이 되지 못한다는 것이 선조의 판단이었다. 그래서 학문도 게을리하지 않고 총명하다는 평판을 얻고 있던 광해군을 선택했다.

하지만 선조가 광해군을 선택한 것은 어디까지나 임시방편이었다. 광해군을 선택했지만, 선조는 여전히 신성군을 염두에 두고 있었다. 그런데 전쟁 중에 변수가 생겼다. 선조가 내심 세자로 책봉하려 했던 신성군이 피난 중에 의주에서 사망한 것이다. 그 때문에 세자 자리는 광해군에게 완전히 넘어가고 말았다. 하지만 선조는 여전히 광해군을 내키지 않아 했다.

적자 승계 과욕이 부른 참사

1600년 6월 27일, 선조의 왕비 의인왕후 박씨가 사망했다. 그리고 그녀의 삼년상이 끝나자, 선조는 1602년에 쉰한 살의 나이로 새 왕비를 맞아들였다. 선조의 두 번째 왕비가 된 여인은 김제남의 딸

인목왕후 김씨였다. 김씨는 당시 열아홉 살이었는데, 그녀는 입궐하자마자 임신하여 이듬해 정명공주를 낳았다. 그리고 3년 뒤인 1606년에 선조가 오매불망 기다리던 적자를 낳았다.

젊은 왕비에게 적자 영창대군 의를 얻은 선조는 기뻐서 어쩔 줄 몰랐지만, 마음은 복잡했다. 사실, 선조에게는 '서자 콤플렉스'가 있었다. 그의 아버지 이초는 중종의 서자였고, 그는 명종의 양자로 입적해 왕위를 계승한 처지였다. 말하자면 방계승통이었는데, 이것은 항상 그의 아킬레스건으로 작용했다. 그런 까닭에 그는 왕위 계승만큼은 적자에게 하고픈 열망이 매우 강했다.

하지만 불행하게도 정비 의인왕후 박씨는 아이를 낳지 못했다. 그래서 별수 없이 서자인 광해군을 세자로 책봉할 수밖에 없었는데, 뒤늦게 적자를 얻었으니 그의 마음이 복잡할 수밖에 없었다. 이미 광해군이 세자로 책봉되어 있어서 그를 폐위하지 않고는 적자를 세자로 세울 수 없었고, 적자를 세자로 세우자니 너무 어렸다. 게다가 이런 속내를 들킨 상태에서 자신이 죽는다면 어린 적자의 앞날은 불을 보듯 뻔했다.

사실, 인목왕후가 영창대군을 낳았을 무렵에 선조는 자주 아팠다. 때론 혼절할 정도였다. 그래서 머지않아 생을 마감하게 될 것이라고 스스로 짐작하고 있었다. 그러니 영창대군에 대한 애정을 잘못 드러내면 그것이 곧 그 아이를 죽이게 될 것이었다. 하지만 그는 늘그막에 낳은 적자에 대한 애정을 숨기지 못했다.

그 무렵부터 조정에서는 적자인 영창대군에게 왕위를 잇게 해야 한다는 말이 흘러나오기 시작했다. 특히 소북파에서 은밀히 그런 모의가 진행되었다. 그 모의의 중심에는 영의정 유영경이 있었다.

하지만 선조의 병세는 날로 깊어졌다. 그 때문에 정사를 제대로 돌볼 수 없는 지경에 이르렀다. 1607년 10월에는 세자에게 섭정 명령을 내렸지만, 유영경의 반대로 무산되었다. 이후로 선조는 유영경을 더욱 믿고 의지했다.

이렇게 되자 폐위될 것을 염려한 광해군은 유영경의 음모를 저지하려고 총력전을 펼쳤다. 그 과정에서 대북파와 손잡고 대북의 영수 정인홍에게 유영경을 탄핵하는 상소를 올리게 했다. 하지만 상소문을 접한 선조는 유영경을 옹호했다. 그야말로 세자를 폐하겠다는 내심을 노골적으로 드러낸 셈이었다. 심지어 병구완을 위해 온 광해군에게 이런 말도 하였다.

"중국의 책봉도 받지 못한 주제에 왜 세자라고 하는가? 앞으로 문안하러 올 필요 없다."

선조의 이 말은 광해군을 세자에서 폐위시키겠다는 말이나 진배없었다. 하지만 이 말이 자기가 그토록 아끼고 애틋하게 여기던 적자 영창대군을 사지로 내몰 줄은 몰랐을 것이다. 선조는 광해군을 침실에서 내쫓은 지 불과 며칠 만에 유명을 달리하고 말았다. 그리고 냉대받던 아들 광해군이 왕위에 오르자, 그가 그토록 아끼던 적자 영창대군은 아홉 살의 어린 나이로 생을 끝내야 했다. 적자 승계에 대한 아비의 지나친 욕심이 결국 적자를 죽음으로 내몰았다.

제10장

15대

광해군

가련한 영웅,
고독한 실리주의자

광해군의 가계도

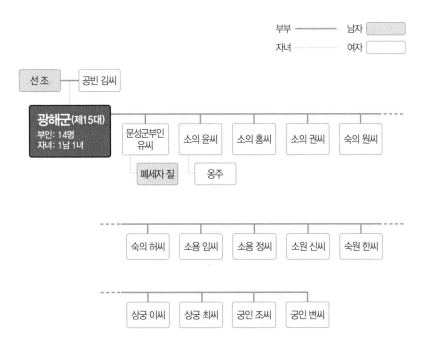

부부 ——— 남자 ▨▨▨

자녀 ········· 여자 ▢▢▢

선조 —— 공빈 김씨

광해군(제15대)
부인: 14명
자녀: 1남 1녀

문성군부인 유씨 — 소의 윤씨 — 소의 홍씨 — 소의 권씨 — 숙의 원씨

폐세자 질 — 옹주

숙의 허씨 — 소용 임씨 — 소용 정씨 — 소원 신씨 — 숙원 한씨

상궁 이씨 — 상궁 최씨 — 궁인 조씨 — 궁인 변씨

엄마 없는 설움 딛고 홀로 일어선 아이

1575년 4월 26일, 선조의 첫사랑 공빈 김씨가 왕자 혼(광해군)을 낳았다. 하지만 김씨는 산욕열이 너무 심하여 혼을 생산한 뒤에 줄곧 앓아누워 있었다. 그리고 2년 뒤인 1577년 5월 27일에 결국 몸이 허약해질 대로 허약해져서는 사망하고 말았다.

김씨가 죽었을 때 혼은 겨우 두 돌을 넘긴 상태였다. 김씨가 산욕열로 죽었으니 혼은 시쳇말로 어미를 잡아먹고 태어난 아이가 된 셈이다. 하지만 선조는 혼을 미워하지는 않았다. 공빈 김씨는 죽음이 임박하자, 선조에게 이런 하소연을 하였다.

"궁중에 나를 원수로 여기는 자가 있어 나의 신발을 가져다가 내가 병들기를 저주하였는데도 상이 조사하여 밝히지 않았습니다. 그러니 내가 오늘 죽더라도 이는 상이 그렇게 시킨 것으로 알겠습니다. 하지만 죽어도 감히 원망하거나 미워하지는 않겠습니다."

공빈이 죽자, 선조는 매우 슬퍼하여 한동안 후궁들을 일절 접촉하지 않았다. 또 후궁들이 가까이 오면 매우 무섭게 굴어 아무도 함부로 접근하지 못했다. 그러나 선조의 이런 태도는 오래 가지 않았다. 이에 대해《광해군일기》는 이런 기록을 남기고 있다.

> 상이 심히 애도하여 궁인을 만날 적에 사납게 구는 일이 많았다. 소용 김씨(인빈)가 곡진히 보호하면서 공빈의 묵은 잘못을 들춰내자, 상이 다시는 슬픈 생각을 하지 않으면서 이런 말을 했다.
> "제가 나를 저버린 것이 많다."
> 이로부터 김소용이 은총을 입어 방을 독차지하니 전에 비할 바가 아니었다.

부왕 선조가 공빈에 대한 애착을 접고 인빈을 총애하면서 소년 혼의 처지는 천애 고아 신세나 다름없게 되었다. 그나마 죽은 어머니에 대한 부왕의 사랑 덕분에 천덕꾸러기 신세는 면했는데, 생모를 극히 미워하는 인빈 김씨가 부왕의 사랑을 독차지하게 되면서 소년 혼은 위태로운 처지에 놓이게 됐다. 거기다 세 살 위의 형 이진(임해군)은 성격이 난폭하고 우둔하여 의지할 만하지 않았다.

그런데도 광해군 혼은 비뚤어지지 않았다. 혼은 공부를 좋아하고 예의 바른 소년이었다. 소년 혼과 그의 형 임해군 진에게 학문을 가르친 이는 윤영현과 하락이었다. 그들은 생원시에 장원하여 왕자들의 사부로 발탁되었는데, 진은 학문을 등한시했지만, 혼은 명민하여 그들의 가르침을 잘 알아듣고 열중하였다.

혼이 학문에 남다른 재주를 보인다는 소리를 듣고 부왕 선조도 좋아하였고, 또 자식을 낳지 못했던 왕비 박씨(의인왕후)도 좋아했다. 그래서 조정 대신들은 선조의 장자 임해군 이진을 제쳐놓고 왕자 혼을 세자 재목으로 여겼다.

이렇게 되자 선조의 총애를 받던 인빈 김씨는 혼을 눈엣가시처럼 여겼다. 그녀는 어떻게 해서든 자기 소생을 세자로 삼고자 했다. 그래서 광해군을 세자로 세우려던 정철을 모함하여 '건저의 사건 建儲議事件'을 일으켰다. 이 일로 정철은 유배되었고, 광해군의 세자 책봉은 물 건너가는 듯했다. 그러나 임진왜란이 발발하자 광해군이 결국 세자로 책봉되었다. 세자 책봉 당시 열여덟 살이던 광해군에 대해 선조는 이렇게 평가했다.

"중궁의 춘추가 많지 않기에 일부러 세자를 일찍 정하지 않았다. 그러나 지금 국가의 형세가 이와 같으니 여러 사람의 의논을 따르는 것이 마땅하다. 광해군은 총명하고 효성스럽고 공경할 줄 아니 봉하여 세자로 삼아라."

이에 대해 《광해군일기》는 "광해군은 행동을 조심하고 학문을 부지런히 하여 중외 백성들의 마음이 복속하였으므로 상이 가려서 세웠다"고 기록하고 있다. 비록 엄마 없이 눈칫밥을 먹으면서 자랐지만, 광해군은 훌륭한 청년으로 성장했다.

영웅의 풍채에 위인의 기상

세자에 책봉될 당시 광해군은 불과 십 대 소년에 불과했지만, 대담하고 뛰어난 지략이 있었다. 임진왜란 당시인 1593년에 명나라 경략을 맡았던 송응창은 광해군에 대해 이런 평가를 했다.

"지금 들건대 왕의 둘째 아들 광해군이 영웅의 풍채에 위인의 기상이 드러나 준수하고 온화하며 어린 나이에 재능이 뛰어나다고 합니다. 그러니 제 생각에는 나라의 기업을 새로 회복하는 이때 광해군이 전라·경상·충청도를 차례로 순찰하면서 크고 작은 일을 막론하고 모두 그의 결재를 받도록 하여 군병을 선발할 때 반드시 친히 검열하게 하면 연약한 자가 감히 끌려와서 섞이지 않을 것입니다."

또 당시 명나라 총병總兵(병력을 총괄하는 지휘관) 유정도 광해군의 뛰어난 지략에 대한 소문을 듣고 선조에게 이런 글을 올렸다.

"앞으로의 대책을 마련한 내용 중에는 세자 광해군 이혼은 청년으로서 자질이 영발하여 온 나라의 신민이 모두 경복하므로 이미 국왕에게 자문을 올려 빨리 세자를 재촉해서 전라도와 경상도로 내려가 머물면서 본진과 같이 협력하여 모든 일을 경리하는 것이 당금의 제일 중요한 것이라고 하였습니다. 세자 광해군은 나이가 젊고 지기가 특출하다는 것은 직접 이야기를 나누어 보지는 않았으나 이미 소장에서 밝혀졌습니다. 더구나 떠도는 잔약한 상황이 되었으니 흉적을 제거하고 치욕을 씻을 마음이 없겠습니까. 정돈해야 할 일이 너무 많으니 마땅히 와신상담의 뜻이 간절할 것입니다. 일이 군무에 관계된 것이니 마땅히 서둘러 행해야 할 것이므로 이렇게 이자移咨(외교 문서를 보냄)하는 것입니다. 귀국에서는 이 뜻을 잘 이해하고 속히 세자 광해군에게 배석할 신하를 대동하고 밤낮으로 달려가서 본진의 명령에 따라 군무를 숙련하고 병법을 강습하여 국가를 보전할 계책을 세우게 하는 것이 사실상 본국이 장래에 태평을 누릴 수 있는 복이 될 것입니다."

당시 조선에 온 명나라 사신은 선조에게 이런 말을 하기도 했다.

"어제 광해군을 보니 용안이 특이하였고 또 신민이 다 추대한다고 하니, 국왕을 위하여 훌륭한 아들이 있는 것을 경하하고 또 국왕의 선대를 위하여 경하합니다."

무리한 왕후 추존

광해군은 얼굴도 모르는 생모 공빈 김씨에 대한 그리움과 애틋함이 남달랐다. 그 때문에 왕위에 오른 뒤에 다소 지나친 결단을 내리게 되는데, 그것은 생모 공빈 김씨를 왕후로 격상하고 김씨의 묘를 능으로 조성한 일이었다. 조선 왕조 창업 이래 죽은 후궁을 왕후로 추존한 예는 없었고, 후궁의 묘를 능으로 격상하는 일도 없었다. 그런데도 광해군은 이런 전례를 무시하고 즉위 직후인 1608년부터 이 일을 추진하였다.

이때 이항복이 죽은 후궁을 왕후로 추존하는 것은 예법에서 벗어나니 하지 말 것을 요청했지만, 광해군은 요지부동이었다. 예조에서는 타협책으로 이런 글을 올렸다.

"의인왕비께서 아들이 없어 선왕께 의논하여 여러 왕자 중에서 전하를 후사로 삼은즉, 의인왕비가 이미 전하의 어머님이십니다. 그래서 신 등의 논의로는 다만 공빈이라는 본래 지위 그대로 하면 추존하는 실상이 없을 것 같고 높여서 모후와 같이하면 높은 이가 둘이 되는 혐의를 만들게 될 것입니다. 우리나라에서는 생시에는 왕비라고 하고 돌아가신 뒤에는 왕후라고 하는데, 후와 비 사이에 약간의 등급 차별이 있습니다. 이제 공빈을 추존하여 비로 삼아서 황후보다는 조금 낮추는 뜻을 보이며 휘호를 올리고 별묘에 모셔 제향祭享하는 예의를 극히 융성하게 하는 것이 어떻겠습니까?"

나름 신하들이 의논하여 이런 타협책을 만든 것인데, 이 역시 광해군은 거절하였다. 그리고 그런 논란으로 계속 세월이 흐르자, 광해군은 삼사의 관원들에게 이런 말을 하였다.

"생모를 추숭하는 데 벌써 3년이 지났으니 늦기도 하여라."

광해군이 이 말을 한 것은 재위 2년이었으니, 즉위 3년째 되는 때였다. 어쨌든 이렇게 광해군이 공빈을 추존하여 왕후로 높이는 것에 집착하자, 당시 조정 대신들은 광해군의 최측근이자 실세였던 이이첨에게 왕을 좀 만류해보라고 권했다. 그러자 이이첨은 왕의 의지가 너무 강해서 자기도 어쩔 수 없다며 고개를 내저었다.

이렇게 해서 결국 광해 2년 3월 29일에 생모 공빈 김씨를 자숙단인공성왕후慈淑端仁恭聖王后로 추존하고 묘를 능으로 격상하여 성릉이라고 하였다. 이에 대해 사관은 이런 비판을 남기고 있다.

"사신은 논한다. 공성왕후는 선왕으로 보면 측실이고 의인왕후로 보면 서첩이다. 그런데 지금 왕이 사정을 좇아 천리를 무시한 채 하루아침에 높여서는 안 되는 지위로 높여, 시호를 후后라 하며 묘를 전殿이라 하고 인산因山을 능陵이라 하여, 40년간 대궐의 안주인이자 온 나라에 어머니로서의 본보기가 되었던 의인왕후와 대등하게 하였다. 이는 측실로서 지존과 짝하고 서첩으로서 정후正后와 대적하는 것이니, 이보다 더한 참란僭亂이 어디에 있겠는가.

왕이 의인왕후의 아들이 되어 종묘사직을 주관하게 되면, 어떻게 자기를 낳아준 사사로운 은혜 때문에 계통의 대의를 가릴 수 있겠는가. 한나라 소제와 송나라 인종도 이 때문에 많은 비난을 받았으니, 신하가 되어 임금을 섬기는 자는 예禮가 아닌 일을 하도록 임금을 인도해서는 안 된다. 그러하면서 '옛사람 중에도 이렇게 행한 자가 있었다'고 변명하니, 아! 동방 수천 리에 인륜이 다 무너져버린 것이다. 그런데도 묘당廟堂과 대각臺閣은 한마디 말이라도 꺼내어 바로잡은 일이 전혀 없으니, 아첨하여 잘 보이려는 신하를 어찌 벌줄 가치나 있겠는가."

이렇게 해서 공빈의 묘는 성릉이 되어 왕후의 예에 따라 다시 조성되었다. 하지만 이것이 끝이 아니었다. 광해군 하면 친형 임해군과 이복동생 영창대군을 죽이고, 계모 인목대비를 서궁에 유폐시킨 일이 떠오를 것이다. 광해군이 이런 일을 벌인 것은 왕좌에 대한 불안감 때문이었다. 선조 이후 적자가 아닌 서자가 왕위를 계승하여 방계승통이라는 오점을 남긴 데다가 임진왜란이 발발하여 민간에 이씨 시대가 가고 정씨 시대가 올 것이라는 소문이 파다했다. 게다가 광해군 역시 서자였고, 세자 책봉 과정에서 형을 제치고 선택된 터라 명나라의 허락도 얻지 못했다. 설상가상으로 유영경의 모략으로 선조의 선위 교서를 받지 못해 인목대비의 언문 교지로 겨우 왕위를 넘겨받은 처지였다. 이 때문에 광해군은 왕위에 대한 극도의 불안감에 휩싸였고, 그 결과 임해군과 영창대군을 죽이고 인목대비를 유폐시키는 사태가 벌어졌다.

광해군의 이런 행동은 패륜으로 간주되었고, 서인과 인조는 이를 명분으로 광해군을 내쫓았다. 광해군이 내쫓긴 후, 성릉은 다시 후궁의 묘로 축소되었다. 이와 관련한 이야기가《계곡집》에 다음과 같이 전한다.

선조 10년에 공빈 김씨가 죽어서 풍양현 적성동에 있는 조씨의 시조인 조맹의 무덤 뒤 30보쯤 되는 곳에 장지를 정했다. 그랬더니 조씨의 후손이 자기의 선조 무덤과 너무 가깝다는 이유로 상소를 올려서 호소하였다. 이에 선조는 이렇게 대답했다.

"공빈의 선대가 조씨의 외손이니 그대로 장사하라."

광해 2년에 공빈을 추존하여 후로 삼고 그 무덤을 성릉이라 하였으며, 능 근처에 있는 무덤은 모두 파내게 했다. 그러자 대신이 말했다.

"조공의 묘는 이미 오래되어 팔 수 없습니다."

그러자 봉분을 깎아 평평하게 만들어버렸다.

인조 경오년에 조씨의 후손이 상소를 올려서 말했다.

"성릉이라는 휘호를 이미 폐하였으니, 신의 조상 묘는 봉축을 복구하는 것이 마땅합니다."

인조는 이에 윤허하였다.

이렇듯 공빈의 묘는 광해군의 입지에 따라 부침이 심하였다. 광해군이 능으로 조성하여 확대했지만, 그가 쫓겨나자 다시 축소되어 후궁의 묘가 되었으니, 광해군의 모든 노력이 허사가 되었다. 광해군은 쫓겨난 뒤에 자신의 무덤을 어머니 공빈 옆에 마련해줄 것을 소원했는데, 이에 대해《연려실기술》에 이런 기록이 남아 있다.

천계 계해년에 폐위되니 왕위에 있은 지 15년이었다. 강화에 방치되었다가 갑자년에 이괄의 난으로 인하여 태안으로 옮겼고, 반적이 평정된 다음 해에 강화에 돌아왔다. 병자년 겨울에 교동도로 옮겼다가 정축년 2월에 제주로 옮겼다. 신사년에 죽었는데, 예순일곱 살이었다. 양주 적성동 해좌에 장사지냈는데, 공빈의 무덤과는 소 울음소리가 들릴 만한 거리였다.

아들·며느리와 아내의 죽음

반정 세력이 난을 일으켜 대궐을 장악했을 때, 광해군은 누가 난의 주동자인지 알지 못했다. 광해군은 막연히 권력을 독점하고 있던 이이첨이 난을 일으킨 것으로 생각했다. 어쨌든 광해군은 난이 일어났다는 소리를 듣고 북문으로 담을 넘어 달아났다. 그리고 도주 중에 정몽필을 만났는데, 그는 광해군이 믿고 의지하는 개시 김 상궁의 양자였다. 정몽필은 광해군에게 말을 내주며 달아나게 했다. 광해군은 자신이 총애하던 안국신의 집으로 가서 상중에 입는 흰 개가죽 남바위와 짚신 차림으로 변장하여 달아나려 했지만, 의원 정남수의 고발로 잡혀서 폐위되고 말았다.

폐위 후 광해군과 폐비 유씨, 폐세자 질과 폐세자빈 박씨 등 네 사람은 강화도에 위리안치되었다. 이들을 강화도에 유폐시킨 것은 그곳이 감시하기에 쉬운 곳이었기 때문이다. 하지만 반정 세력은 이들 네 사람을 한 곳에 두지 않았다. 광해군과 유씨는 강화부의 동문 쪽에, 세자와 세자빈은 서문 쪽에 각각 안치했다. 이들이 안치되어 울타리 안에 갇혀 살기 시작한 지 두 달쯤 후에 폐세자는 사약을 받고 세자빈은 자살하는데, 그 과정이 기이하다.

당시 20대 중반이던 이들 부부는 아마 강화도 바깥쪽과 내통하려고 한 것 같다. 세자 질은 어느 날 담 밑에 구멍을 뚫어 밖으로 빠져나가려다 잡히는데 그의 손에는 은 덩어리와 쌀밥 그리고 황해도 감사에게 보내는 편지가 있었다. 짐작건대 그는 은 덩어리를 뇌물로 사용해 강화도를 빠져나가려 했던 것 같다. 그리고 황해도 감사에게 모종의 내용을 담은 편지를 전달하려 했을 것이다. 세자 질이 황해도 감사에게 전달하려 했던 편지의 내용이 무엇인지는 알 수 없지만, 추론컨대 자신을 옹호하던 평양 감사와 모의하여 반정 세력을 다시 축출하려고 시도하지 않았겠는가. 이 때문에 인목 대비와 반정 세력은 그를 죽이기로 했고, 결국 사약을 내렸다.

세자빈 박씨도 이 사건으로 죽었다. 박씨는 세자가 울타리를 빠져나갈 때 나무 위에 있었다고 하는데 이는 세자가 빠져나갈 때 망을 보고 있었던 것으로 생각된다. 하지만 세자가 탈출에 실패하여 다시 안으로 붙잡혀 오는 것을 본 그녀는 놀라서 그만 나무에서 떨어졌다. 이후 그녀는 유배지에서 목을 매 스스로 목숨을 끊었다.

이렇게 장성한 아들과 며느리를 잃은 광해군은 1년 반쯤 뒤에 아내 유씨와도 사별하게 된다. 폐비 유씨는 한때 광해군의 중립 정책을 이해할 수 없는 처사라고 하면서 대명大命 사대 정책을 주청하기도 했다. 그리고 광해군이 폐위되자 궁궐 후원에 이틀 동안 숨어 있으면서 인조반정이 종묘사직을 위한 것이 아니라 몇몇 인사의 부귀영화를 위한 것이라고 비판했다. 그만큼 그녀는 나름대로 성리학적 가치관이 뚜렷한 여자였다. 이와 관련하여 《공사견문록》은 이렇게 기록하고 있다.

반정하던 날 폐비 유씨가 수십 명의 궁녀와 함께 밤을 타서 후원 어수
당에 숨어 있었다. 군사가 몇 겹으로 둘러쌌는데, 이틀 만에 유씨가 이
렇게 말했다.

"내 어찌 숨어서 살기를 꾀하겠는가?"

그리고 궁인을 시켜 "중전이 여기에 있다"고 외치게 하였다. 하지만
궁인들이 모두 두려워 감히 나서지 못하는데, 한씨 성을 가진 보향이
라는 여인이 자청하여 계단 위에 나서서 소리쳤다.

"중전이 여기 있다!"

대장이 그때 교의에 걸터앉아 있다가 일어나서 군사들에게 진을 조금
물리게 하였다. 보향이 유씨의 뜻을 받아 물었다.

"주상은 이미 나라를 잃었으니, 새로 선 분은 누구요?"

대장이 말하였다.

"선조대왕의 손자인데, 누구라고 감히 말하지 못합니다."

그러자 또 물었다.

"오늘 이 일이 종묘사직을 위한 일이오? 부귀를 위한 일이오?"

대장이 말했다.

"종묘사직이 거의 망하게 되었기 때문에 우리가 새 임금을 받들어 반
정하지 않을 수 없었으니, 어찌 스스로 부귀를 위한 것이겠소?"

보향이 말했다.

"의거라고 칭한다면 어찌 전왕의 비를 굶겨 죽이려고 하오?"

그러자 대장이 듣고 즉시 인조에게 아뢰어 조석 음식을 퍽 후하게 주
었다.

그러나 유씨는 붙잡힌 뒤 유배 생활을 하면서 화병을 얻고 말았다. 도저히 자신이 당한 현실이 믿기지 않아서였다. 그녀는 유배 생활 1년 7개월 만인 1624년 10월에 생을 마감했다. 폐비 유씨는 불교를 믿었는데, 대궐 안에 부처를 모셔놓고 이런 기도를 했다고 한다.

"후생에는 임금의 집 며느리가 되지 않게 하소서."

18년의 귀양 생활

아들과 며느리 그리고 아내마저 죽자 광해군의 가족은 박씨 일가로 시집간 옹주 한 사람밖에 남지 않았다. 하지만 광해군은 초연한 자세로 유배 생활에 적응해서 그 이후로도 18년 넘게 생을 이어갔다. 이 과정에서 그는 몇 번 죽을 고비를 넘겼다. 광해군에게 아들을 잃고 서궁에 유폐되었던 인목대비는 그를 죽이려고 혈안이 되어 있었고, 인조 세력 역시 왕권에 위협을 느낀 나머지 몇 번이나 그를 죽이려고 시도한다. 그러나 반정 이후 다시 영의정에 제수된 남인 이원익의 반대와 광해군을 따르던 관리들에 의해 살해 기도는 성공을 거두지 못하였다.

1624년 이괄의 난이 일어나자 인조는 광해군의 재등극이 염려스러워 그를 배에 실어 태안으로 이배移配시켰다가 난이 평정되자

▶ 광해군 묘. 경기도 남양주시에 있다. 권태균 사진

다시 강화도로 데려왔다. 1636년에는 청나라가 쳐들어와 광해군의 원수를 갚겠다고 공언하자 조정에서는 또다시 그를 교동에 안치했으며, 이때 서인 계열의 신경진 등이 경기 수사에게 그를 죽이라는 암시를 내리지만, 경기 수사는 이 말을 따르지 않고 오히려 그를 보호했다. 그리고 이듬해 조선이 완전히 청에 굴복한 뒤 그의 복위에 위협을 느낀 인조는 그를 제주도로 보내버렸다.

광해군은 제주로 떠날 때, 자기의 유배지가 어딘지도 몰랐다. 광해군이 배 위에 올랐을 때, 그가 주변을 보지 못하도록 사방에 휘장이 쳐져 있었다. 그리고 마침내 제주에 배가 닿자 가려진 휘장이 내려졌다. 그때 광해군이 이곳이 어디냐고 묻자 호송하던 별장이 그때야 제주도라고 답했다. 제주도라는 말을 듣고 광해군은 크게 절망하며 이렇게 한탄했다.

"내가 어쩌다 여기까지 왔을까? 어쩌다 여기까지 왔을까?"

이후 광해군은 제주 땅에서 초연한 자세로 남은 생을 이어갔다. 자신을 데리고 다니는 별장이 상방을 차지하고 자기는 아랫방에 거처하는 모욕을 당하면서도 묵묵히 의연한 태도를 보였다. 심부름하는 나인이 '영감'이라고 호칭하며 멸시해도 이에 대해 전혀 분개하지 않고 말 한마디 없이 굴욕을 참고 견뎠다. 그리고 1641년, 귀양 생활 18년 만에 생을 마감했다. 그의 나이 예순일곱이었다.

광해군은 부왕을 독살했는가?

1623년 인조반정으로 광해군이 내쫓긴 뒤, 인목대비는 선조가 광해군에 의해 독살되었다고 주장했다. 당시 독살의 주범으로 지목된 이는 광해군과 이이첨 그리고 개시 김 상궁이었다. 인목대비는 광해군이 올린 약밥을 먹고 선조가 죽었다고 주장했는데, 인조는 이에 대해 이런 말로 독살설을 받아들이지 않았다.

"당시 선조께서 위독하실 때 내가 처음부터 끝까지 모셨기 때문에 이 일을 상세히 알고 있다. 대개 선왕께서 와병하신 후에 맛있는 음식을 생각할 즈음에 동궁에서 마침 약밥이 왔는데 과하게 잡수시고 기가 약해져 돌아가셨다. 중간에 어떤 농간이 있었다는 말은 실로 밝히기 어렵다."

인조가 이렇듯 선조의 독살설을 인정하지 않았지만, 항간에는 여전히 선조가 광해군 세력에 의해 독살되었다는 소문이 나돌았다. 또 독살의 주범으로는 항상 개시 김 상궁과 이이첨이 지목되었다. 개시 김 상궁을 독살의 주범으로 본 것은 그녀가 광해군 재위 내내 권력의 중심에 있었기 때문이다. 김개시에 대해《연려실기술》은 다음과 같은 기록을 남기고 있다.

개시는 선조 때의 늙은 궁인이었다. 선조에게 사랑을 받았는데, 사람 됨이 흉악하고 교활하였다. 선조가 세자 바꿀 뜻이 있어서 광해가 불안해하자, 은밀히 광해와 접촉하여 뒷날을 계획하였다. 약으로 선조를 시해하는 참변도 그 손에서 나왔으나 광해는 실로 미리 음모에 관계한 사실이 없다고 한다.

또《남계집》에는 선조의 임종 때에 입시했던 의원 성협이 "임금의 몸이 이상하게도 검푸르렀으니, 바깥소문이 헛말이 아니다"라는 말을 남겼다고 쓰고 있다. 시신이 검푸르게 되었다는 것은 독살을 의미하는 것이다.《청야만집》에는 선조 독살설과 관련하여 이런 기록도 전한다.

광해가 시역에 직접 간여하였는지는 알 수 없으나 이이첨이 시역의 음모를 실행한 것은 불을 보듯이 뻔한 일이었다. 그런데 반정한 여러 신하가 역적 토벌할 의리를 알지 못하여 반정하던 날, 곧 이첨을 베어 버렸기 때문에 끝내 그 시역의 죄를 밝히지 못하였으니 가히 통분하지 않을 수 없다.

이렇듯 세간에서는 광해군이 이이첨과 김 상궁과 짜고 선조를 독살했다는 설이 파다하게 퍼졌다. 심지어 어떤 이는 선조의 복수를 청하는 상소문을 작성했다가 차마 인조에게 올리지 못하고 자신의 문집에 실은 사람도 있었다. 하지만 인조의 말처럼 광해군 세력이 선조를 독살했다는 증거는 없다. 또 당시 정황으로 볼 때 선조는 매우 위독한 상황이었으므로 독살설은 현실성이 떨어진다. 《연려실기술》의 저자 이긍익은 이런 글을 남기고 있다.

시역이란 어떤 죄명인가? 어찌 의혹이나 전하는 말을 가지고 전일 섬기던 임금에게 덮어씌울 수가 있을 것인가? 이의길이 지은 《양곡집》에 실려 있는 복수를 의청義請하는 상소는 의리상 극히 미안한 것이다. 그 당일 여러 사람이 처음에는 소를 올리려다가 중지한 까닭이 있었다. 이미 그 사실을 끝까지 추궁하지 못한 것인데, 성토하지도 못하면서 결정 나지 못한 안건을 문집에 기록하여 후세에 전하여 보이는 것은 옳지 않은 일이다. ∾

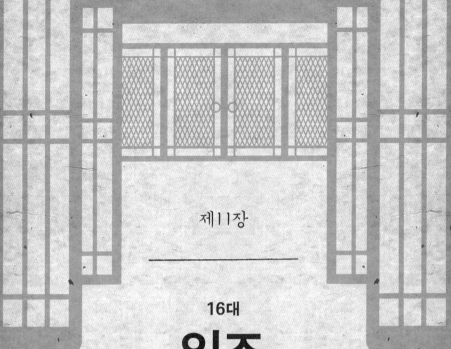

제11장

16대

인조

불안한 군주,
좀팽이 아비

인조의 가계도

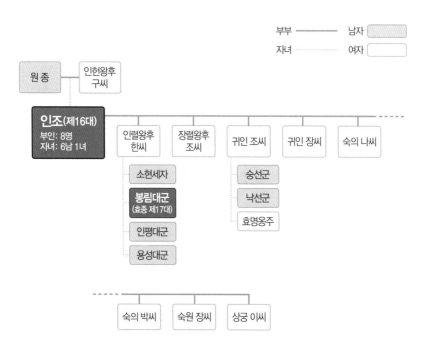

부부 ——— 남자 ▨
자녀 ········· 여자 ▢

원종 ── 인헌왕후 구씨

인조(제16대)
부인: 8명
자녀: 6남 1녀

인렬왕후 한씨
장렬왕후 조씨
귀인 조씨
귀인 장씨
숙의 나씨

소현세자
봉림대군 (효종 제17대)
인평대군
용성대군

숭선군
낙선군
효명옹주

숙의 박씨
숙원 장씨
상궁 이씨

선조가 사랑한 첫 손자

인조(능양군)는 선조의 5남인 정원군(원종) 이부와 구사맹의 딸 구씨의 장남으로 1595년 11월 7일에 태어났으며, 이름은 종이다. 정원군은 열한 살이던 1590년에 두 살 많은 구씨와 결혼하여 열여섯 살 때 장남 종을 얻었다. 당시 조선은 임진왜란을 겪고 있었다. 선조는 피란을 갔다가 1593년에 돌아왔는데, 당시 한성의 궁궐은 모두 불타고 민가도 변변한 곳이 없었다. 그래서 당시 왕자들은 한성으로 돌아오지 못하고 해주에 머물렀는데, 종은 그곳에 임시로 마련된 왕자 궁에서 태어났다. 종은 태어날 때 오른쪽 넓적다리에 사마귀 점이 많았는데, 할아버지 선조가 이를 보고 "이것은 한 고조(유방)와 같은 상相이니 누설하지 말라"고 했다 한다.

종은 선조에게 첫 손자였다. 선조는 손자 종을 몹시 귀여워했고, 의인왕후 박씨도 좋아해서 두 살 때부터 궁궐에서 생활했다. 선조는 종을 안고 직접 글을 가르치기도 했는데, 어린 종이 명민하여 일찍 문자를 깨우치자 종에게 사부를 붙여주기도 하였다. 어린 종은 그릇세 궁궐에서 지내다가 선조가 죽은 뒤에야 경희궁으로 나와 살았다.

소년이 되기까지 종은 할아버지의 사랑을 받으며 행복한 생활을 했지만, 할아버지가 죽고 광해군이 즉위하면서 상황은 급변했다. 정원군은 선조의 후궁 인빈 소생이었고, 인빈은 광해군의 세자 책봉을 막으려고 혈안이 되었다. 그 때문에 광해군은 인빈 소생들을 극도로 경계하고 싫어했는데, 그러다 보니 정원군은 광해군 즉위 이후에 살얼음판을 걷듯 조심하며 살아야 했다. 그런데 1615년 그의 셋째 아들 능창군이 신경희 사건(신경희가 능창군을 추대해 정변을 모의한 사건)에 연루되는 일이 발생한다. 당시 세간에는 "인빈의 무덤 자리가 좋다"라느니 "정원군의 집에 왕기가 매우 성하다"라느니 "능창군은 기상이 비범하다"라느니 하는 소문이 돌았는데, 이것이 결국 능창군을 열일곱 살 어린 나이에 죽음의 길로 이끌었다.

3남 능창군이 죽은 후 정원군은 정신 나간 사람처럼 술에 취해 살았고, 심한 절망감과 슬픔으로 병을 얻었다. 《월사집》에 따르면 당시 정원군은 이런 말을 했다고 한다.

나는 해가 뜨면 그제야 지난밤에 아무 일이 없었던 줄 알게 되고, 해가 지면 비로소 오늘이 편안하게 간 것을 다행스럽게 여긴다. 지금은 다만 일찍 죽어서 선왕을 저승에서 모시기를 원할 뿐이다.

두려움 속에 살던 정원군은 결국 병을 이기지 못하고 1619년에 마흔의 나이로 생을 마감했다. 정원군이 사망할 무렵 인목대비가 서궁에 유폐된 상태였고, 대북파가 권력을 독점하고 있었다. 당시 대북파는 왕족 중에 조금만 이상한 낌새가 있거나 세간의 칭송을 받는 자가 있으면 여지없이 역모로 몰았다. 특히, 인빈의 자손들에 대한 경계가 심했는데, 정원군의 장자 능양군 종(인조)도 예외는 아니었다.

입을 닫고 숨죽이며 살다

동생 능창군이 역모죄로 죽을 때, 능양군은 스물한 살의 청년이었다. 이때 그는 이미 한준겸의 딸 한씨(인열왕후)와 결혼하여 장남 왕(소현세자)을 얻은 상태였다. 광해군이 즉위한 후로 그는 함부로 웃지도 찡그리지도 않았으며, 감정을 겉으로 드러내는 법이 없었다. 그는 문장이 좋고 시도 잘 지었으나 한 귀의 시를 지어서 내보이는 일도 없었다. 심지어 주변 사람들에게 편지를 보내는 일도 없었고, 아예 자신의 글씨 자체를 밖으로 내보내지 않았다. 그 때문에 능양군 종의 글씨를 아는 사람이 없었다. 아버지 정원군이 사망하고 장례를 치를 땐 남몰래 장사를 치르듯 했다. 아버지의 무덤은 할머니 인빈의 무덤 근처에 마련할 엄두도 내지 못했고, 가까스로 양주 군장리에 묏자리를 마련하여 임시로 장례를 치렀다. 그런데도 능양군은 그 어떤 말도 하지 않고 그야말로 말 못하는 사람처럼 입을 닫고 살았다.

인조의 조심성 많은 성격은 반정을 통해 왕이 된 이후에도 여전했다. 특히, 누군가 자신의 글씨를 흉내 내어 모략이라도 꾸밀까 봐 노심초사했다. 그래서 신하에게 비답을 내릴 때도 자신이 쓴 글을 내시에게 베끼게 해서 주었고, 손수 쓴 초고도 찢은 후 물에 씻어서 없애버렸다. 심지어 자식들에게 친필로 편지를 보내는 법도 없었고, 종친에게도 필적을 담은 글을 내린 적은 거의 없었다. 그 때문에 인조의 친필은 남아 있는 게 거의 없다.

장남 소현세자를 두려워하다

인조는 즉위 이후 여러 일로 고초를 겪었다. 특히 잇따라 닥친 전란으로 몇 번이나 도성을 비우고 도망치는 신세가 되었다. 왕위에 오른 지 채 1년도 되지 않은 1624년에 일어난 '이괄의 난' 때에는 한양을 버리고 공주로 달아났고, 3년 뒤에 다시 정묘호란이 발발하자 역시 한양을 버리고 강화도로 몸을 피했다. 그리고 1636년

병자호란 때에도 한양을 버리고 강화도로 달아나다 상황이 여의치 않아 남한산성에서 농성籠城을 펼쳤다. 하지만 결국 청나라 군대의 압박에 굴복하여 청 태종 홍타이지에게 세 번 절하고 아홉 번 땅에 머리를 찧는(삼배구고두례三拜九叩頭禮) 굴욕을 당해야 했다.

인조의 항복 이후 청은 소현세자와 세자빈 강씨, 봉림대군 등을 인질로 잡아갔다. 아비를 대신하여 아들들이 잡혀간 것이다. 그런데 청에 끌려간 소현세자는 8년여 동안 심양관에 머무르면서 단순한 인질 차원을 넘어 외교관의 역할을 톡톡히 수행하였다. 또 조선과 청의 원만한 관계유지를 위해 그 나라 고관대작들과도 친분을 맺었으며, 청이 조선에 무리한 요구를 하면 그를 막아내고자 노력도 하고, 이 과정에서 그들에게 쓸 뇌물을 마련하기 위해 이윤을 목적으로 한 상거래를 하기도 하였다.

이 때문에 청은 조선과의 일을 세자의 재량으로 처리하라고 강요하기도 했다. 심양에서 세자는 양국 간에 제기된 문제를 해결하는 조정자로 역할함으로써 청에서는 실질적인 조선 임금 노릇을 하게 되었다. 그러자 심양관이 청을 부추겨 세자가 조선 왕이 되고 대신 인조가 인질이 되어 청에 머물게 할 것이라는 풍문이 인조의 귀에 전해졌다. 이에 인조는 소현세자를 의심하기 시작했고, 그때부터 소현세자에 대한 청의 후대나 세자의 영리추구를 위한 상행위가 모두 역모를 위한 자금 마련책이라고 보았다. 그래서 인조는 사람을 보내 세자의 동태를 비밀리에 감시하기에 이른다.

인조의 그런 속내를 전혀 모른 채 소현세자는 1645년 2월에 8년

간의 인질 생활을 청산하고 고국으로 돌아왔다. 그러나 그를 맞은 건 환대와 위로가 아니라 철저한 박대였다. 인조는 세자가 친청주의자가 되어 돌아왔다고 생각하고 그가 가지고 온 서양 서적과 물자까지도 내치는 용렬한 모습을 보였다. 뜻밖의 박대와 부왕과의 갈등으로 몸져눕게 된 소현세자 이왕은 와병한 지 사흘 만에 의문의 죽음을 맞는다. 처음 그의 주치의였던 박군은 학질이라고 진맥하였으나 인조의 애첩 조씨의 소개로 들어온 의원 이형익이 연달아 침을 놓은 후 급서하고 말았다. 이는 귀국한 지 두 달 만인 4월 26일의 일이었다.

실록에는 시신이 새까맣게 변하였고 아홉 구멍에서 피가 흘러 얼굴을 알아볼 수가 없을 정도였다고 기록하고 있는데, 이는 독살되었음을 시사하는 것이었다. 실록은 소현세자를 죽인 하수인으로 이형익을 지목하고 있다. 하지만 인조는 사인에 관해 관심조차 보이지 않았으며 서둘러 입관을 지시하고 이형익을 처벌하지도 않았다. 게다가 박대에 가까운 장례를 치르자 삼사(사헌부·사간원·홍문관)에서 그 부당함에 대해 간하기도 했으나 인조는 전혀 개의치 않았다.

강빈을 제거하라

장자 소현세자가 죽은 뒤 인조는 세손이 어리다는 이유로 차남 봉림대군을 세자로 삼았다. 그러나 인조는 여전히 꺼림칙했다. 세자빈 강씨와 세손이 살아있었기 때문이다. 결국, 인조는 후궁 조씨와 함께 그해 1645년 9월에 강빈을 제거하기 위해 한 가지 계략을 꾸몄다. 소현세자의 궁녀였던 신생을 매수하여 강빈이 인조와 소용 조씨, 새롭게 세자가 된 봉림대군(효종) 등을 저주하기 위해 대궐 곳곳에 사람의 뼈와 구리로 된 흉상을 묻어뒀다고 고발하게 한 것이다.

신생의 고변告變이 있자, 인조는 강빈의 궁녀들인 계향과 계환을 잡아다 궁궐 내옥內獄에서 국문을 벌였다. 하지만 그들은 끝까지 자복하지 않았고, 급기야 국문 중에 사망하였다. 신생의 고변처럼 그런 엄청난 일이 있었다면 당연히 의금부에서 국문장을 마련하여 국법에 따라 심문하는 것이 옳았다. 하지만 인조는 이를 조정에 맡기지 않고 내옥에서 은밀히 국문하였다. 만약 조정 대신들이 알았다면 크게 반발했을 사안이었다.

이렇듯 몰래 국문을 벌이다 궁녀들이 죽자, 인조는 그들이 왕실을 저주하여 내옥에서 국문했고 국문 중에 죽었다는 내용만 조정에 알렸다. 그리고 궁녀들의 죽음은 왕실 내부 사건이니 조정은 간

▶ 소현세자 묘. 경기도 고양시에 있다. 권태균 사진

여치 말라고 명했다. 막상 일은 그렇게 처리했지만, 인조는 난처했다. 정작 목표는 궁녀들이 아니라 강빈이었는데, 궁녀들의 자백을 받지 못했으니 강빈을 함부로 몰아세울 수도 없는 일이었다. 어렵게 신생을 매수하여 고변시킨 일은 이렇게 실패로 끝났다.

그러나 인조는 포기하지 않았다. 이듬해인 1646년 1월에 대궐이 발칵 뒤집어지는 사건이 발생했다. 인조의 수라상에 올라온 전복구이에서 독극물이 발견된 것이다. 사건이 발생하자마자 인조는 강빈을 의심했다. 그래서 강빈의 궁녀들과 음식을 올린 나인들을 함께 국문토록 했다. 왕이 증거도 없이 강빈의 궁녀들을 국문하자 조정에서는 인조의 태도가 의도적이라고 판단했다. 이미 강빈의 오라비인 강문성과 강문명에게 죄명을 붙여 유배를 보냈고, 강빈의 일족을 대거 벼슬에서 쫓아냈기 때문이다. 그때 강빈의 아버지 강석기는 죽고 없었다.

독극물 사건으로 총 여덟 명의 궁녀를 하옥했는데, 그중 정렬, 계일, 애향, 난옥, 향이 등은 강빈의 궁녀였고 나머지 천이, 일녀, 해미 등은 음식을 맡은 궁녀였다. 이때 강빈 또한 궁궐 후원 별당에 유폐되었다. 인조는 유폐시킨 강빈에게 단 한 명의 시녀도 붙이지 못하게 했고 문도 폐쇄하고 그 문에 작은 구멍을 뚫어 음식과 물을 주게 했다. 그러자 세자(봉림대군, 효종)가 이렇게 간했다.

"강씨가 비록 불측한 죄를 의심받고 있다고는 하나 간호하는 사람은 있어야 할 것입니다. 더구나 지금 죄지은 흔적이 분명치도 않은데, 성급하게 이런 조처를 하고 시녀 하나 붙이지 않는단 말입니까?"

그제야 인조는 강씨에게 시녀 한 명을 붙여줬다. 당시 사건에 대해 실록의 사관들은 다음과 같이 판단하고 있다.

이때 강빈이 죄를 얻은 지 이미 오래였고, 조소원이 더욱 참소하였다. 상이 이 때문에 궁중 사람들에게 누구든 강씨와 말을 나누는 자는 벌을 주겠다고 했다. 그 때문에 양궁(세자 빈궁과 대전)의 왕래가 끊어져 어선御膳(임금에게 올리는 음식)에 독을 넣는 것은 형세상 있을 수 없는 일이었다. 그런데도 상이 이처럼 생각하므로, 사람들이 다 조씨가 모함한 데서 연유한 것으로 의심했다.

실록의 이 내용을 보면, 당시 전복구이 독극물 사건은 인조와 조소용이 꾸민 짓이다. 인조는 이 사건을 빌미로 어떻게 해서든 강빈을 죽이려 했다. 그러나 강빈의 궁녀와 음식을 만든 궁녀들이 모두 자백하지 않은 채 고문을 받다 죽었다. 결국 강빈의 죄를 입증하지 못했지만, 인조는 대신들을 불러 강빈을 죽이라고 했다. 하지만 조정에서는 증거도 없고 자백도 없는 상황에서 강빈을 죽일 수 없다고 버텼다. 그러자 인조는 비망기備忘記에 이렇게 썼다.

강빈이 심양에 있을 때부터 은밀히 왕위를 바꾸려고 도모했다. 갑신년 봄에 청나라 사람이 소현세자와 빈을 보내줬는데, 그때 내간에서 강빈이 은밀히 청나라 사람과 도모하여 장차 왕위를 교체하는 조처가 있을 것이라고 말했다. 이렇듯 군왕을 해치려 했으니 해당 부서가 율문을 상고해 품의하여 처리토록 하라.

그 소리를 듣고 대신들은 서로 보며 어떻게 대답해야 할지 몰랐다. 그때 이시백이 말했다.

"시역弑逆(부모나 임금을 죽임)이야 말로 큰 죄인데, 어떻게 짐작으로 단정할 수 있겠습니까?"

이렇게 대신들이 반대하자, 인조는 화를 내며 오히려 대신들이 반란을 도모할까 의심하며 포도청에 명하여 대신들을 감시하게 했다. 이후 인조는 조정의 반대에도 승정원에 강빈을 폐출하고 사사하라는 말을 내리고 그 뜻을 조정에 알리게 했다.

하지만 누구 하나 나서서 강빈을 죽여야 한다고 말하지 않자 인조는 정승들과 삼사의 장관들을 모두 불러 강빈이 시역의 죄를 저질렀다고 강변하고 죽일 것을 주장했다. 심지어 이 과정에서 성종이 자신의 왕비를 죽인 것을 들먹이며 아내와 며느리 중에 누가 더 중하냐고 묻기도 했다. 성종이 아내를 죽이는 것도 조정에서 받아들였는데 어째서 아내보다 먼 며느리 죽이는 일을 받아들이지 않느냐는 다그침이었다.

이쯤 되자 조정에서도 더는 인조의 뜻을 거스르지 못했다. 이미 인조가 강빈을 죽이기로 작정한 이상 막을 방도가 없었다. 인조는 이처럼 자신의 왕위를 빼앗길까 염려하여 아무 죄도 없는 아들과 며느리는 물론이고 관련도 없는 궁녀들을 무려 십여 명이나 죽였다. 그것도 모자라 이듬해에는 강빈의 어머니와 형제들을 문초하고, 그들의 종과 강빈과 조금이라도 관계가 있었던 모든 궁녀를 문초하여 죄인으로 몰았다.

하지만 강빈이 사람 뼈와 구리로 형상을 만들어 왕과 세자를 저주했다는 고변을 한 궁녀 신생에 대해서는 끝까지 죄를 묻지 않았다. 헌사에서는 신생도 역모에 가담한 것이 분명하다고 했지만, 인조는 신생의 도움으로 궁궐 곳곳에 묻혀 있던 흉물들을 찾아냈다며 그 공로를 생각하여 벌하지 말라고 명했다. 근본적으로 신생은 인조와 소용 조씨에게 매수된 것인 만큼 끝까지 그녀를 보호할 수밖에 없었다.

강빈을 죽인 인조의 시선은 이번에는 그녀의 세 아들에게 향했다. 인조는 그들을 제주도에 유배 보냈다. 이후 유배된 세 손자 중에 경선군과 경완군은 의문의 병에 걸려 죽었다. 다만, 셋째 아들 경안군은 가까스로 살아남았다. 하지만 그도 역모의 불씨가 된다고 하여 제주에서 남해로 다시 강화로 유배지를 전전하며 살아야 했다.

아, 뇌졸중

아들과 며느리, 손자까지 죽음으로 내몬 인조는, 그들을 죽인 지 4년이 채 안 된 1649년(인조 27년) 5월 7일, 갑자기 몸져누웠다. 하지만 당시 어의들은 인조의 병을 그다지 심각하게 보지 않았다. 위급한 증세도 보이지 않았으므로, 심각한 상황이 아니라고 여겼다. 실록은 당시 상황을 다음과 같이 기록하고 있다.

상(임금)이 미시(오후 1~3시)에 한기가 조금 있고 신시(오후 3~5시)에 두드러기가 크게 나고 유시(오후 5~7시)에 한기가 조금 풀렸다. 의관들이 모두 말하기를, "오늘은 상의 증세가 갑자기 차도가 있으니 학질 증세가 조금 있으나 곧 그칠 것이다" 하니 이 때문에 근밀한 신하까지도 마침내 위독하게 되는 것을 몰랐다. 약방이 아뢰기를, "시약청侍藥廳(왕실의 병이 위중할 때 임시로 설치하던 기관으로, 내의원 소속 이외의 의관이나 신하를 참여시켜 치료를 상의했다)이 아직 설치되지 않았으므로

278

온 조정의 신하들이 모두 염려합니다. 오늘부터 시약청을 설치하소서” 하니 답하기를 “폐단이 있으니 설치하지 말라” 하였다.

저녁에 상의 병이 위독하므로 의관들이 들어가 진찰하였는데, 약방의 신하들과 사관 등은 희정당(왕의 평상시 거처)의 동무東廡(동쪽 행각) 아래로 나아가고, 세자는 들어갔다가 다시 나와 증세에 따라 의관들에게 물었다. 의관들은 다 대조전의 뜰아래에 있었는데, 새벽이 되어 열이 조금 내렸으므로 약방 도제조 김자점 등이 다 합문閤門(편전의 앞문) 밖으로 물러나갔다. 날은 이미 희미하게 밝았다.

이렇듯 한바탕 난리를 치른 뒤 다소 차도를 보이며 고비를 넘긴 듯했다. 하지만 그것이 끝이었다. 5월 8일 오후 4시경에 인조는 급작스럽게 병증이 악화하여 손쓸 틈도 없이 사망했다.

그렇게 인조는 갔다. 병명은 감풍感風이라 했으니, 뇌졸중이었다. 그의 나이 쉰다섯이었다. 젊은 시절에는 언제 광해군의 금부도사가 들이닥칠지 몰라 노심초사해야 했고, 왕위에 오른 뒤에는 이괄의 난, 정묘호란, 병자호란 등으로 세 번이나 궁궐을 비우고 달아나야 했으며, 병자호란 때는 오랑캐에게 무릎 꿇고 항복해야 했던 왕. 장남 소현세자가 왕위를 노린다고 의심하여 독살하고, 맏며느리와 두 손자까지 죽였으니 그런 파란 많은 인생치고는 오래 산 셈일런가. ～

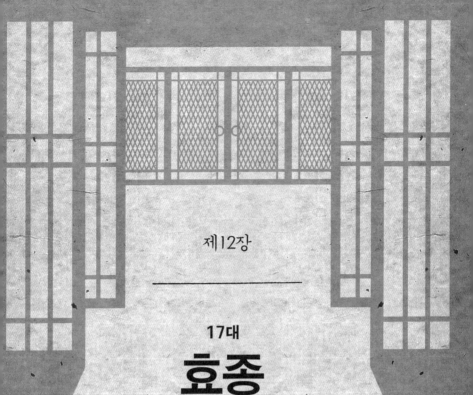

제12장

17대
효종

이부를 싫어한 대장부,
도 넘은 효자

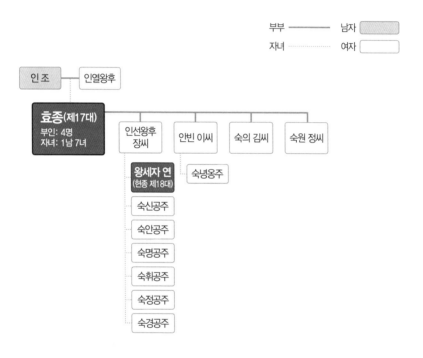

효종의 가계도

부부 ——— 남자
자녀 ········· 여자

인조 — 인열왕후

효종(제17대)
부인: 4명
자녀: 1남 7녀

인선왕후 장씨

안빈 이씨

숙의 김씨

숙원 정씨

왕세자 연
(현종 제18대)

숙녕옹주

숙신공주

숙안공주

숙명공주

숙휘공주

숙정공주

숙경공주

재주를 숨기는 소년

효종은 1619년 5월 22일 능양군 이종과 한준겸의 딸 한씨(인렬왕후)의 차남으로 태어났으며 이름은 호다. 어머니 한씨는 아들만 넷을 낳았는데, 장남 왕(소현세자), 차남 호, 삼남 요(인평대군), 그리고 막내 곤(용성대군)이었다. 형 왕은 호보다 일곱 살이 많았고, 동생 요는 세 살, 막내 곤은 다섯 살 아래였다. 하지만 곤은 여섯 살 때인 1629년에 병으로 죽었다. 인조가 반정을 일으켜 왕위에 오른 것은 호가 다섯 살 되던 1623년이었다. 이후 왕자가 된 호는 여덟 살 때인 1626년에 봉림대군에 책봉되었다. 봉림대군 이호의 성격과 성향에 대해 실록은 다음과 같이 기록하고 있다.

"왕은 어려서부터 기국器局이 활달하여 우뚝하게 거인의 뜻이 있어 장난하며 노는 것을 좋아하지 않았고 행실이 보통 사람들과는 달랐다."

이 내용은 실록에서 대개 왕의 성정을 거론한 것과 크게 다를 바

가 없어 신뢰하기 어렵지만,《공사견문록》의 다음 기록은 실록의
평가에 신뢰를 더하고 있다.

> 임금이 일찍이 잠저潛邸(임금이 되기 전에 살던 집)에 있을 때, 사부인 윤
> 선도에게 처신하는 방도를 물었더니 그가 이렇게 아뢰었다.
> "공자나 왕손은 향긋한 나무 밑에 있고, 맑은 노래와 빼어난 춤은 떨
> 어지는 꽃 앞에 있다고 했으니 이 어찌 천고의 명작이 아니겠습니
> 까?"
> 이 글은 세상에 재주와 덕을 감추고 어리석은 듯 처세하라는 귀띔이
> 었다.
> 임금이 늘 여러 부마에게 이렇게 일렀다.
> "윤선도가 나를 아껴서 한 말인데, 나를 깨우치는 데 도움이 많았다."

　왕위를 잇지 못할 왕자는 어떻게 처신하는 게 현명한가? 봉림대
군 이호가 스승 윤선도에게 던진 질문이다. 그러자 윤선도는 시 한
구절을 들려주었다. 그 구절은 어차피 왕이 되지 못할 신세이니 재
주와 덕을 감추고 어리석은 듯 행동하여 왕을 안심시키며 살라는
은유적 표현이었고, 이호는 그 말을 알아들었다. 그리고 대군으로
사는 동안 늘 그 가르침을 가슴에 새기고 함부로 능력을 드러내지
않았다.
　윤선도가 봉림대군을 가르친 것은 1628년 3월부터 1632년 11월
까지 4년 8개월 동안이다. 윤선도는 1628년(인조 6년) 별시 문과 초

시에 장원으로 급제하고 고향인 해남에서 지냈다. 그리고 그해 3월에 우의정 장유의 특별 추천으로 왕자사부가 되어 봉림대군과 인평대군을 가르쳤다. 1632년 당시 봉림대군 이호의 나이는 불과 열네 살이었다. 그런데 그 어린 나이에 윤선도가 은유적으로 일러준 글귀를 알아듣고 스스로 능력을 감추고 살 생각을 했다는 것은 그만큼 어린 시절부터 남다른 데가 있는 아이였다는 얘기다.

하지만 범상치 않은 소년 이호가 청년기로 접어들 무렵, 전혀 예상치 못한 인생이 기다리고 있었다. 1636년 열여덟 살에 병자호란이 일어나고 조선이 청에 굴복하자 이호는 1637년에 형 소현세자와 함께 청나라에 인질로 끌려가 무려 8년 동안 심양에서 살아야 했다. 그는 볼모 생활 중에도 윤선도의 귀띔을 잊지 않았다. 하지만 사람의 성품과 능력은 숨긴다고 숨겨지는 것이 아니었다. 이에 대해 실록은 한 가지 사건을 예로 들고 있다.

정축년(1637년)에 소현세자를 따라 인질로 심양에 들어갔을 때 소현세자와 한집에 거처하며 정성과 우애가 두루 지극하였으며, 난리를 만나 일을 처리하면서 안팎으로 주선한 것이 모두 매우 적절하였다. 연경으로 들어간 뒤 청인淸人들이 금옥金玉과 비단을 소현과 왕에게 주었으나 왕은 홀로 받지 않으며 포로로 잡혀 온 우리나라 사람들을 대신 돌려주기를 바란다고 하니 청인들이 모두 탄복하며 허락하였다. 또 어떤 관상가가 왕을 보았는데 자기들끼리 "참으로 왕자王子다" 하였다.

아첨하고 공사 구분 못하는 자를 멀리하라

이렇듯 봉림대군의 명성이 자자해지자 심양을 왕래하던 조선 신하 중에는 봉림대군에게 아부하는 자들도 있었다. 당시 조선에는 소현세자가 청나라 사람들에게 신망을 얻어 어쩌면 소현세자를 조선 왕으로 봉하고 인조를 인질로 끌고 갈지도 모른다는 헛소문이 파다하게 퍼져 있었다. 이 때문에 인조는 소현세자를 몹시 경계하고 미워했다. 그런 인조의 속내를 읽는 몇몇 사신들은 심양에 갈 때마다 은근히 봉림대군과 친밀해지고자 했다. 그들은 혹 인조가 소현세자를 내쫓고 봉림대군을 세자로 책봉할 수도 있다고 생각했다. 하지만 그는 왕위에 오른 뒤 자신에게 아부했던 인물들은 요직에서 철저히 배제했다. 이에 대해《공사견문록》은 다음과 같은 기록을 남기고 있다.

일찍이 임금이 세자(현종)에게 일렀다.
"내가 형님인 소현세자와 함께 심양에 볼모로 갔을 때, 신민이 나에게 어진 덕이 있다고 잘못 알고 마음으로 따르는데, 내가 본즉 여러 신하 중에 혹 마음속으로 나를 의심하여 스스로 나를 멀리하는 자도 있고, 혹은 나에게 극진히 하며 뒷날의 복을 기대하는 자도 있었다. 내가 그때는 비록 아부하는 것들을 물리치지 못했으나 임금 자리에 오른 뒤로는 늘 그때 아부하지 않고 몸을 바르게 하던 자들이 관직에 추천되면 가상히 여겨 낙점을 찍었다.

만일 오늘날 종실 중에 인망 얻기를 내가 했던 것처럼 하는 자가 있다면, 전일에 나에게 아첨했던 자가 또 반드시 전일에 남몰래 나를 후원하던 행동을 그 사람에게 할 것이니 그것을 믿을 수 있겠는가?

전에 행동을 바르게 하던 자는 아무개와 아무개이고, 아첨으로 나의 환심을 사려던 자는 아무개와 아무개이니 너는 모름지기 내가 사람을 쓰고 버리는 뜻을 알아두라."

이렇듯 효종은 세자에게 눈앞에서 아첨하는 무리는 멀리하라고 가르치면서 공사를 구분하지 못하는 자도 중용하지 말라고 했다. 이에 대해 《공사견문록》에는 이런 이야기가 나온다.

임금이 잠저에 있을 때 동궁으로 책봉하라는 명이 있음을 듣고 평일에 잘 알던 문관 아무개에게 이런 말을 전했다.

"이제부터는 다시 조용히 서로 만나볼 기회가 없을 것이니 한번 보고 싶다."

그랬더니, 그 문관이 미복으로 어둠을 타서 가 뵈었다.

임금이 만년에 현종에게 이렇게 일렀다.

"내가 그를 청한 것은 미처 생각이 깊지 못한 것이었다. 남의 신하 된 자가 어찌 감히 세자의 집에 남몰래 찾아올 수 있겠는가? 내가 뒷날에 스스로 깨닫고 그 마음씨를 의심하여 요사이 그가 하는 짓을 보니 다

른 날 결코 바른 도리로 너를 인도할 자가 못되리라. 모름지기 너는 알
아두리."

아첨하는 무리와 공사를 구분하지 못하는 자들을 멀리하는 대신
효종은 눈살을 찌푸리게 하더라도 직언을 서슴지 않는 인물은 신
뢰했다. 그런 인물 중에는 내시도 있었는데, 이와 관련하여 《공사
견문록》은 이런 이야기도 전한다.

늙은 내시 김언겸은 나이 아흔에 가까워 한낱 식지 않은 시체에 불과
하나 임금이 항상 궁궐 내부에 두고 날마다 어선을 내렸다. 그것은 언
겸이 일찍이 소현세자를 모시고 심양에 있을 때 소현세자에게 잘못이
있으면 울면서 간하여 종일 먹지 않고 이튿날에도 또 간하였는데, 임
금이 일찍이 그가 이처럼 하는것을 보았으므로 항상 두터이 대접한
것이다.

지극한 효심이 부른 잘못된 판단

효종은 조선 어느 왕보다도 효성이 지극한 왕이었다. 그래서 묘
호도 효종이라고 한 것이다. 실록의 다음 기록은 효종의 지극한 효

심을 바로 보여준다.

인조의 병세가 위독해지자 왕이 손가락을 잘라 피를 내어 먹였는데
얼마 되지 않아 인조가 승하하였다. 왕은 맨땅바닥에 거처하며 가슴
을 치며 통곡하면서 물이나 간장도 들지 않았다.

조선의 왕 중 문종처럼 효심이 남다른 인물이 몇 있지만, 자신의
손가락을 베어 부왕에게 피를 먹인 경우는 드물었다. 특히 효종은
이날 손가락을 너무 심하게 잘라 하마터면 손가락 하나가 잘려나
갈 뻔했다고 하니 그야말로 지극한 효심이었다.

효종의 효심은 모후 인렬왕후가 죽었을 때도 드러났다. 인렬왕
후는 1635년 12월 5일에 다섯째 아들을 낳았는데, 아이는 낳자마
자 죽었고 그녀도 나흘 뒤인 12월 9일 산후병을 이기지 못하고 향
년 마흔셋에 세상을 떠났다. 인렬왕후가 죽었을 때, 효종은 열일곱
소년이었는데, 너무 슬퍼하여 주변 사람이 몹시 염려할 정도였다
고 한다.

효종은 이런 지극한 효심 때문에 때론 무리한 판단을 내리기도
했다. 특히 아버지 인조가 한 일에 대해 누가 비판하면 지나칠 정도
로 예민하게 반응했다. 1654년(효종 5년) 7월 7일에 황해도 감사 김
홍욱이 인조가 소현세자빈 강씨를 폐위한 것은 억울한 일이라는 상
소를 올렸다. 그러자 화가 난 효종은 당장 김홍욱을 잡아들여 죽이
라고 명했다. 이에 영의정 김육이 효종을 만류하며 이렇게 말했다.

"홍욱이 진실로 죄가 있지만, 죽이기까지 하면 전하의 덕을 크게 상하게 됩니다."

하지만 효종은 요지부동이었다. 그러자 병으로 집에 머물던 우의정 구인후가 허약한 몸을 이끌고 대궐로 와서 김홍욱을 관대하게 다스려야 한다고 간언했다. 이후 효종은 김홍욱을 불러 친히 국문했다. 그리고 왜 그런 상소를 올렸는지 캐물었다. 이에 김홍욱이 대답했다.

"강빈을 폐위한 것은 조적(인조의 후궁 귀인 조씨)이 꾸민 것이라는 여론이 자자합니다. 신은 항간에 도는 이런 말을 진술한 것뿐입니다."

이 말을 듣고 효종은 국문장에 있던 신하들을 돌아보면서 말했다. "이 자의 말이 어떤가?"

그러자 우의정 구인후가 아뢰었다.

"전하께서 국사를 말하는 신하를 죽이고자 하시니, 후세에 전하를 비방하는 말은 어떻게 하시렵니까?"

이 말에 효종은 매우 진노하여 구인후를 꾸짖은 후 우의정에서 내쫓고, 김홍욱은 곤장으로 쳐서 죽이게 했다. 그러자 김육은 효종에게 소를 올려 이렇게 말했다.

"홍욱을 관대하게 다스리자는 말은 신이 먼저 발설했으니, 어찌 감히 신 홀로 죄를 면하겠습니까?"

이후 김육은 휴직서를 제출했다.

한편, 김홍욱이 죽자, 그의 가족이 장례를 치르는데, 효종은 몰래 궁궐의 노비들을 파견하여 누가 문상을 하는지 살펴보라고 하였다. 이 때문에 사람들이 감히 문상을 가지 못했다. 사실, 강빈이 억울하게 누명을 쓰고 죽었다는 것은 누가 봐도 명백한 일이었다. 효종 자신도 그 사실을 모르지 않았다. 하지만 효종은 부왕 인조가 행한 일이기 때문에 강빈을 신원伸寃시키는 것은 불효라고 판단했다. 그래서 즉위 초에 이런 말을 했었다.

"강씨가 간특한 음모를 한 것은 의심할 여지가 없으니, 후에 다시 감히 말하는 자가 있으면 마땅히 역적으로 논하겠다."

하지만 여전히 사림에서는 강빈이 억울하게 죽었다고 생각했다. 그래서 김홍욱이 그들을 대변하여 상소한 것인데, 효종은 자신의 엄명을 어겼다며 김홍욱을 죽였다. 이후 송시열이 효종을 독대하여 강빈의 문제를 거론하자 효종은 냉랭한 얼굴로 이렇게 말했다.

"이는 우리 집안일이므로 내가 상세히 알고 있으니 경은 모름지기 내 말을 믿으시오."

이렇듯 효종은 자신의 형수를 끝까지 역적이라고 우기고 '역강(역적 강씨)'이라고 불렀다. 아버지에게 효를 다하기 위해 존경하고 따르던 형님의 아내를 시아버지를 독살하려 한 역적으로 만든 것이다.

검소한 낭군, 쫀쫀한 가부장

효종은 주색을 멀리하고 검소한 생활을 한 임금이었다. 하지만 그도 세자가 되기 전에는 술을 무척 좋아했다. 당시 신하 중에도 술을 즐긴 자들이 많았는데, 이 때문에 여러 문제가 발생하자 효종은 이런 말을 하였다.

"내가 잠저에 있을 때 술을 즐겨 취하지 않은 날이 없었는데, 세자로 책봉된 뒤에는 끊고 마시지 않았다. 올 봄에 대비께서 염소 고기와 술 한 잔을 주시기에 내가 마시지 않을 수 없었으나 그 맛이 매우 나빠 쓴 약과 다름없었다."

효종은 술과 함께 여자도 멀리한 임금이었다. 대개 임금이 되면 여러 명의 후궁을 거느리기 마련인데, 효종은 인선왕후 장씨 외에 후궁으로는 안빈 이씨와 숙의 김씨, 숙원 정씨가 다였다. 대개 왕이 세 명의 후궁을 거느리는 것은 법도에 따른 것이었다. 효종은 1남 7녀의 자녀를 얻었는데, 자녀 중 1남 6녀를 인선왕후가 낳았다. 나머지 옹주 한 명은 안빈 이씨가 낳았고, 나머지 두 후궁은 자녀를 얻지 못했다. 그만큼 효종은 철저히 금욕생활을 했다.

효종은 또 검소함에서도 신하들에게 모범을 보였다. 효종은 후궁 중에 안빈 이씨를 총애했는데, 그런데도 그녀에게 종4품 숙원의 첩지 이상은 내리지 않았다. 또 이씨의 생활비도 호조에서 나오는 것 이외에 그 어떤 것도 더 주지 못하게 했다. 그 때문에 이씨는 매우 곤궁하게 지냈는데, 이를 보다 못한 세자(현종)가 궁중의 남은 물자로 이씨 생활비를 보태주자고 말할 정도였다. 그러자 효종은 이렇게 말했다.

"네가 다른 날에 은혜를 베풀도록 남겨두는 것이야."

이 이야기 외에도 효종의 검소함을 엿볼 수 있는 이야기는 또 있다. 효종의 넷째 딸 숙휘공주가 효종에게 수놓은 치마 한 벌만 해달라고 부탁했다. 그러자 효종은 이렇게 말했다.

"내가 한 나라의 임금으로서 검소함을 솔선하고자 하는데, 어찌 너에게 수놓은 치마를 입게 하겠느냐? 내가 천추만세 후 너의 모친이 대비가 된 뒤에는 네가 그것을 입더라도 사람들이 심히 허물하지 않을 것이니 참고 때를 기다리는 것이 옳다."

《공사견문록》에는 이런 이야기도 전한다.

동평위가 일찍이 모시고 점심을 먹는데, 밥을 물에 말았으나 다 먹지 못하니 임금이 책망하며 말했다.

"먼저 다 먹을 수 있는 양을 헤아려 보고 물에 말아서 남김이 없도록 하는 것이 옳다. 물에 말아 남긴 밥은 혹 새나 짐승에게 먹이면 아주 버리는 것은 아니지만, 무지한 천인들이 곡식을 귀중히 여기는 도리를 전혀 모르게 되고, 흔히 땅에 버리면 하늘이 주신 물건을 함부로 버리는 것이 된다. 이렇게 되는 것은 모두 밥 먹는 사람의 잘못이니 복을 아끼는 도리가 아니다."

밥 한번 남겼다가 혼쭐이 난 동평위는 다섯째 딸 숙정공주의 남

편이다. 이렇듯 효종은 딸뿐 아니라 사위에게도 매우 깐깐하게 검
소함을 강조하던 왕이었다.

운명의 의료사고

효종의 죽음은 매우 급작스러웠다. 나이 마흔한 살에 찾아온 죽
음은 일종의 의료사고였다. 1659년(효종 10년) 5월 4일에 일어난 이
사건의 경위를 실록은 다음과 같이 기록하고 있다.

상이 대조전에서 승하하였다. 약방 도제조 원두표, 제조 홍명하, 도승
지 조형 등이 대조전의 영외에 입시하고 의관 유후성, 신가귀 등은 먼
저 탑전에 나아가 있었다(신가귀는 병으로 집에 있었는데, 이날 병을 무릅
쓰고 궐문으로 나아가니 입시하라고 명하였다).
상이 침을 맞는 것의 여부를 신가귀에게 하문하니 가귀가 대답하였다.
"종기의 독이 얼굴로 흘러내리면서 농증膿症을 이루려고 하니 반드시
침을 놓아 나쁜 피를 뽑아낸 연후에야 효과를 거둘 수 있습니다."
하지만 유후성은 경솔하게 침을 놓아서는 안 된다고 하였다. 왕세자
가 수라를 들고 난 뒤에 다시 침 맞을 것을 의논하자고 극력 청하였으
나 상이 물리쳤다. 신가귀에게 침을 잡으라고 명하고 이어 제조 한 사

람을 입시하게 하니 도제조 원두표가 먼저 대조전으로 들어가고 제조 홍명하, 도승지 조형이 뒤따라 들어갔다. 침을 맞고 나서 침구멍으로 피가 나오니 상이 말했다.

"가귀가 아니었더라면 병이 위태로울 뻔하였다."

피가 계속 그치지 않고 솟아 나왔는데 이는 침이 혈락血絡을 범했기 때문이었다. 제조 이하에게 물러나가라고 명하고 나서 빨리 피를 멈추게 하는 약을 바르게 하였는데도 피가 그치지 않으니 제조와 의관들이 어찌할 바를 몰랐다. 상의 증후가 점점 위급한 상황으로 치달으니, 약방에서 청심환과 독삼탕을 올렸다. 백관들은 놀라서 황급하게 모두 합문 밖에 모였는데, 이윽고 상이 삼공과 송시열, 송준길, 약방제조를 부르라고 명령하였다. 승지·사관과 제신들도 뒤따라 들어가 어상御床 아래 부복하였는데, 상은 이미 승하하였고 왕세자가 영외楹外에서 가슴을 치며 통곡하였다.

어떤 이는 당시 효종의 죽음을 여러 사림 당파들이 합작한 것이라는 의혹을 제기한다. 그 의혹은 효종이 전제 왕권을 추구하며 신권과 강한 충돌을 일으키자, 신권이 결합하여 신가귀를 이용해 타살했다는 것이다. 하지만 이러한 주장은 과한 추측이다. 서로 대립하고 있던 붕당이나 당파들이 왕권을 견제하기 위해 하나로 합칠 리도 없지만, 시급한 치료 상황에서 그런 합의를 이뤄낸다는 것은 불가능에 가깝기 때문이다. 따라서 효종의 죽음은 일종의 의료사고라고 보는 것이 합리적인 결론일 것이다. ～

제13장

18대

현종

인정 넘치는 도인,
일편단심 민들레

현종의 가계도

부부 ——— 남자 ▢
자녀 ········· 여자 ▢

효종 — 인선왕후

현종(제18대)
부인: 1명
자녀: 1남 3녀

명성왕후
김씨

왕세자 돈
(숙종 제19대)

명선공주

명혜공주

명안공주

배려심이 많은 아이

현종은 조선 왕 중에서 유일하게 출생지가 외국인 인물이다. 그는 1641년 2월 4일에 효종과 인선왕후 장씨 사이에서 태어났으며, 이름은 연이다. 그가 태어날 당시 봉림대군으로 불리던 효종은 부인 장씨와 함께 청나라 심양에 볼모로 잡혀 있었다. 효종은 1637년에 친형 소현세자 부부와 함께 심양으로 끌려갔고 이후 8년간 그곳 심양관에서 생활했는데, 5년 되던 해에 아들 연을 얻었다.

연이 태어났을 때, 그 위로는 누나 둘과 형이 하나 있었다. 연의 어머니 장씨가 처음 낳은 아이는 딸 숙신공주였다. 숙신은 병자호란 한 해 전인 1635년에 태어났는데, 안타깝게도 장씨가 심양으로 끌려가던 해(1637년)에 죽고 말았다. 장씨는 숙신공주와 연년생으로 숙안공주를 낳았다. 이후 심양에서 셋째 아이를 낳았는데, 아들이었다. 그리고 1640년에 넷째 아이를 낳았는데, 이번에는 딸이었다. 이듬해 다섯째를 낳으니 그가 바로 이연, 현종이다.

이렇게 심양관에서 두 딸과 두 아들을 기르던 봉림대군 부인 장씨는 둘째 아들을 얻은 기쁨을 누릴 틈도 없이 그 무렵 첫아들을 잃었다. 이후 장씨는 1645년에 다시 셋째 아들을 낳았지만, 그 아이 역시 죽고 만다. 그 바람에 연은 효종의 유일한 아들로 성장했다. 그야말로 매우 귀한 왕손이었다.

연은 어릴 때부터 배려심이 남달랐다. 소현세자가 죽고 봉림대군이 세자가 되어 조선으로 돌아오자 연은 원손이 되었다. 원손 시절에 연은 궁궐에서 지내지 않고 여염집에서 지냈는데, 이웃집이 유달리 소란스러웠던 모양이다. 그래서 이웃에서 떠들 때마다 원손을 모시던 종이 이웃에게 큰소리 내지 말 것을 부탁했는데, 소년 연은 그 종을 말리며 이렇게 말했다.

"사람이 제집에 있으면서 어찌 소리를 안 낼 수가 있느냐? 자유롭게 떠들도록 하고 괴롭히지 말라."

이렇듯 연은 남의 마음을 잘 헤아리는 배려 많은 아이였는데, 이와 관련하여 현종 행장에는 이런 기록도 전한다.

언젠가 표범의 가죽을 바친 사람이 있었는데, 품질이 좋지 못하여 인조가 물리치려 하였다. 이때 연(현종)이 곁에 있다가 이렇게 말했다.

"표범을 잡느라고 많은 사람이 상하였을 것입니다."

그러자 인조가 그 마음을 가상히 여겨 표범 가죽을 물리치지 말라고 하였다.

당시 연의 나이는 불과 일곱 살이었다. 그 어린 나이에 단순히 물품만 보지 않고 그 물품을 구하느라 고생한 사람들을 생각했다는 것은 성정이 매우 어질고 인정이 많았다는 얘기다.

인정 많고 현명한 왕

현종의 배려심은 모두 그의 타고난 인정 어린 성품에서 비롯되었다. 현종의 넘치는 인정에 대한 이야기는 여러 곳에 전하는데, 몇 가지 이야기를 소개하면 이렇다.

현종이 세손 시절에 궁궐 문밖에 나가 놀다가 문지기가 아주 여위고 얼굴이 까맣게 탄 것을 보고 내시에게 그 연유를 물었다고 한다. 그래서 내시가 "병들고 춥고 주린 사람입니다"고 대답하자, 세손 연은 그 군졸에게 옷을 내려주고 밥을 주게 했다.

소년 연의 인정과 연민은 사람에게 국한되지 않았다. 대상이 동물이라도 마찬가지였는데, 《공사견문록》의 다음 이야기가 그렇다.

효종 대에 새끼 곰을 바친 사람이 있었다. 기른 지 1년이 넘자 사람이 통제하기가 어려웠다. 그래서 내시가 이렇게 말했다.

"오래되면 반드시 우환이 되겠습니다."

죽이기를 청하니 효종이 허락하려고 하자 세자(현종)가 아뢰었다.

"곰이 사람을 해치는 동물이기는 하니, 아직 그 해를 입은 이가 없는데 지금 후일에 닥칠 일을 미리 염려하여 죽인다면 분명히 어진 마음이 아니라고 생각됩니다. 마땅히 깊은 산에 놓아주어야 할 것입니다."

효종이 듣고 기뻐하여 말했다.

"네가 임금이 될 때는 시기와 의심으로 인하여 죽을 사람이 없겠구나. 너의 신하가 되는 사람은 복 많은 사람이다."

효종의 그 예측은 맞았다. 현종 시절에 역모로 죽은 사람도 없었고 역모 고변이 있어도 의연하게 대처하여 억울하게 죽는 사람도 없었다.《공사견문록》의 다음 기록은 현종이 심지어 자신에게 적대감을 가진 사람까지 포용했음을 보여준다.

조씨 성을 쓰는 상궁은 광해군의 후궁 허씨의 시녀였다. 계해년에 인조가 불러서 궁중에 두었지만, 항상 마음에 불만을 품고 있었다. 그녀는 현종이 탄생한 후에 보모의 소임을 맡았는데, 현종이 아홉 살 때 불을 가지고 희롱하니 그녀가 홀로 곁에 있다가 이렇게 말했다.

"저의 조부(인조)가 불로 나라를 얻었으니, 저도 배우려는 것인가?"

현종이 아무 말도 하지 않고 이를 기억해두었지만, 그런 낌새를 말이나 안색에 전혀 드러내지 않았다. 그러다 왕위에 오른 다음 조 상궁을 불러 뜰에 엎드리게 하고 말했다.

"네가 아무 해의 일을 기억하느냐? 그때 내가 위에 사릴 줄을 모른 것이 아니다. 하지만 네가 나를 보호하고 양육했기 때문에 차마 중한 형벌을 받게 할 수 없어서 참고 오늘에 이른 것이다."

그러고는 사가로 내쫓았다. 하지만 내쫓고 나서도 그 공로를 생각하여 죽을 때까지 먹을 것을 내려주었다.

이처럼 현종은 매우 어진 인물이었을 뿐 아니라 현명한 사람이었다. 비록 조 상궁이 인조의 반정에 반감을 품고 있어 이를 단죄했지만, 자신을 정성껏 보육한 공을 인정하여 고발하지도 벌을 주지도 않은 것만 해도 대단한 일인데, 그녀가 죽을 때까지 보살폈다니 정말 놀랍다. 그런데 현종이 그녀를 지켜준 이유는 따로 있었다. 조 상궁은 자기가 모시던 주인에 대한 의리에서는 대단한 사람이었다. 인조반정 후 조 상궁이 모시던 후궁 허씨는 사가로 내쫓겨 어렵게 살았는데, 조 상궁은 죽을 때까지 상전에 대한 의리를 지키며 항상 허씨에게 의복과 음식을 보냈다. 현종은 이런 조 상궁의 의리를 알고 그녀를 배려한 것이다.

후궁을 두지 않은 이유

현종은 후궁을 한 명도 두지 않은 왕으로 알려져 있다. 조선 왕

중에 후궁을 두지 않은 왕은 단종, 예종, 경종, 순종 네 명뿐이다. 단종은 너무 어려서, 예종과 경종은 건강이 나빠서, 순종은 정치 상황이 나빠서 후궁을 둘 수 없었다. 하지만 현종은 이런 이유도 없었고, 아들도 한 명밖에 얻지 못했으며, 재위 기간도 15년이나 되는데, 후궁을 한 명도 두지 않았으니 선뜻 이해할 수가 없다.

원래 왕들이 후궁을 두는 것은 여색을 탐해서라기보다 후사 때문이다. 왕비에게서 아들을 얻지 못했을 때, 후궁의 아들이라도 택하여 왕위를 승계하려는 것이다. 왕조 국가에서 왕위 계승권자가 선정되지 못하면 국가가 흔들리고 혼란에 빠질 수밖에 없으므로 왕위 계승을 위해 아들을 여럿 두는 일은 매우 중요했다. 현종 이전에 왕위 계승권자가 없어 양자에게 왕위를 잇게 한 경우는 명종이 유일했다. 하지만 명종이 원래 세자가 없었던 것은 아니다. 그에게도 왕위를 계승할 순회세자가 있었는데, 일찍 죽는 바람에 어쩔 수 없이 양자에게 왕위를 잇게 했다. 명종은 세자가 있었음에도 왕비 이외에 다섯 명의 후궁을 두어 후사를 안정시키려고 했다. 그런데 현종에게 아들은 재위 2년에 얻은 순(숙종) 하나뿐이었는데, 후궁을 한 명도 들이지 않은 것은 당시 왕가에서는 있을 수 없는 일이었다.

그렇다면 현종은 왕비 명성왕후 김씨를 너무 사랑해서 후궁을 들이지 않은 것일까? 사실 현종과 명성왕후는 금실이 좋았다. 현종이 명성왕후 김씨와 결혼한 것은 1651년이었다. 당시 세자였던 현종은 열한 살이었고, 김씨는 열 살이었다. 그야말로 꼬마 신랑과 꼬마 각시였고 소꿉동무라고 해도 과언이 아닐 나이였다. 이후로 두 사람은 동궁에서 쭉 같이 살았고, 첫 아이는 김씨가 열일곱 살 되던 1658년에 얻었다. 흔히 부부가 금실이 좋으면 딸이 많다는데, 현종과 명성왕후도 딸을 여럿 두었다. 명성왕후는 1남 5녀를 낳았는데, 첫딸은 1658년에 얻었으나 이내 죽었고, 이듬해 다시 딸을 하나 더 낳았으나 역시 요절했다. 그리고 다음 해 다시 셋째 딸 명선공주를 얻었고, 이듬해인 1661년에 마침내 아들 순(숙종)을 낳았다. 그녀는 1658년부터 매년 아이를 낳은 셈이다. 그리고 순 이후로 4년 뒤인 1665년에 명혜공주를 낳았고, 1667년에 막내딸 명안공주를 낳았다.

《현종실록》어디를 살펴봐도 현종이 중전과 사이가 나빴다는 기록은 없다. 현종이 후궁을 두지 않았으니 여자 문제로 다투거나 김씨가 투기를 한 기록도 없다. 대신 두 사람이 나란히 충청도 온양까지 온천을 다녀온 기록은 여러 번 나온다. 게다가 현종 시절 내내 명성왕후 김씨의 아버지 김우명과 그 일가가 권력을 좌지우지했다. 외척의 힘이 강했다는 것은 그만큼 중전의 위상이 안정적이었다는 뜻이다. 이는 모두 왕과 왕비의 관계가 매우 좋았다는 의미이기도 하다.

하지만 역사상 부부 금실이 좋은 것과 후궁을 두는 것은 별개의 문제였던 경우가 많다. 세종도 소헌왕후와 금실이 매우 좋았지만, 후궁을 여럿 두었다. 또 신하들도 세종에게 후궁 두길 권했다. 하지만 현종에게는 신하들도 후궁 간택을 권유하지 않았다. 왜일까?

외척으로 강력한 권력을 가졌던 김우명 일가의 눈치를 본 것일까? 아니면 건강 문제였을까?

사실 현종은 어릴 때부터 지병持病이 있었다. 그 지병 탓에 자주 눈병이 나고 몸에, 그것도 얼굴이나 목에 종기가 생겼다. 종기가 얼굴이나 목에 나는 것은 매우 위험한 일이다. 이 때문에 현종은 자주 침을 맞았고, 때로는 종기를 터뜨려 고름을 짜냈다. 하지만 단순히 몸이 허약해서 후궁을 두지 않았다고 단정하는 것은 무리가 있다. 현종은 15년이나 왕위에 있었고, 경종처럼 늘 병상에 있었던 것도 아니다. 자주 종기나 눈병으로 고통스러워했지만, 성생활을 하지 못할 정도는 아니었다. 이는 명성왕후가 지속해서 자녀를 생산했던 사실을 통해서도 확인된다.

그렇다면 현종이 후궁을 두지 못한 진짜 이유는 무엇이었을까? 짐작건대, 현종이 다른 여자를 가까이하지 않았던 진짜 이유는 명성왕후 김씨 때문이었을 것이다. 명성왕후는 질투심이 매우 강하고, 성질이 드센 여자였다. 고집도 세고 권력욕도 강했다. 그 때문에 너그럽고 온화한 성품의 현종이 그녀가 싫어하는 일이라 하지 않았을 가능성이 더 높다. 또 신하들이 현종에게 후궁 간택을 권하지 않은 것도 명성왕후와 김우명을 의식해서 그랬을 것이다.

그렇다고 정말 현종이 그녀 외에 일절 아무 여자도 가까이하지 않았을까?

306

딱 한 번의 외도와 홍수의 변

비록 정식으로 후궁으로 삼지는 못했지만, 현종도 딱 한 번 왕
비 외에 다른 여인을 취한 일이 있었다. 그녀는 군기시軍器寺 서리胥
吏 김이선의 딸 김상업이었다. 상업은 현종의 승은을 입은 유일한
궁녀였다. 하지만 그녀는 후궁이 되지는 못했다. 원래 궁녀가 승은
을 입어 아이를 낳으면 후궁이 된다. 그러나 승은을 입고도 아이를
낳지 못하면 후궁의 첩지는 받지 못하고 특별상궁이 된다. 이 경우
소임이 없고 상궁의 벼슬을 얻어 후궁 대접을 받게 된다. 그런데
이상하게도 상업은 후궁도 특별상궁도 되지 못하고 그냥 궁녀 신
분으로 남았다. 《숙종실록》에는 분명히 그녀가 현종의 승은을 입
은 여인이라고 기록하고 있는데, 왜 그녀는 궁녀 신분을 벗어나지
못했을까?

상업이 후궁이 되지 못한 이유는 아마도 그녀가 승은을 입은 사
실을 현종이 공표하지 못했기 때문이었을 것이다. 현종이 상업과
동침한 시기는 현종 말년이다. 현종은 눈병과 종기를 달고 살다가
급작스럽게 사망한다. 현종이 사망에 이르게 된 경위를 살펴보면,
1674년 8월 1일에 복통이 시작되었고, 8월 7일에는 몸을 가눌 수
없는 처지가 되었으며, 8월 8일에는 몸이 불덩이처럼 뜨거워져 위
급한 상황이었다. 그리고 10일가량 사경을 헤매다 8월 18일에 사

망했다. 복통이 원인인 것으로 봐서 내장 기관에 문제가 있었고, 몸에 열이 났다는 것으로 봐서 심한 염증이나 출혈이 있었던 것으로 보인다. 말하자면 장 천공으로 인한 복막염 증세로 사망한 것으로 추정되는데, 그 원인에 대해서는 불분명하다. 현종이 평소에 눈병을 자주 앓았다는 것, 침을 맞으면 그 부위에 염증이 생겼다는 것, 종기가 자주 생겼다는 것 그리고 장 천공이 일어났다는 것 등을 종합해볼 때, 동양인에게 흔히 발견되는 자가면역질환인 베쳇병이 아니었을까 싶다.

상업은 현종이 발병하기 얼마 전에 승은을 입고 임신했다. 그리고 그녀가 승은을 입은 사실은 궁궐 내부에 이미 알려져 있었고, 왕비 김씨도 알고 있었다. 하지만 상업은 후궁 첩지는커녕 궁궐에서 내쫓기는 신세가 된다. 그녀를 쫓아낸 사람은 명성왕후였을 것이다. 이에 현종은 상업에게 궁궐로 돌아오라고 했지만, 상업은 궁궐로 돌아오지 못한다. 그런 상황에서 현종이 갑자기 죽은 것이다.

현종이 죽고 상업이 아이를 낳자 명성왕후는 상업의 아이를 현종이 아닌 다른 남자의 아이라고 주장했다. 그 다른 남자란 효종의 동생인 인평대군의 아들 복창군이었다. 복창군은 현종의 사촌이었지만, 형제가 없었던 현종은 인평대군의 세 아들인 복창군, 복선군, 복평군 등과 친형제처럼 지냈다. 그래서 복창군은 현종을 대신하여 상업을 보살펴주고 있었는데, 명성왕후는 이를 복창군과 상업이 간통하여 아이를 낳았다고 몰아갔다. 이 사건을 흔히 '홍수의 변'이라고 한다. 홍수紅袖란 '붉은 옷소매'라는 뜻인데, 궁녀를 의미한다. 궁녀 중에 나인들은 옷소매의 끝동에 자주색 물을 들이고, 상궁들은 남색 물을 들이는 데서 연유한 말이다. 즉, 홍수라면 아직 상궁이 되지 못한 젊은 궁녀를 지칭한다.

이 사건은 얼핏 보면, 왕족인 복창군이 궁녀를 건드린 치정 사건으로 보이지만, 그 내막은 명성왕후가 상업을 죽이려고 꾸민 음모였다. 이는 사건의 경위를 분석해보면 명백하게 드러난다.

명성왕후의 아버지 김우명이 올린 상소를 보면 복창군과 동생 복평군이 궁녀 김상업과 내수사의 비자婢子 귀례와 간통하여 각각 임신시켰다는 것이다. 그런데 의금부에서 심문해도 그들은 한결같이 이를 부인했다. 그러자 의금부에서는 고문하여 자복을 받아야 한다고 주장했지만, 숙종은 내용이 모호하다며 모두 석방하라고 명령했다. 당시 실록의 기록을 보면 숙종이 뭔가 감출 것이 있어 이런 조처를 했다고 한다.

그런데 그들이 풀려난 뒤에 명성왕후가 나서서 자신이 그들의 간통 사실을 잘 안다면서 악다구니를 쓰며 그들을 벌줄 것을 주장했다. 그 때문에 복창군 형제와 상복, 귀례 등은 다시 의금부 옥에 갇혔다. 그리고 명성왕후의 주장에 따라 사형을 내리기로 한다. 하지만 숙종의 환관 김현과 조희맹, 상궁 윤씨 등은 북창군 형제와 상업, 귀례 등은 죄가 없다며 죽여서는 안 된다고 주장한다. 숙종은 복창군 형제를 다시 풀어줬는데, 명성왕후가 다시 나서서 그들을 죽여야 한다고 주장하자 마지못해 그들을 유배 보내는 것으로 상황을 마무리했다.

명성왕후의 또 다른 목적

하지만 사건은 이것으로 끝나지 않았다. 사실, 이 사건을 통해 명성왕후가 노린 것은 상업을 죽이는 것이었지만, 그녀의 아버지 김우명은 다른 목적이 있었다. 당시 김우명은 서인의 거두였는데, 복창군 형제는 남인과 친했다. 그래서 김우명은 복창군 형제들을 제거하여 남인의 힘을 약화하려 했다. 그런데 숙종이 동조하지 않아 뜻을 관철하지 못한 것이다. 김우명은 이후에도 복창군 형제를 제거하고 동시에 남인들을 숙청할 기회를 노렸다. 그리고 5년이 지난 1680년에 그 일이 성사된다.

1680년 4월, 김우명의 조카 김석주가 앞장서서 남인의 영수 허적의 서자 허견이 복창군 형제와 함께 역모를 꾀하고 있다고 고변했다. 이 사건으로 허견은 능지처참 되고, 복창군과 복선군은 교수형에 처해졌다. 또 복평군은 유배되었으며, 허적은 평민 신분으로 전락했고, 환관 조희맹도 유배되었다. 이 사건을 '경신환국'이라고 하는데, 명성왕후의 질투심에서 비롯된 홍수의 변이 결국은 엄청난 정치 사건으로 비화하여 남인 세력이 대거 몰락하는 사태로 이어진 것이다. ⌒⌒

제14장

19대

숙종

직진 기질 사랑꾼,
분노조절장애 정치꾼

숙종의 가계도

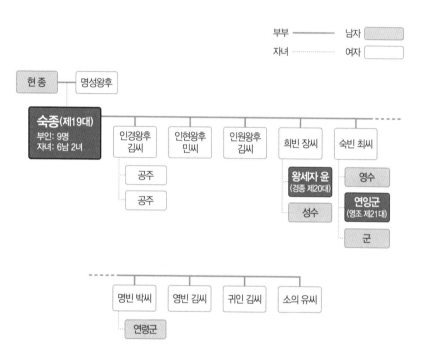

부부 ——— 남자

자녀 ········ 여자

현종 — 명성왕후

숙종(제19대)
부인: 9명
자녀: 6남 2녀

인경왕후 김씨
- 공주
- 공주

인현왕후 민씨

인원왕후 김씨

희빈 장씨
- 왕세자 윤 (경종 제20대)
- 성수

숙빈 최씨
- 영수
- 연잉군 (영조 제21대)
- 군

명빈 박씨
- 연령군

영빈 김씨

귀인 김씨

소의 유씨

인정 많고 명민한 아이

숙종은 1661년에 현종과 명성왕후 사이에서 태어났으며 이름은 순이다. 순이 태어나기 전에 할아버지 효종은 며느리 명성왕후의 이불 속에 용이 있는 꿈을 꾸었는데, 원손을 볼 길몽이라며 매우 좋아했다고 한다. 당시 세자빈이었던 명성왕후는 첫딸을 잃고 둘째를 임신 중이었는데, 효종은 이 아이가 태어나는 것을 못 보고 죽었다. 효종이 죽고 명성왕후가 1659년 11월 15일에 출산했는데, 예종의 꿈과 달리 이번에도 역시 딸이었다.

그런데 둘째 딸도 첫 딸처럼 태어난 지 얼마 되지 않아 죽었다. 하지만 둘째 딸의 죽음을 슬퍼할 겨를도 없이 명성왕후는 바로 임신을 했다. 그리고 1660년 8월에 팔삭둥이를 출산했다. 아이는 팔삭둥이로 태어났지만, 건강했다. 딸이었다. 이 팔삭둥이 딸이 바로 숙종보다 한 살 많은 누나 명선공주다. 명선공주가 1660년 8월 2일 태어났는데, 명성왕후는 이듬해 8월 15일에 또 출산한다. 이 아이가 바로 숙종 순이다.

　이렇듯 명성왕후는 1658년 첫째 딸을 출산한 이래 매년 아이를 낳았다. 그 때문에 순을 출산한 뒤에는 산후병으로 고생이 많았다. 하지만 그로부터 4년 뒤인 1665년에 또 딸 명혜공주를 출산했다. 명혜공주 출산 후 그녀는 몹시 심하게 앓았다. 당시 다섯 살이던 어린 순은 매일같이 중궁전을 찾아가 미음을 올렸다. 이런 순의 효성에 감동한 명성왕후는 점차 기운을 회복했다.

　어린 시절 순은 효성도 지극했고 정도 많았다. 기르던 참새가 죽자 무덤을 만들어줬다는 일화도 있고, 궁궐 안에서 소젖을 짜는 과정에서 소 울음소리를 듣고 소가 불쌍하다며 우유를 먹지 않았다는 이야기도 있다. 소년 순은 일곱 살 되던 1667년에 왕세자에 책봉되었고, 아홉 살에 성균관에서 본격적으로 제왕 수업을 받았다. 순은 목소리가 우렁차고 대답도 또렷하게 하는 아이였다. 또 학업 능력이 뛰어나 가르치던 사부 모두 매우 즐거워했다고 한다.

　순은 열한 살이 되던 1671년에 동갑내기 소녀와 혼인했다. 소년 순의 짝이 된 소녀는 김만기의 딸 인경왕후였다. 그리고 3년 뒤 순은 열네 살의 나이로 부왕 현종의 죽음을 맞닥뜨리고, 이내 왕위에 오른다. 지금의 중학교 1학년 나이밖에 되지 않았으니, 당연히 모후 명성왕후가 섭정했으리라고 생각하기 쉽다. 그러나 소년 왕은 그 어린 나이에 친정親政을 시작했다. 그는 나이와 다르게 명민하고 판단이 분명했으며, 왕의 권위를 확보하는 데 문제가 없었다. 오히려 모든 신하가 벌벌 떨 정도로 엄격하고 무서운 왕으로 군림했다. 심지어 모후 명성왕후조차 소년 왕 숙종을 함부로 대하지 못했다. 그 덕분에 숙종은 어렸지만, 직접 왕권을 행사할 수 있었다.

타고난 정치 천재

"그대는 스승만 알고 임금은 알지 못하는구나."

열네 살 소년 왕이 조선 학문을 대표하는 예문관 대제학 이단하에게 한 말이다. 숙종이 이 말을 하게 된 배경을 보면 숙종이 타고난 정치 천재라는 것을 알게 될 것이다.

숙종 즉위 당시 조선의 정치는 예송(禮訟) 문제로 매우 복잡하게 얽혀 있었다. 효종이 죽고 현종이 왕위에 오른 직후부터 서인과 남인의 예송 정쟁은 가속화되었다. 문제는 효종의 어머니 조 대비(장렬왕후 조씨)가 상복을 몇 년 입어야 옳으냐였다. 서인의 영수 송시열은 효종이 인조의 차남이므로 차남의 예에 따라 상복을 입어야한다고 주장했고, 남인의 영수 윤휴와 허목은 차남이지만 왕위를이었으므로 장남에 준하는 예로 상복을 입어야 한다고 주장했다. 이 문제로 조정에서는 서인과 남인 간의 격한 정쟁이 지속되었고, 이는 현종 재위 기간 내내 이어졌다. 그리고 막상 현종이 죽자, 다시 예송 문제가 불거졌다. 하지만 당시 열네 살의 소년 숙종은 자신의 의지를 분명하게 드러내며 이 문제를 과감하게 풀어나갔다.

수종은 송시열(서인 산당파 영수)에게 현종의 지문을 지어 올리라고 명했다. 그러자 영남 진주의 유생 곽세건이 남인을 대변하며 송시열이 효종을 '서자'라고 지칭한 인물이라며 지문을 짓게 해서는 안 된다는 상소를 올렸다. 이 때문에 서인이 대거 일어나 곽세건에게 벌을 주라고 주청했다. 하지만 숙종은 곽세건의 상소를 받아들여 송시열이 지문 짓는 것을 중지하게 하고, 5촌 외당숙 김석주에게 지문을 짓게 했다. 이에 대해 서인들의 반발이 심했는데, 어린 숙종은 과감한 조처를 통해 서인들을 일거에 침묵하게 하였다. 당시 상황을 《당의통략》은 다음과 같이 전한다.

대사헌 민시중과 지평 이수언 등이 곽세건을 국문하라고 청하였으나 허락하지 않았다. 성균관에서도 상소를 배척하라고 했으나 숙종은 이렇게 대답했다.

"곽세건의 충언을 어찌 흉한 상소라 하는가? 정녕 내가 어린 임금이라고 해서 나의 얇고 작음을 시험해보려는 것이냐?"

그 뒤에 경기 유생 이필익이 곽세건에게 벌주기를 청하고 송시열을 불러올리라고 하자 이필익을 귀양 보냈다.

이후 남인 허목을 대사헌으로, 윤휴를 장령掌令으로 삼아 예송을 논의하다 유폐되거나 금고 된 사람을 모두 용서하고 이조참의 김석주(숙종의 5촌 외당숙, 서인 한당파)에게 지문을 지어 올리라고 명령하였다.

또 대제학 이단하가 지은 현종의 행장(죽은 사람의 행적을 적은 글) 속에

'상복을 고쳐 바르게 하다'라는 문장의 뜻이 분명하지 않고 또 기해년(1659년)에 복제를 논의한 자들(송시열과 그 무리를 지칭함)의 이름이 적혀 있지 않은 것을 지적하며 이단하에게 고쳐서 삽입하라고 지시했다. 이단하는 송시열의 문인이었다. 숙종의 명령을 받고 이단하가 상소하여 말했다.

"양조(효종과 현종)의 빈사(왕의 스승, 곧 송시열을 의미함)이므로 차마 이름을 지목하지 못했습니다."

이에 숙종은 이단하에게 잘못된 것을 고쳐서 삽입하도록 두세 차례 재촉하였다. 이에 이단하는 '송시열이 예기를 인용하였다. 운운'이라고 고쳐 넣었다. 임금이 이것을 보고 말했다.

"내가 나이가 어려서 글에 능숙하지 못하고 또 예를 알지 못하지만, 반드시 송시열이 예를 그르쳤다고 말한 뒤에야 선왕이 처분한 의미가 명백해질 것이니 '예기를 인용하였다'는 말을 '예기를 잘못 인용하였다'로 고쳐야 할 것이다."

이때 숙종의 나이가 열네 살이었는데, 온 조정에서 두려워하지 않는 이가 없었다. 이단하가 물러 나와 상소하였다.

"엄한 가르침에 핍박 되어 '오誤(잘못)'라는 글자를 써넣었습니다."

그 말을 듣고 숙종은 "그대는 스승만 알고 임금은 알지 못하는구나"라며 꾸짖고 파면하였다.

《당의통략》의 이 내용은 실록에도 그대로 반영되어 있다. 열네 살의 어린 왕이 수십 년 조정 밥을 먹은 노련한 정치인들을 상대로 이렇듯 단호하고 분명하게 자신의 의지를 관철하는 과정을 보면 믿을 수 없을 정도이다.

물론 숙종이 이렇듯 단호한 결정을 내린 배경에는 외당숙 김석주가 버티고 있었다. 당시 서인은 이른바 한당파로 불리는 김육의 세력과 산당파로 불린 김집의 세력으로 나뉘어 대립하고 있었다. 김석주는 김육의 아들인 김좌명의 아들이었고, 숙종의 모후 명성왕후는 김좌명의 동생 김우명의 딸이었다. 따라서 당시 한당파는 김우명과 김석주가 이끌고 있었다. 반면, 산당파는 김집의 제자 송시열이 이끌고 있었는데, 숙종은 외가인 한당파를 지지하고 송시열 세력인 산당파를 배척했다.

이런 정치적 배경 때문에 김석주와 외조부 김우명의 말을 듣고 숙종이 송시열 세력을 배척했다손 치더라도 숙종이 산당파 대신들을 상대하며 자신의 의견을 관철하는 과정은 열네 살 소년의 솜씨라고는 전혀 믿을 수 없는 일이었다. 그야말로 '타고난 정치 천재'라는 말 외에 달리 표현할 말이 없다.

엄마의 벽, 먼저 보낸 아내

정치 감각은 타고났지만, 숙종은 무슨 일을 하려고 해도 늘 모후 명성왕후라는 벽에 막히곤 했다. 그녀는 남편 현종이 죽고 어린 아들이 왕위에 오르자 당연히 수렴청정을 통해 자신이 왕권을 쥘 것으로 생각했다. 그래서 숙종 즉위 초부터 노골적으로 편전에 나가 자기 뜻을 전달하기도 했다. 그리고 자신의 의견이 관철되지 않으면 울고불고 소리 지르며 난리를 치기도 했다. 만약 숙종이 명종 같은 인물이었다면 모후가 그렇게 설쳐대면 제대로 왕권을 행사하지 못했을 것이다. 하지만 숙종은 달랐다. 숙종은 모후의 주장보다 대의大義를 중시했고, 부왕 현종의 판단을 존중했다. 그리고 합리적인 자기 논리를 펼쳤다. 그 때문에 자주 모후 명성왕후와 부딪쳤다. 그러나 꺾이지 않았고, 결국 자신의 왕권을 지켜냈다.

그렇다고 숙종이 항상 모후의 뜻을 꺾을 수 있었던 것은 아니었다. 특히 여자 문제는 더 그랬다. 그는 모후 때문에 처음으로 사랑한 여인과 이별했다. 숙종이 여인으로 처음 만난 사람은 당연히 첫 왕비 인경왕후였다. 열한 살, 사랑이 뭔지도 모를 나이에 만나 부부 인연을 맺고 살 비비며 살아야 했던 여인, 서인 김만기의 딸 진옥, 그녀는 그렇게 의무적으로 함께 살아야 하는 여자였다. 그녀의 아버지 김만기가 누구인가? 서인 산당의 뿌리 김장생의 증손자이자 김집의 아들, 김익훈의 조카 아닌가? 말하자면 진옥은 서인 내부의 정략결혼으로 얻은 아내였다. 어머니 명성왕후는 서인 한당 출신이었고, 아내 진옥은 서인 산당 출신이었으니 어머니와 아내도 모두 왕실과 서인의 결탁이 빚어낸 결과물이었다.

소년 왕 숙종은 청년으로 성장하면서 이 정략결혼에 신물이 났

다. 특히 서인으로 구성된 외가와 처가, 그런데도 파가 달라 서로
잡아먹지 못해 으르렁대는 그들. 그 치열한 전쟁터에서 어떻게 사
랑이 싹트겠는가? 하지만 사랑 없이 아이는 태어났다. 인경왕후 진
옥은 열일곱 살 되던 해에 첫아이를 낳았다. 딸이었다. 하지만 아이
는 이내 죽고 말았다. 그리고 열아홉 살 때 또 한 아이를 낳았다. 또
딸이었다. 그리고 이 아이도 이내 죽고 만다. 이렇듯 두 아이를 연
달아 잃은 그녀는 이듬해 스무 살의 나이로 세상을 떠났다. 그녀의
생을 끊어놓은 것은 천연두였다.

옥정이라는 이름의 궁녀

　그렇게 두 딸을 잃고, 아내마저 잃은 청년 숙종은 슬픔과 고통
속에서 지내다 새로운 여자를 만나면서 생기를 되찾았다. 이번에
는 정략이 아닌 사랑으로 만난 여자였다. 그녀는 장씨 성을 쓰고
옥정이라는 이름을 가진 궁녀였다.

　장옥정은 인조의 계비繼妃 장렬왕후 조씨 처소의 궁녀였다. 나이
는 숙종보다 두 살 많았다. 옥정의 아버지는 사역원에서 종8품 봉
사 벼슬을 지낸 장경이었다. 장경은 숙종이 왕위에 오르기 5년 전
에 이미 죽었다. 장경의 첫 부인은 제주 고씨였는데, 그녀는 시집와

서 아들 장희식을 낳고 죽었다. 이후 장경은 역관 윤성립의 딸 파평 윤씨를 둘째 부인으로 맞아들였는데, 옥정은 그녀 소생이었다. 윤씨는 옥정 위로 오빠 장희재와 언니 하나를 더 낳았다. 옥정은 장경과 윤씨의 막내딸이었다.

숙종은 옥정을 보고 바로 그녀에게 매료되었다. 하지만 모후 명성왕후는 이를 그대로 두고 보지 않았다. 옥정 집안이 남인들과 친했기 때문이다. 옥정의 당숙 장현은 역관 출신으로 종1품 벼슬까지 오른 인물이었는데, 한양의 거부였다. 그는 재력을 기반으로 남인들을 후원했다. 하지만 숙종이 왕위에 오른 1674년부터 남인과 서인 한당파는 정치적으로 제휴 관계에 있었기 때문에 명성왕후는 옥정에 대한 적대감이 없었다. 그러나 한당파는 1680년 경신환국을 통하여 남인들을 대거 내쫓고 서인 산당파와 제휴했다. 이때 옥정의 당숙 장현도 유배되는 처지에 놓였는데, 장옥정 역시 그 화살을 비껴가지 못했다. 명성왕후는 장옥정도 궁궐에서 내쫓아버렸다. 이 때문에 숙종은 사랑하는 여인과 생이별을 했다.

장옥정과 이별한 숙종은 곧바로 서인 민유중의 딸 인현왕후와 결혼해야 했다. 인현왕후는 첫 왕비였던 인경왕후와도 인척이었고, 송시열과도 인척 관계였다. 그야말로 뼛속까지 서인 산당 출신이었다. 그녀를 추천한 인물은 서인의 영수 송시열과 모후 명성왕후였다. 산당을 대표하는 송시열과 한당의 중심 명성왕후가 손을 잡은 것이다. 숙종은 정략결혼을 원하지 않았지만, 그렇다고 국혼을 거부할 수 없었다. 외가인 서인 한당과 조선 유림의 최대 세력인 서인 산당이 결탁한 국혼이었으니 어쩔 수 없이 받아들였다.

인현왕후가 숙종에게 시집온 때는 1681년으로 인경왕후가 죽은 지 1년쯤 지난 때였다. 당시 그녀는 열다섯 살 어린 소녀였고, 숙종은 스물한 살의 청년이었다. 당시 숙종은 대궐 밖으로 쫓겨난 옥정에 대한 그리움 때문에 인현왕후에게는 관심이 없었고 어떻게 해서든 옥정을 다시 찾아올 기회를 엿보았다.

숙종은 모후 명성왕후가 눈을 시퍼렇게 뜨고 지키고 있는 한, 장옥정을 다시 궁궐로 들일 방도는 없었다. 쫓겨난 장옥정은 포도청 부장 생활을 하던 오빠 장희재 집에서 어머니 윤씨와 함께 지내고 있었다. 당시 그녀는 조대비의 부탁을 받은 숭선군 부인 신씨의 도움을 받고 있었다. 신씨는 조대비의 외질녀였다. 그때 숙종은 장옥정에게 도움 될 일을 찾고 있었다. 그래서 유배 보냈던 옥정의 당숙 장현과 장찬 형제를 석방했다. 하지만 모후 명성왕후 때문에 더 이상의 조처는 취할 수 없었다.

모후의 죽음과 돌아온 사랑

그로부터 얼마 뒤인 1683년 10월, 숙종은 천연두에 걸렸다. 그러자 명성왕후는 아들의 쾌차를 빌기 위해 굿도 하고 무당이 시키는 대로 음식을 끊고 매일 속옷 차림으로 냉수욕을 한 뒤 치성드리는 일에 전념했다. 원손도 두지 못한 아들이 죽으면 왕실은 크나큰 위기에 처할 것이고, 그녀의 처지도 끈 떨어진 갓 신세가 될 것이 뻔했기 때문이다.

그런데 아들을 살리겠다는 그녀의 정성이 너무 지나쳤던 모양이다. 추운 겨울에 냉수욕을 하며 치성을 드리다 보니 그만 감기에 걸리고 말았다. 그런데도 그녀는 냉수욕을 멈추지 않고 계속 치성을 드렸다. 그러다가 급기야는 병이 위중해지고 말았다. 열이 들끓었다는 것으로 봐서 아마 폐렴에 걸린 듯한데, 그녀는 끝내 병을 이기지 못하고 그해 12월 5일에 사망하고 만다.

모후 명성왕후가 죽고 삼년상이 끝나자 숙종은 기어코 장옥정을 대궐로 불러들였다. 대왕대비 조씨가 숙종의 마음을 읽고 인현왕후를 설득하여 재입궁을 성사시켰다. 장옥정이 궁으로 돌아오자 숙종은 인현왕후는 뒷전이고 늘 장옥정 처소만 찾았다. 이에 서인들은 숙종에게 새로운 후궁 간택을 요청했다. 장옥정을 견제하기 위한 인현왕후의 고육지책이었다. 숙종은 후궁 간택 요청을 받아들였다. 이에 새로운 후궁으로 송시열의 최측근이자 서인의 영수였던 김수항의 종손녀 영빈 김씨가 입궁하게 되었다. 김수항은 김상헌의 손자이며, 김수항의 이모할머니가 인목대비이니, 영빈 김씨는 인현왕후와 마찬가지로 뼛속까지 서인 집안 여인이었다.

영빈 김씨가 숙의의 첩지를 받고 입궐한 것은 1686년이었다. 이때 그녀의 나이 열여덟이었다. 인현왕후와 서인은 어떻게 해서든 그녀가 숙종의 마음을 사로잡아 아들을 낳기를 바랐다. 하지만 숙종의 마음은 온통 스물여덟 살의 성숙한 여인 장옥정에게 사로잡혀 영빈 김씨는 안중에도 없었다.

숙종은 혹 인현왕후와 영빈이 장옥정을 해칠 수도 있다고 생각해 장옥정의 처소를 중전과 후궁들의 처소가 있던 창덕궁에서 떨어진 창경궁에 따로 마련했다. 당시 공사는 비밀리에 진행했고 장옥정에게 종4품 숙원의 첩지까지 내려 정식으로 후궁의 지위를 주었다. 이는 서인과 인현왕후 세력으로부터 장옥정을 보호하려는 조처였다. 인현왕후는 남인들의 후원으로 궁으로 들어온 장옥정을 다시 내보내야 한다고 주장했고, 숙종은 다시는 이런 요청을 하지 못하게 장옥정에게 후궁 첩지를 내린 것이다.

불굴의 직진 기질로 쟁취한 사랑

후궁 첩지를 받은 장옥정은 그에 보답이라도 하듯 임신하였다. 그리고 1688년 10월 숙종이 그토록 기다리던 아들을 낳았다. 비록 서자지만, 첫아들을 얻은 숙종의 기쁨은 대단했다. 하지만 인현왕후와 서인들의 반응은 싸늘했다. 당시 대왕대비 조씨의 상중이라는 핑계로 득남을 축하하는 인사조차 올리지 않았다. 심지어 사헌부

지평 이익수는 딸의 산후조리를 위해 입궁하는 장옥정의 어머니 윤씨의 가마를 가로막고, 가마꾼들에게 매질하는 일까지 벌였다.

이 사건은 숙종의 심기를 극도로 악화시켰다. 숙종은 바로 장옥정이 낳은 아들 윤을 원자로 삼겠다는 뜻을 조정에 알렸다. 이는 훗날 세자로 책봉하여 왕위를 계승하겠다는 의미였다. 서인들이 강하게 반발했지만, 숙종은 조금도 물러설 생각이 없었다. 한번 마음먹으면 무슨 일이 있어도 밀어붙이는 게 숙종이었다. 그 상대가 어머니라고 해도 물러서지 않던 그였다. 한마디로 그는 불굴의 직진 대왕이었다. 숙종은 곧 정승과 6판서, 삼사의 요직들을 모두 불러 모아놓고 선언했다.

"지금 원자의 호를 정하고자 하는데, 따르지 않을 자는 벼슬을 버리고 물러가라."

자신과 뜻을 같이하지 않는 자는 모두 내쫓겠다는 의미였다. 이 말을 듣고 이조판서 남용익이 제일 먼저 나와 거부 의사를 밝혔다.

"신이 물러가기는 하겠으나 중전의 춘추가 한창이시니 이번에 하시는 일은 너무 이른 것입니다."

사실, 틀린 말은 아니었다. 그런 까닭에 남인 목창명을 뺀 모든 신하가 남용익의 말에 동조했다. 하지만 숙종은 그들을 모두 물리치고 옥정의 아들 윤에게 원자의 명호를 내리면서 종묘사직에 고했다.

당시 원자 윤은 태어난 지 갓 100일 된 아기였다. 더구나 후궁 소생이었다. 그리고 정비 인현왕후는 아직 스물셋으로 한창때였다. 서른 살의 장옥정이 아이를 출산한 것으로 보아 인현왕후가 아이를 출산할 가능성은 충분했다. 그런데도 숙종은 후궁의 아이를 원자로 삼았다. 게다가 옥정에게 정1품 빈의 첩지까지 내렸다. 이는 서인 세력에 대한 전면적인 선전포고나 다름없었다. 서인 역시 그 의미를 잘 알았다.

숙종이 아들 윤을 원자로 정하고 종묘사직에 고한 지 보름쯤 지난 1889년 2월 초하루, 마침내 서인들도 전면전을 선포했다. 송시열이 종묘에 고한 원자 정호를 철회하라는 상소를 올린 것이다. 이미 종묘에 고한 일을 철회하라는 것은 숙종에게 무릎을 꿇으라는 것이었다. 종묘에 고했다는 것은 이미 선묘들에 허락을 얻었다는 뜻인데 이를 철회하라는 것은 선조들의 허락을 모두 무효로 하라는 의미였고, 이는 곧 숙종에게 항복을 요구하는 일이었다.

송시열의 항복요구서를 접한 숙종은 분노하며 송시열을 끌고 와 치죄하라는 명령을 내렸다. 그러자 승정원을 장악하고 있던 서인들이 숙종의 명령을 받들지 않았다. 이에 숙종은 승정원은 물론이고 삼사 요직에 있던 서인들을 모두 내쫓았다. 그리고 그 자리를 남인으로 채웠다. 또 송시열은 물론 서인을 이끌던 김수항, 김익훈, 이사명, 홍치상을 모두 유배 보내고 급기야 죽이기까지 했다.

이 사건을 '기사환국'이라고 한다. 숙종이 기사환국을 일으킨 목적은 단 하나, 사랑하는 여인 장옥정을 지키는 데 있었다. 객관적으로 보자면 숙종의 처결은 무리하고 과격하며 비이성적이었다. 중전이 아직 이십 대인데, 급작스럽게 후궁의 아들을 원자로 삼은 것부터가 정상적인 일은 아니었다. 또 이 비정상적인 일을 반대하는 신하들을 모두 조정에서 내쫓은 것도 있을 수 없는 일이었으며, 조정의 원로들을 일거에 죽인 것 역시 마찬가지였다. 숙종이 사랑에 눈멀어 제정신이 아닌 상태로 감정을 폭발한 결과였다.

이러한 숙종의 광적인 사랑놀이가 먹혔다. 분노조절장애가 정치라는 괴물을 만나 긍정적인 화학 반응을 일으켰다고나 할까? 당시 조정은 왕의 신임을 얻은 당이 장악하고 있었다. 그 때문에 왕이 어떤 이유로든 한 당파를 내쫓고 다른 당파를 선택하면 조정은 무난하게 돌아갔다. 그것이 비단 왕의 사랑놀이에 의한 것이라고 할지라도 결과는 마찬가지였다.

숙종은 그런 정치 권력의 속성을 잘 알고 마음껏 이용했다. 하지만 이때까지 그는 자신이 그토록 사랑하던 여인 장옥정을 자신의 손으로 죽이게 될 줄은 꿈에도 몰랐다.

장옥정, 왕비가 되다

서인들을 대거 내친 숙종은 그들과 한통속인 부인들도 그냥 두지 않았다. 작은 빌미라도 찾기 위해 눈에 불을 켜고 있는 숙종에게 먼저 걸린 사람은 김수항의 종손녀 영빈 김씨였다. 그녀는 서인 권력의 회복을 위해 은밀히 왕의 동정을 친정에 알리는 역할을 맡고 있었다. 또 그녀는 장옥정의 어머니와 조사석이 불륜 관계라는 유언비어를 유포하기도 했다. 영빈 김씨를 예의 주시하고 있던 숙종은 그런 사실들을 파악하고 그녀를 폐출시켰다. 또 그녀와 내통한 김수항에게 사약을 내려 죽였다.

숙종은 영빈 김씨의 배후가 인현왕후라고 의심했다. 그 때문에 인현왕후를 맹렬히 비난하며 폐출하려는 뜻을 드러냈다. 당시 인현왕후와 숙종은 자주 말다툼을 했다. 1689년 4월 23일은 인현왕후의 생일이었는데, 숙종은 조 대비의 국상 기간이라는 이유로 탄일 하례를 받지 못하게 했다. 하지만 인현왕후는 국모가 탄일에 하례 받는 것은 당연한 권리라며 어명을 무시하고 하례를 받았다. 이 일로 숙종과 인현왕후는 심하게 다투었는데, 싸움 중에 인현왕후는 "나를 폐출할 테면 폐출하라"고 고함을 질렀다. 숙종은 이 내용을 조정에 알려 왕비 폐출 의사를 드러냈다. 이에 86명의 신하가 폐출에 반대하는 의견을 올렸고, 숙종은 그들과 대치하며 폐출을 결행했다. 그 과정에서 반대 의견을 낸 수십 명의 신하를 국문하기도 했다. 그런 다음 숙종은 끝내 인현왕후 민씨를 내쫓았다.

숙종이 인현왕후를 내쫓은 목적은 단 하나였다. 장옥정을 왕비로 삼아 그녀와 아들 윤을 보호하기 위해서였다. 서인들이 대거 쫓겨났지만, 인현왕후가 있는 한 서인 세력은 다시 일어날 것이고, 장옥정이 왕비가 되지 않는 한 원자 윤은 서자 신분을 면할 수 없었다. 그런 상황에서 인현왕후나 다른 후궁 중에 누가 아들이라도 낳으면 장옥정과 원자의 신세가 어떻게 되겠는가!

숙종은 인현왕후를 내쫓은 직후에 장옥정을 왕비로 확정했다. 마침내 자신의 연인 옥정을 정부인의 자리에 앉혔다. 그뿐 아니라 원자 윤을 세자로 책봉했다. 대개 세자 책봉은 여덟 살에 하는 것이 관례인데, 혹여 시빗거리가 생길까 봐 마음이 불안했던 숙종은 두 돌도 되지 않은 갓난아이를 세자로 삼았다. 숙종이 인현왕후를 내쫓고 급히 장옥정을 왕비로 확정한 데는 또 다른 이유가 있었다. 인현왕후를 내쫓을 당시 장옥정은 임신 중이었다. 만약 장옥정이 후궁의 몸으로 아이를 낳게 되면 태어날 아이는 서자나 서녀가 될 상황이었고, 숙종은 이런 사태를 막기 위해 서둘러 인현왕후를 내쫓았다.

인현왕후가 쫓겨나고 두 달쯤 뒤에 장옥정은 아이를 출산했다. 이번에도 아들이었다. 하지만 아이의 명은 길지 않았다. 숙종은 아이에게 오래 살라는 뜻으로 '성수盛壽'라는 이름을 내렸지만, 아이는 두 달여 만에 죽고 말았다. 숙종은 둘째 아들을 잃고 눈물을 흘리며 몹시 고통스러워했다. 게다가 장옥정도 산후 후유증으로 건강이 매우 나빠졌다. 아이를 잃고 시름시름 앓는 장옥정에게 숙종은 선물을 안겼다. 이미 그녀를 왕비로 확정해뒀지만, 임신 중이라 책봉식을 거행하지 않고 있었다. 그래서 아들을 잃은 그녀를 위로할 겸 그해 10월에 왕비 책봉식을 거행했다.

변심한 남자의 잔인한 선택

왕비의 자리에 오른 후에도 장옥정은 여전히 건강을 회복하지 못했다. 신체 곳곳에 종기가 나고, 머리에도 자주 부스럼이 생겼다. 흔히 긴병에 효자 없다는 말이 있지만, 긴병에 열부는 더 없는 법이다. 연인 옥정이 병치레로 자주 드러누워 있는 동안 숙종은 새로운 여자에게 눈이 팔렸다.

숙종의 눈을 사로잡은 여인은 궁궐에서 물을 길어 나르던 무수리(숙빈 최씨)였다. 숙종의 눈에 들었을 때 그녀는 이미 스무 살이 넘었다. 당시 처녀들이 열여섯에서 열여덟 살에 결혼했으니, 최씨는 과년한 나이였다. 어떤 경로로 그녀가 왕의 눈에 들었는지는 자세하게 기록되어 있지 않지만, 그녀가 천비 출신으로 숙종의 승은을 입어 임신한 덕에 후궁이 된 것만은 분명해 보인다.

어쨌든 숙종은 이 새로운 여자를 만나면서 장옥정에 대한 정이 식어버렸다. 더구나 최씨는 아이까지 잉태했다. 1693년 10월에 드디어 최씨가 숙종의 아이를 출산했다. 아들이었다. 숙종은 이 아들에게 길게 살라는 뜻으로 '영수永壽'라는 이름을 내렸다. 하지만 숙종의 기대와는 달리 태어난 지 두 달 만에 죽었다. 하지만 최씨는 첫아이를 잃은 슬픔이 채 가시기도 전에 둘째를 임신했다. 그리고 1694년 10월에 출산했다. 이번에 태어난 아이는 건강했다.

최씨가 연이어 아이를 낳자, 숙종은 최씨를 몹시 총애했다. 숙종의 마음이 최씨에게 쏠리자, 서인들은 그 기회를 이용하여 장옥정을 왕비에서 끌어내릴 계획을 세운다. 서인 노론계의 김춘택과 소론계의 한중혁이 손을 잡고 인현왕후 민씨의 복위운동을 전개했다.

한편 서인들이 폐비 민씨의 복위운동을 꾀하고 있다는 사실을 파악한 남인들은 이를 계기로 서인들을 완전히 조정에서 몰아낼 계획을 세웠다. 복위운동 주모자들을 심문한 다음 내막을 파악하여 숙종에게 보고하기에 이른 것이다.

그런데 숙종의 반응은 의외였다. 민씨 복위운동을 보고받고 오히려 남인들을 궁지로 몰아세웠다. 민씨 복위운동을 빌미로 서인들을 일거에 쫓아내려고 한 것 아니냐며 남인들을 질책한 것이다. 숙종이 이런 태도를 보인 배경에는 숙빈 최씨가 있었다. 숙종이 최씨를 총애한다는 사실을 확인한 서인들은 최씨와 결탁하였고, 최씨는 숙종의 마음을 좌지우지하고 있었던 것이다.

숙빈 최씨는 왕비 장씨가 질투심으로 자신을 괴롭힌다며 하소연하였고, 왕비 장씨의 배후에 남인들이 있다며 그들도 함께 비난했다. 숙종은 그 말을 듣고 남인에게 등을 돌렸고, 결국 폐비 민씨 복위운동 사건으로 서인을 몰아내고자 했던 남인들은 오히려 철퇴를 맞아 모두 쫓겨나는 사태가 벌어졌다. 남인들을 내쫓은 숙종은 서인들이 추진하던 폐비 복위 요구를 받아들여 인현왕후를 환궁시켰다. 또 장옥정을 빈으로 강등시켜 왕비전에서 물러나 취선당에 머물게 했다. 이 사건이 1694년에 벌어진 '갑술환국'이다.

하지만 숙빈 최씨와 인현왕후는 이것으로 만족하지 않았다. 장옥정에게 깊은 원한을 가진 인현왕후는 어떻게든 장옥정을 제거하려 했고, 이를 위해 숙빈 최씨와 손을 잡았다. 하지만 인현왕후는 이미 중병에 걸려 있었다. 중궁전으로 돌아온 그녀는 시름시름 앓다가 환궁한 지 7년 만인 1701년에 세상을 떠났다.

인현왕후가 죽자 숙빈 최씨는 몹시 불안해했다. 인현왕후가 죽었으니 장옥정이 다시 중전으로 복위할 것이고 그렇게 되면 자신의 처지가 어떻게 될지 알 수 없었기 때문이다. 그래서 숙빈 최씨는 장옥정에 대해 선제공격을 감행한다. 당시 장옥정은 세자 윤의 건강을 위해 취선당에 신전을 차려놓고 무당을 불러 굿을 했다. 물론 이것은 숙종도 이미 알고 있는 일이었다. 하지만 숙빈 최씨는 장옥정이 신전을 차린 것은 인현왕후를 저주하여 죽일 목적이었다고 고변한다. 숙종은 이 고변을 근거로 장옥정을 치죄하기에 이른다. 그리고 취선당을 드나들던 무당은 물론이고 장옥정의 오빠 장희재, 장옥정의 치죄를 반대하던 소론 세력까지 죽이거나 내쫓아버렸다. 또 장옥정에게도 자진 명령을 내렸다. 한때 그토록 사랑한 여인 장옥정을 결국 자기 손으로 죽이는 결정을 내린 것이다.

이 사건을 두고 대개 사극에서는 장옥정을 대단한 악녀로 설정하는 반면, 인현왕후는 천하에 둘도 없는 마음씨 고운 왕비로 설정한다. 그러나 이 사건의 실상을 보면 전혀 다른 내용을 발견할 수 있다. 장옥정이 악녀도 아니고 인현왕후도 마음씨 고운 왕비가 아니었다. 오히려 숙종과 말다툼까지 벌이며 힘 싸움을 벌인 쪽은 인

▶ 장희빈 무덤. 경기도 고양시에 있다. 권태균 사진

현왕후이지 장옥정이 아니었다. 장옥정이 신당을 차려놓고 인현왕
후를 저주했다는 것도 숙빈 최씨의 주장일 뿐이고, 장옥정이 악녀
처럼 묘사된 것도 《인현왕후전》 같은 소설 속의 허구일 뿐이다. 역
사적 사실은 오히려 장옥정이 숙종이라는 남자에게 철저히 배신당
하고 이용당한 '정치적 희생양'이었다는 것이다. 하지만 정권을 장
악한 서인들은 장옥정을 악녀로 묘사했고, 인현왕후는 천하에 둘
도 없는 천사로 만들어놓았다. 물론 서인들이 이렇게 하도록 방치
한 사람은 장옥정의 연인이었던 숙종이다. 그런 의미에서 보면 숙
종은 치졸하고 잔인한 남자였다.

한편, 장옥정에게 자진 명령이 떨어지자 그녀의 아들 세자 윤은
궁궐 문 밖에 거적을 깔고 정승들에게 하소연했다.

"나의 어머니를 살려주시오."

그 말을 듣고 좌의정 이세백은 옷을 털며 자리를 피했고, 영의정 처석정은 울면서 이렇게 대답했다.

"신이 감히 죽을 각오를 하고 저하의 은혜를 갚겠습니다."

하지만 최석정은 오히려 탄핵당해 유배 길에 올랐고, 장옥정을 죽이지 말 것을 청한 모든 신하가 벼슬에서 쫓겨났다. 그리고 장옥정이 죽자, 당시 열네 살이던 세자 윤은 생모를 잃은 비통한 심정과 자신에 대한 공격이 시작될 것이라는 공포에 질려 시름시름 앓았다. 세자 윤이 이때 병을 얻은 것과 관련하여 일설에는 장옥정이 사약을 받는 자리에서 아들의 하초를 움켜쥐고 잡아당겼기 때문이라는 말이 있다. 이는 이문정이 지은 《농수수문록》에 나오는 내용인데, 이 책은 당시 장옥정을 죽이려던 노론 측 입장에서 서술된 책이기 때문에 신빙성이 떨어진다.

사실, 노론 세력은 장옥정을 죽인 뒤에 윤을 세자 자리에서 끌어내리려고 혈안이 되었다. 윤이 왕위에 오를 경우 장옥정을 죽인 자신들이 복수를 당할 것을 염려했기 때문이다. 윤을 폐위하기 위한 노론의 시도는 약 20년 동안 끈질기게 이어졌고, 이런 상황은 세자의 병을 더욱 깊어지게 하였다. 윤은 몸이 너무 약하여 대를 이을 후손도 얻지 못할 지경이었다. 심지어 세자의 직무를 제대로 수행할 수 없었고, 그 때문에 숙빈 최씨의 아들 연잉군 금(영조)이 세자를 대리하여 정치를 배우는 사태가 벌어졌다. 물론 숙종도 동조한 일이었다. 하지만 소론 세력이 세자를 적극적으로 보호하여 윤은 가까스로 부왕이 죽을 때까지 세자 자리를 지킬 수 있었다. ⌒

제15장

21대

영조

두 얼굴의 정략가,
고독한 가장

영조의 가계도

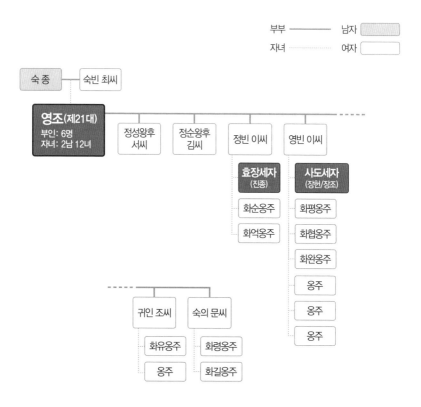

부부 ——— 남자 ▬

자녀 ········· 여자 ▭

숙종 — 숙빈 최씨

영조(제21대)
부인: 6명
자녀: 2남 12녀

정성왕후 서씨

정순왕후 김씨

정빈 이씨

영빈 이씨

효장세자
(진종)

화순옹주

화억옹주

사도세자
(장헌/장조)

화평옹주

화협옹주

화완옹주

옹주

옹주

옹주

귀인 조씨

숙의 문씨

화유옹주

옹주

화령옹주

화길옹주

천비 출신 어머니, 마르고 왜소한 아들

영조는 1694년(숙종 20년) 9월에 숙종과 숙빈 최씨 사이에서 태어났으며, 이름은 금이다. 금이 태어난 곳은 창덕궁의 보경당이었다. 금이 태어나기 3일 전에 창덕궁 위로 붉은빛이 드리우고 하얀 구름이 그 주위를 감쌌다고 한다. 또 이날 밤에 한 궁인이 꿈을 꾸었는데, 흰 용이 보경당에 날아들었다고 한다. 물론 이런 말들은 훗날 꾸며낸 이야기일 것이다.

사실, 금은 태어날 때부터 많은 구설에 시달렸다. 금의 생모 최씨가 천비인 무수리였기 때문이다. 무수리는 궁궐에서 물을 길어나르는 노비였다. 그런데 그 노비가 왕의 승은을 입어 왕자를 생산했으니, 잡다한 소문이 나도는 것도 무리는 아니었다.

숙빈 최씨는 최효원의 딸이며, 어머니는 남양 홍씨였다. 1670년에 태어났으니 금을 낳았을 때 그녀는 스물다섯이었다. 《정읍군지》에는 그녀가 전라도 정읍현 태인면에서 태어났으며, 아주 어릴 때

부모를 여읜 것으로 전한다. 그리고 인현왕후의 아버지 민유중이 영광 군수로 부임하다 태인의 대각교라는 다리에서 버려져 있는 그녀를 발견하고 데려다 키웠다고 한다. 이후 인현왕후가 왕비로 간택되어 입궁할 때 함께 궁으로 들어왔다는 것이다.

그러나 다른 설들이 있는 것으로 보아《정읍군지》의 내용은 신빙성이 떨어진다. 숙빈이 인현왕후가 궁으로 데려온 몸종이라면 인현왕후가 쫓겨날 때 함께 쫓겨났어야 하는데, 궁궐에 남아 무수리로 살다가 숙종을 만났다는 것은 앞뒤가 맞지 않는다. 숙빈 최씨의 출신에 대해서는 침방 궁녀였다는 설도 있다. 이 이야기는 고종의 후궁 삼축당 김씨와 광화당 이씨가 고종에게 직접 들은 것이라고 한다. 고종은 '최씨가 일곱 살에 궁궐에 들어왔다'라고도 했다 하지만, 이 역시 증거가 없다.

이렇듯 숙빈 최씨의 입궁 과정에 대해 여러 이설이 존재하는 것은 그녀가 무수리 출신이 아니라는 주장을 펼치기 위함이다. 말하자면 이런 이설들은 모두 영조가 왕위에 오른 뒤에 어떻게 해서든 영조 생모가 무수리 출신이라는 것을 숨기려는 의도에서 만들어진 이야기라는 것이다. 어쨌든 천비 출신의 후궁에게서 태어난 왕자 금은 영특하고 자질이 뛰어났던 모양이다. 글씨와 그림에도 능하고 머리도 영리하였다. 실록은 또 금이 태어날 때부터 신체에 특이한 부분이 있었다고 적고 있다.

"왕께서는 특이한 자질이 있고, 오른팔에 용이 서린 듯한 아홉 개의 무늬가 잇따라 이어져 있었다."

말하자면 왕자 금의 오른팔에 아홉 개의 옅은 점이 있었는데, 그것이 마치 용 모양처럼 보였다는 것이다. 용이란 왕을 상징하는 것인데, 팔에 용무늬가 새겨져 있다는 것은 태어날 때부터 제왕 팔자였다는 것을 의미한다. 하지만 이것은 영조가 왕위에 오른 뒤에 엮은 말들일 것이다. 만약 어린 시절부터 이 사실이 알려졌다면 오히려 왕자 금은 무사하지 못했을 것이다. 그가 태어났을 때 이복형 윤이 이미 세자에 책봉되어 있었기 때문이다.

금의 생모 최씨는 어릴 때부터 금의 행동거지에 매우 신경 썼던 모양이다. 실록은 이와 관련하여 다음과 같은 기록을 남기고 있다.

왕께서 겨우 걸음을 배웠을 때 숙종께 나아가 뵈면 반드시 무릎을 모아 바르게 앉고 숙종께서 물러가라고 명령하지 않으시면 하루해가 다 가도 힘든 내색을 하지 않았다. 이에 숙빈이 왕께서 오래 꿇어 앉아있느라 발이 굽을세라 염려하여 넓은 버선을 만들어서 힘줄과 뼈를 펼 수 있게 하였다.

숙빈이 어린 금에게 이토록 예의를 차리게 한 것은 아마도 생모가 천비 출신이라 행동이 막돼먹었다는 소리를 듣기 싫어서일 게다. 사실, 숙빈이 천비 출신이라는 사실은 왕자 금에게도 콤플렉스였을 것이다. 그 때문에 항상 주변의 눈치를 살피고, 자신의 행동에 대해서도 지나치게 검증하는 태도를 보였을 법하다.

이러한 성격은 그의 외모에서도 잘 드러난다. 그가 스물한 살 무

▶ 영조의 연잉군 시절 초상화(위. 권태균 사진)와
영조 어진(아래. 위키피디아 사진) 국립고궁박물관 소장.

렵에 그려진 초상화가 전해오는데, 이 초상화 속에 나타난 영조는 몸이 왜소하고 얼굴이 가늘며 전체적으로 매우 여윈 체구다. 눈은 작고 다소 사선으로 날카롭게 올라가 있으며, 눈썹 역시 사선으로 날카롭게 생겼다. 또 콧날은 높아 매부리 모양에 가깝고, 입은 작고 입술은 얇은 편이다. 이런 외모는 전체적으로 날카롭고 냉철한 느낌을 주며 예민하고 의심이 많은 인상이기도 하다. 이런 모습은 60대에 그려진 영조 어진에서도 그대로 드러난다. 늙은 영조의 모습은 명민하고 깐깐하며 빈틈없는 근엄함마저 서려 있다. 현란한 정치 술수를 발휘한 노회한 군주의 모습이 여실히 드러난다. 마치 그렇게 되기까지 그가 겪은 모진 풍파와 고통을 대변하기라도 하듯이.

가시방석 생활 30년

영조는 태어날 때부터 왕위에 오르던 서른한 살까지 줄곧 주변의 숱한 견제를 받으며 가시방석 생활을 했다. 그가 태어났을 때, 생모 최씨는 세자 윤(경종)의 생모 장씨와 심한 세력 다툼을 벌이고 있었다. 그러다 인현왕후가 복위되고 장씨가 중궁에서 물러나 빈으로 강등되었는데, 최씨는 이 사건에 핵심 역할을 하였다. 이후 희빈 장씨는 소론 세력과 함께 세자 윤을 지키기 위해 숙빈 최씨와 철저히 대립했고, 덩달아 왕자 금도 그들 세력의 감시를 받았다. 희빈 장씨와 숙빈 최씨의 대립은 인현왕후가 죽던 1701년에 절정에 달했고, 결국 그 대립은 희빈 장씨의 죽음으로 끝이 났다. 희빈 장씨와의 대결에서 숙빈 최씨가 승리한 것이다.

하지만 싸움은 그때부터 다시 시작되었다. 희빈 장씨가 죽자, 세자 윤의 입지가 크게 약화하였고 세자 윤의 건강도 나빠졌다. 이에 숙빈 최씨를 지지하던 노론 세력은 세자 윤을 폐위하고 왕자 금을 세자로 세우려 했고, 부왕 숙종도 은근히 동조하는 자세를 취했다. 그러자 세자 윤을 지지하던 소론 세력이 눈에 불을 켜고 왕자 금을 공략했다. 이후 조정은 세자 윤을 지키려는 세력과 왕자 금을 지지하는 세력으로 나뉘어 목숨을 건 정치투쟁을 전개했다. 그 과정에서 세자 윤의 건강은 점점 악화하였고, 숙종은 노론의 영수 이이명과 독대(정유독대)하여 연잉군 금에게 왕위를 물려줄 뜻을 내비쳤다. 이에 소론은 극렬하게 반발하였고, 이후로 노론과 소론 간의 당쟁은 극단적인 양상을 보였다.

이렇듯 왕자 금은 유아 시절부터 소년 시절을 거쳐 청장년에 이르기까지 왕위 계승을 두고 이복형 세자 윤과 목숨을 건 경쟁을 지속했다. 그런데 그동안 왕자 금을 후원하던 부왕 숙종이 죽고, 이복형 윤이 왕위에 오르면서 그는 졸지에 생명의 위협을 느끼는 상황에 부닥쳤다. 그나마 다행인 것은 경종의 뒤를 이을 왕자가 없다는 것이었다. 경종은 당시 서른 살이 넘었는데도 자식이 없었고 건강도 매우 나빴다. 그래서 노론은 연잉군 금을 왕세제로 삼아야 한다고 주장하여 관철했다. 또 경종의 건강 악화를 빌미로 세제 금이 왕을 대신하여 섭정해야 한다고 주장하여 이 역시 관철했다.

하지만 경종을 대신하여 섭정한 것이 화근이 되어 금은 궁지로 내몰렸다. 경종의 호위 세력을 자처하던 소론의 극심한 반발에 밀려 노론이 조정에서 대거 쫓겨나는 '신임사화'가 일어난 것이다. 이 사건 이후 조정은 소론이 독점하였고, 세제 금은 동궁에 연금되는 신세가 되었다. 결국, 신변에 위협을 느낀 그는 숙종의 세 번째 왕비이자 대비였던 인원왕후 김씨를 찾아가 자신은 왕위를 탐낸 적이 없다며 결백을 주장하여 가까스로 위기를 넘겼다. 이때 그는 왕세제 자리를 내놓는 것도 불사하겠다며 승부수를 던졌다. 그렇게 가까스로 목숨을 부지하던 중에 경종이 죽었다. 오랫동안 앓고 있던 병마를 이기지 못한 것이다. 경종의 죽음은, 곧 영조의 가시방석 생활이 끝났음을 의미했다. 출생 이후 무려 30년 동안이나 앉아 있었던 가시방석이었다.

경종 독살설과 김춘택의 아들설

하지만 세간에는 그가 경종을 독살했다는 소문이 파다하게 퍼졌다. 영조가 경종을 독살했다는 소문의 근거는 다음과 같았다.

본래 경종은 병마에 시달리며 입맛을 잃은 상태였는데, 연잉군이 경종의 입맛을 돋우기 위해 게장을 올렸다. 경종은 그 게장 맛을 보고 입맛이 좋아져 조금씩 음식을 먹게 되었는데, 이때 마침 연잉군이 후식으로 생감을 올렸다. 그런데 게장과 생감은 궁합이 맞지 않는 음식이라 금기시했다. 하지만 연잉군은 이를 무시하고 생감을 올렸는데, 생감을 먹은 지 이틀쯤 지나자 경종이 갑자기 복통을 호소했다. 이에 연잉군은 인삼을 올렸고, 이후로 인삼을 몇 번 먹은 뒤에 경종이 급사했다는 것이다. 말하자면 연잉군이 올린 음식과 약재를 먹고 경종이 갑자기 죽었기 때문에 이는 필시 독살이라는 것이 소론의 주장이었다.

경종 독살설과 함께 영조가 숙종의 아들이 아니라 김춘택의 아들이라는 소문도 함께 퍼졌다. 영조가 김춘택의 아들이라는 소문의 근거를 들어보면 이렇다.

김춘택은 숙종의 장인이었던 김만기의 손자로 숙종의 첫 왕비 인경왕후 김씨의 조카이기도 하다. 그는 인현왕후 집안과도 밀접하여 인현왕후 복위에 중추적인 역할을 했다. 이 과정에서 희빈 장씨의 오빠 장희재의 처와 간통하여 내연 관계를 형성한 후, 그녀에게 남인 내부의 정보를 얻어내 인현왕후 복위에 이용하기도 했다. 이렇듯 김춘택은 음흉한 구석이 있는 인물이었다.

이런 그가 인현왕후와 무척 친밀했으므로 숙빈 최씨와도 그랬을 것이란 추측 아래 숙빈의 자식들이 실제로는 숙종의 자식이 아니라 김춘택의 자식일 것이라는 소문이 만들어졌다. 그 근거로는 영조가 숙종의 외모와 전혀 닮지 않았다는 것에서 시작한다. 즉, 숙빈 최씨는 숙종을 만나기 전에 김춘택과 사랑을 나눴고 그래서 숙빈 최씨는 숙종의 자식이 아닌 김춘택의 자식을 잉태한 채 대궐로 들어갔다는 것이다.

하지만 이 이야기는 앞뒤가 맞지 않는다. 만약 숙빈 최씨가 김춘택의 아이를 잉태한 채 숙종의 승은을 입어 아이를 낳았다면 그것은 당연히 숙빈 최씨의 첫아이이여야 한다. 하지만 최씨의 첫아들 영수는 낳자마자 이내 죽었다. 그리고 두 번째로 낳은 아들이 영조였다. 따라서 설사 숙빈 최씨가 김춘택의 아이를 잉태한 채 숙종과 관계했다손 치더라도 그 아이가 영조일 가능성은 전혀 없다.

하지만 이 소문은 사람들의 입을 타고 마치 사실인 것처럼 세간에 퍼져갔다. 소론 세력 중에 조직적으로 이런 소문을 퍼뜨린 자들이 있었기 때문이다. 그리고 마침내 그 소문을 퍼뜨린 자들은 자신들이 퍼뜨린 소문을 기반으로 반란을 일으켰다. 이른바 '이인좌의 난'이었다. 이인좌의 무리는 소론 강경파로 영조가 경종을 독살했음을 사실로 믿는 사람들이었다. 그들은 난을 일으키면서 다음과 같은 말들을 쏟아냈다.

"지금 왕은 가짜 왕이다. 지금 왕은 경종대왕을 독살하고 왕위를 차지한 반역자다. 또 그는 숙종대왕의 아들도 아니다. 그는 왕실의 씨가 아니라 김춘택의 아들이다."

이런 말은 백성들을 현혹하였고, 급기야 많은 무리를 형성하여 청주성을 무너뜨리고 군대를 몰아 한양으로 진군하였다. 다행히

도순무사 오명항이 그들을 진압한 덕분에 난은 실패로 끝났다. 하지만 이후에도 영조는 경종을 독살했다는 의심 때문에 몹시 괴로워했다. 게다가 김춘택의 아들이라는 소문도 그를 괴롭혔다. 그것은 근본적으로 생모가 천비 출신이어서 생긴 소문이었다. 그런 까닭에 그가 김춘택의 아들이라는 소문이 얼마나 그의 심장을 후벼 파는 일이었을지는 능히 짐작하고도 남을 일이다.

약한 척 접근,
원하는 바 이루는 두 얼굴의 전략가

영조는 의심이 많고, 한번 의심한 인물은 절대로 믿지 않는 성품이었다. 또 과거에 자신을 공격한 자들은 철저하게 응징해야 직성이 풀렸다. 그의 이런 성품은 왕위에 오르기 전에 겪은 숱한 풍파의 산물일 것이다. 그래서 그는 누구에게도 쉽게 속내를 드러내지 않았고, 정사를 처리할 때도 강경하게 밀어붙이기보다는 타협을 유도하는 경우가 많았다. 하지만 일단 한번 결심한 일은 아무리 시간이 걸려도 기어코 해내는 끈질긴 면도 있었고, 복수할 때는 전혀 망설이지 않는 과감한 구석도 있었다. 그렇지만 숙종처럼 타인을 대놓고 공격하지는 않았다. 오히려 상대에게 자신은 약한 사람이라는 인식을 심어주면서 실제로는 자신이 원하는 것을 얻어내곤 했다. 다음 내용은 그의 이런 성격을 확인해주는 사례이다.

이인좌의 난 이후 영조는 조정에 화해 분위기를 조성하여 탕평책을 펴려고 했다. 영조가 이 정책을 펼치려 한 이유는 단순히 소론과 노론을 공평하게 등용하겠다는 뜻이 아니었다. 소론과 노론은 물론 남인과 북인 중에서도 자신의 의견에 동조하는 자들로 조정을 채우겠다는 의도였다. 이를 실현하려면 무엇보다도 소론과 노론의 거두가 화합하는 모양새를 만드는 것이 중요했다. 그래서 영조는 소론의 영수 이광좌와 노론 강경파를 이끌고 있던 민진원의 화해를 주선했다. 소론과 노론의 핵심 세력을 모두 조정으로 불렀고, 그 자리에 이광좌와 민진원도 불러들였다. 그리고 두 사람을 앞으로 나오라고 하여 왼손으로 이광좌의 손을 잡고 오른손으로 민진원의 손을 잡은 뒤 이렇게 말했다.

"지금 이 자리에서 두 사람이 앙금을 풀지 않는다면, 나는 두 사람의 손을 놓아주지 않겠다."

하지만 두 사람은 끝내 화해하지 않았다. 이후로 조정에는 소론과 노론의 강경파는 사라지고, 양쪽 온건파만 남았다. 사실, 이것은 영조가 의도한 일이었다. 어차피 강경파들은 타협하지 않을 것이기에 자신의 말을 잘 듣는 온건파만 데리고 조정을 이끌 속셈이었다. 하지만 대놓고 그렇게 하면 양쪽에서 모두 반발할 것이므로 이런 쇼를 벌인 것이다. .

조정에서 물러난 소론과 노론의 강경론자들은 조정에 남아 있는 온건파들을 부귀와 권력을 탐하는 자들이라고 비난하기 시작했다. 이는 근본적으로 영조의 탕평책에 내한 비난이었다. 이 때문에 조정의 온건 세력은 다시 당론을 거론하며 당쟁을 재현하려는 듯했다. 영조는 이를 타개하기 위해 또 한 번의 이벤트를 벌였다. 각선却膳(수라를 물리다), 즉 단식을 선언한 것이다. 단식은 원래 힘이 약한 사람이 강한 상대와 싸울 때 마지막으로 내놓는 수단이다. 그런데 명색이 왕이 단식투쟁을 하자 조정의 신하들이 어찌할 바를 몰랐다. 그 당시 신하들이 경연 중에 이런 말을 하기도 했다.

"신들 중에서 이제부터 다시 당론을 거론하는 자가 있으면 정말 개자식입니다."

영조는 이 말을 듣고 빙그레 웃었다고 한다. 이때 소론 강경파의 거두 이광좌는 영조의 단식 소식을 듣고 상경하여 당론을 버리고 조정으로 돌아오겠다고 약속했다. 영조는 이 말을 듣고 단식을 푼 뒤, 이광좌를 영의정으로 삼아 조정을 운영했다. 그리고 다시는 과거의 당쟁과 관련한 일을 끄집어내지 말라고 명령했다. 하지만 영조는 근본적으로 소론에 대한 불만이 있었다. 특히, 경종 재위기에 일어난 임인사화 때 노론 핵심 세력이 대거 제거된 것에 원한을 품고 있었다. 영조는 어떻게 해서든 소론으로부터 임인사화에 대한 사과를 받아내고, 경종을 독살했다는 의심에서 벗어나고자 했다.

그런 영조의 속내를 읽고 노론의 유척기가 임인사화 때 죽은 노론의 영수 이이명과 김창집의 관작을 회복해달라고 요청했다. 영조는 이 말이 나오기를 기다렸다는 듯 곧바로 이이명과 김창집을 신원伸冤했다. 이에 대해 이광좌를 비롯한 소론 측 인사들이 반발하자 영조는 대놓고 그들을 꾸짖었다.

"오늘날 나의 신하로 있으면서 어찌 입을 함부로 놀리느냐?"

그 말 한마디에 소론 측은 아무 소리도 못하고 물러났다. 그동안 탕평을 명분으로 당색을 드러내지 못하게 했고, 덕분에 영조는 조정을 완전히 장악한 상태였다. 소론은 '찍'소리도 못하고 영조의 처분을 받아들였다. 이로써 그는 왕위에 오른 지 17년 만에 임인사화를 소론의 무고로 생긴 일임을 천명한 셈이었다. 그야말로 끈질긴 인내 끝에 얻은 달콤한 열매였다.

여자 복도 자식 복도 없는 왕

영조는 여자 복도 자식 복도 없는 왕이었다. 그는 두 명의 왕비와 네 명의 후궁을 뒀는데, 이들에게서 2남 12녀를 얻었다. 하지만 적자와 적녀는 없었고 영조보다 오래 산 아들은 한 명도 없었다. 또 12명의 딸 중에서도 영조보다 오래 산 딸은 단 세 명뿐이었다.

영조는 열한 살 되던 1704년에 서종제의 딸과 혼인하였다. 당시 부인 서씨는 열세 살이었다. 하지만 영조와 서씨의 관계는 원만하지 않았던 모양이다. 이와 관련한 이야기가 전한다.

혼인 첫날밤에 영조가 서씨의 손을 보고 물었다.

"어째서 손이 이리도 곱습니까?"

서씨가 대답했다.

"고생한 적이 없고 손에 물을 묻히지 않아서 그렇습니다."

그 말을 듣고 영조는 그녀가 무수리 출신인 자신의 생모 최씨를 업신여긴 것으로 생각하여 다시는 그녀를 찾지 않았다.

이 일화가 사실인지 아닌지는 알 수 없지만, 영조의 왕비 정성왕후 서씨에게는 자녀가 없었다. 영조가 사랑한 여인은 따로 있었는데, 그녀는 영조의 첫 후궁이었던 정빈 이씨였다. 이씨는 궁녀 출신으로 스무 살이 넘어서 영조를 만났고 1717년에 영조에게 첫아이를 안긴 여자였다. 그때 그녀의 나이는 영조와 같은 스물네 살이었다. 그녀가 낳은 첫아이는 딸이었는데, 1718년 돌을 며칠 앞두고 죽었다. 이 아이는 훗날 화억옹주로 불리게 된다.

화억옹주가 죽고 이듬해인 1719년에 이씨는 둘째를 낳았는데, 그 아이가 영조의 장남 행(효장세자)이었다. 행의 아명은 만복이었다. 만복은 영조의 장남이기도 했지만, 숙종의 첫 손자이기도 했다. 당시 숙종은 와병 중이었는데, 만복이 태어났다는 소식을 듣고 매우 기뻐했다고 한다.

이씨는 만복을 낳고 연년생으로 딸 하나를 더 낳았는데, 화순옹주였다. 숙종이 죽은 후 경종이 왕위에 올랐고, 1721년에 연잉군이었던 영조는 세제에 책봉되었다. 그러자 만복의 생모 이씨도 종5품

소훈의 첩지를 받았다. 하지만 후궁 첩지를 받은 기쁨도 잠시, 그녀는 그해에 원인 모를 독을 먹고 죽었다. 그녀를 독살한 인물은 환관 장세상이었다. 장세상은 당시 노론 세력과 친했는데, 이씨를 독살하여 소론 세력이 죽인 것으로 꾸미려다 들통이 났다. 영조의 첫사랑 이씨는 이렇게 정치의 희생양이 되어 허무하게 죽었다.

이씨가 죽은 뒤 1724년에 만복은 경의군에 책봉되었고, 영조가 왕위에 오르자 1725년에 세자에 책봉되었다. 하지만 만복의 삶은 이름처럼 복이 많지는 않았다. 만복은 여덟 살이 되던 1726년에 조문명의 딸(효순왕후)과 혼인하였고, 이듬해에는 성균관 입학례와 관례를 올리기도 했다. 말하자면 이제 막 아홉 살 된 아이에게 서둘러 성인식을 해준 셈이었는데, 그 무렵 세자빈 조씨가 홍역을 앓았다. 그래서 만복은 급히 경춘전으로 거처를 옮겼다. 이후 세자빈의 병세는 안정되었는데 이듬해가 되자 세자 만복이 시름시름 앓기 시작했다. 처음에는 머리에 미열이 있는 정도였는데, 연이어 안질이 동반되고 고열 증세를 보이더니 일어나지 못하고 열 살의 어린 나이로 죽고 말았다.

만복이 죽을 당시 영조는 서른다섯 살이었다. 영조는 죽어가는 장남을 안타까워하면서 수일 동안 눈물로 지새웠는데, 그 때문에 건강이 악화하기도 했다. 효장세자가 죽은 뒤, 그가 누군가에 의해 독살됐다는 말이 돌기 시작했다. 이미 효장세자의 생모 이씨가 독으로 죽은 만큼 영조는 이 소문에 매우 민감하게 반응했다. 그리고 1729년 3월에 범인으로 의심되는 자들이 체포되었다.

효장세자를 살해한 범인으로 체포된 자는 상궁 순정이었다. 실록은 영조 6년(1730년) 3월 9일의 기록으로 당시 상황을 이렇게 남겼다.

임금이 시임대신과 원임대신 및 금오의 당상, 포도대장을 명초命招하여 3경에 매흉埋凶(흉한 물건을 일정한 곳에 파묻어 특정인을 저주하는 행위)한 궁인 순정과 세정 등을 인정문에서 친국하였다. 그 이튿날 임금이 장전에 나아가자 홍치중, 이태좌, 이집이 부복하였다. 임금이 흐느끼며 눈물을 흘리다가 말했다.

"말하고 싶으나 마음속이 먼저 나빠지니 마땅히 진정시키고 말하겠다. 이는 외간外間의 일과 다른 것이니, 사관은 듣고서 상세히 기록하도록 하라. 잠저에 있을 때부터 순정이란 이름의 한 궁인이 있었는데, 성미가 불량하여 늘 세자와 세자의 사친(정빈 이씨)에게 불순한 짓을 하는 일이 많아서 쫓아버렸다. 신축년에 세자가 된 뒤 궁인이 갖추어지지 않았기에 다시 들어오도록 했는데, 마음을 고쳤으리라고 생각했다. 갑진년에 왕위를 이은 뒤에는 세자 및 두 옹주를 보육하게 하다가 세자 책봉 뒤에 그를 옹주 방에 소속시켰다. 그러자 동궁의 나인이 되지 못한 것에 항시 마음속으로 앙앙불락하였으니 이른바 시기심이 있는 자였다. 대개 신축년 겨울의 일이 한밤중에 일어났는데, 궐녀에게 의심스러운 단서가 없지는 않았지만, 나는 의심스러운 것으로 남을 벌주고자 하지 않았으므로 그냥 두고 묻지 않았다. 그 뒤 약을 쓴 한 가지 일이 나온 뒤로 궐녀가 매번 이 일에 대해 들을 때마다 안색이 바뀌는 일이 없지 않았으니, 마치 춘치자명春稚自鳴(봄철의 꿩이 스스로 운다는 뜻, 시키거나 요구하지 않아도 저 스스로 함을 말한다)과 같은 격이었다.

재작년 원량元良(세자)의 병이 증세가 자못 이상하게 되었을 적에 도승지 또한 "의원도 증세를 잡을 수가 없다고 합니다"라고 하지 않았던가? 내가 진실로 의심했지만, 일찍이 입에 꺼내지 않았고 지난번 화순옹주가 홍진을 겪은 뒤에 하혈 증세가 있었기에 매우 마음에 괴이하게 여기며 의아해하다가 이제 와서야 비로소 독약을 넣어 그렇게 된 것임을 알게 되었다. 그가 이미 세자의 생모에게 독기를 부렸기 때문에 세자가 점점 장성하는 것을 좋게 여기지 아니하여 또다시 흉악한 짓을 하였고, 강보에 있는 아이인 4왕녀에게도 또한 독약을 썼다. 나의 혈속血屬을 반드시 남김없이 제거하려 했으니, 어찌 흉악하고 참혹하지 아니한가?"

이런 영조의 말을 듣고 조신들이 순정을 국문했더니, 그녀가 자신이 독살했음을 자백했다. 영조는 그녀를 참형에 처했다. 그리고 순정의 심부름을 한 세정에게도 고문을 가하여 자백을 받고 역시 참형에 처했다.

하지만 궁녀 순정이 정말 정빈 이씨와 효장세자를 독살했는지는 의문이다. 순정이 효장세자를 독살한 증거도 없고 이유도 불분명하다. 영조의 말로는 순정이 영조를 미워하고 정빈 이씨를 시기하여 저지른 일이라고 하는데, 이것은 모두 추론일 뿐이다.

마침내 얻은 아들

영조는 정빈 이씨가 죽은 뒤 새 후궁을 얻었는데, 영빈 이씨였다. 그녀 역시 정빈처럼 궁녀 출신이었는데, 인물이 매우 뛰어났다고 한다. 영빈 이씨는 영조보다 두 살 어렸는데, 1701년 여섯 살 때 입궁해서 서른한 살 때 영조의 승은을 입어 후궁으로 책봉되었다. 이후 그녀는 연달아 딸 여섯을 낳았는데, 첫째 화평옹주를 빼고는 둘째에서 넷째까지 모두 연이어 죽었다. 여섯 딸 중에 첫째 화평옹주, 다섯째 화협옹주, 여섯째 화완옹주만 살아남았다.

이렇듯 영빈 이씨가 계속 딸만 낳자 시어머니격인 숙종의 계비 인원왕후는 그녀에게 거처를 옮겨보라고 권한다. 인원왕후가 점쟁이에게 점을 보니, 거처를 옮기면 왕자를 낳을 수 있다는 것이었다. 이씨는 인원왕후의 명에 따라 거처를 창경궁 집복헌으로 옮겼다. 그런데 정말 점쟁이 말처럼 1735년 마흔의 나이에 아들을 낳았다. 영조에게는 장남을 잃은 후로 가까스로 얻은 매우 귀한 핏줄이었다.

영조는 둘째 아들의 이름을 '선'이라고 하였다. 그리고 선이 백일이 되자 선을 왕비 정성왕후 서씨의 양자로 삼았다. 그리고 돌이 지나자 원자로 삼았다. 이후 원자 선은 다시 세자로 책봉되었다. 불과 두 살밖에 되지 않은 아이를, 그것도 서자로 태어난 아이를 세자로 삼는 것은 당시 영조가 왕위 계승자의 탄생을 얼마나 기다리고 있었는지 잘 보여주는 대목이다.

영조는 이 귀한 아들을 왕비에게 맡겨 철저한 제왕 교육을 시켰다. 백일 무렵부터 생모가 아닌 왕비 서씨가 보육을 도맡았다. 이후 두 살에 세자에 책봉되자, 선은 거처를 세자전인 창경궁 저승전儲承殿으로 옮겼다. 저승전이란 건축물은 얼핏 들으면 죽은 사람이 가는 저승을 연상하게 하지만, 그 뜻은 '왕위를 계승할 세자가 머무는 집'이라는 의미다. 말하자면 동궁전이라는 뜻이다.

저승전은 경종이 세자 시절에 거처하던 동궁이기도 했고, 경종의 부인 선의왕후 어씨도 경종 사후에 이곳에서 생활했다. 이곳 바로 옆에는 경종의 생모 희빈 장씨가 머물던 취선당이 있었다. 그러다 보니 저승전과 그 주변에서 근무하는 궁녀와 환관들은 선의왕후와 경종, 희빈 장씨를 모시던 사람이 많았다. 그들은 경종과 희빈 장씨, 선의왕후 어씨 등이 죽은 후에도 상전에 대한 충성심을 잊지 않았다. 그런 까닭에 세자 선은 그들을 통해 자연스럽게 경종과 선의왕후, 희빈 장씨에 관한 이야기를 듣게 되었다. 암암리에 경종 독살설이나 노론에 대한 부정적인 시각을 접하게 되었고, 이는 노론과 대립하던 소론에 대한 호감으로 이어진다. 하지만 영조는 전혀 그런 낌새를 알아채지 못했다.

어린 시절 선은 영특한 아이였다. 일곱 살에 이미 한문을 익혔고,《효경》을 읽을 정도였다. 그리고 이내《소학》을 익혔다. 조광조의 표현대로라면《소학》은 유학의 요체가 모두 들어 있는 책이었다. 일곱 살 때부터 그런 내용을 익히고 실천했다는 것은 세자가 천재적인 학습 능력을 갖춘 아이였음을 말해준다.

영조는 세자가 뛰어난 것을 매우 자랑스럽게 여겼다. 하지만 선이 아무리 뛰어나도 놀기 좋아하는 아이라는 사실을 영조는 간과했다. 세자는 가끔 상궁들과 칼싸움 놀이를 했는데, 어느 날 칼싸움 놀이를 한 뒤에 생모 영빈 이씨가 무엇을 했느냐고 묻자,《소학》을 공부했다고 거짓말하는 일이 생겼다. 전쟁놀이를 했다고 하면 혼날까 두려워 거짓으로 고한 것이다. 이후로도 전쟁놀이를 한 뒤에 영빈이 물으면 역시 공부를 했다고 거짓말했다. 하지만 여느 어린아이들의 거짓말이 그렇듯이 이내 들통이 나고 말았다. 영조는 영빈에게서 세자가 거짓말한다는 말을 듣고는 대노하여 바로 창경궁 저승전으로 달려가 세자를 무섭게 꾸짖었다. 그뿐 아니라 세자에게 전쟁놀이를 가르친 상궁 한씨와 이씨에게 가혹한 형벌을 가하고 그들을 궁에서 내쫓아버렸다.

이 사건 이후, 세자는 극도의 공포감에 사로잡혀 일종의 공황장애를 겪기 시작했다. 또 아버지 영조 앞에만 서면 두려움에 떨며 아무 말도 하지 못했다. 부왕 앞에 설 때면 청심환을 꼭 먹어야 했고, 때로는 영조가 무슨 말을 하려고 하면 자신을 질책하는 것으로 생각하고 기절하기도 했다. 세자 선의 아내 혜경궁 홍씨는 자신이 쓴《한중록》에 이런 현상을 "공포증과 광증을 드러냈다"고 표현하고 있다.

자식을 죽이다

세자 선의 병증은 시간이 흘러도 개선되지 않았다. 그런데도 열다섯 살 되던 1749년에는 영조를 대신하여 섭정을 시작했다. 승명대리(임금의 명으로 대신 정사를 돌보는 것)를 시작한 것인데, 이는 제왕수업의 일환이었다. 당시 상황을《한중록》은 이렇게 서술하고 있다.

기사년(1749년)에 경모궁이 열다섯 살이 되어 1월 22일에 관례를 행하고, 27일에 합례合禮(신랑·신부가 첫날밤을 보내는 것)를 하였다. 동궁을 늦게 얻으셔서 열다섯 살이 되어 합례까지 하니 기쁜 마음으로 오붓하게 재미를 보시면 좋은 일일 텐데, 어찌 된 뜻인지 영묘께서는 홀연히 동궁에게 정사를 보라고 영을 내렸다. 그날이 바로 관례를 행한 날이었다. 많은 일이 정사政事를 대리한 후에 일어난 탈이니 어찌 슬프지 않겠는가?

당시 영조 나이 쉰여섯이었는데, 건강에 문제가 있어 서무 처결에 어려움이 있었다. 그래서 세자에게 대리청정하게 한 것인데, 막상 일을 시켜보니 세자의 자질이 썩 마음에 들지 않았다. 이후로 영조는 격려나 칭찬은 하지 않고, 걸핏하면 불러다 호통과 폭언을 쏟아내며 질책했다. 이 때문에 세자 선은 더욱 부왕을 꺼렸고, 영조는 그런 낌새를 알아차리고 미운 감정을 드러냈다. 심지어 세자에게 질문하고 그 내답이 마음에 들지 않으면 보는 데서 물로 귀를 씻기도 하였다.

영조는 사람에 대한 호불호가 분명한 사람이었다. 자신이 좋아하는 자식과 싫어하는 자식은 한곳에 머물지도 못하게 했고, 싫어하는 사람의 말을 들으면 귀를 씻거나 이를 닦았다. 세자 선의 말을 들은 후에는 대부분 귀를 씻었다. 그만큼 세자를 싫어했다. 영조는 딸이 많았지만, 딸들에 대한 차별도 심했다. 싫어하는 딸은 세자 선의 누나 화협옹주였고, 좋아하던 딸은 화평옹주와 화완옹주였다. 이들은 모두 영빈 이씨가 낳은 딸들인데, 영조가 그들을 차별하는 바람에 영빈 이씨조차 불안해하고 서러워할 정도였다.

세자에 대한 영조의 적대감은 대리청정 이후 더욱 심해졌다. 영조는 노골적으로 사사건건 세자의 정무 처리를 불만스러워했는데, 《한중록》은 그 내용을 이렇게 전하고 있다.

영묘께서는 매번 공사나 금부, 형조, 살육 같은 일은 친히 보지 않으셨다. 옹주들 처소에 계실 때에는 주로 내관들에게 그 일을 맡겼다. 그러다가 동궁에게 정사를 대리하실 때는 이런 말을 하셨다.

"화평옹주의 상을 당한 후에는 서러움도 심하고 병환도 잦아 휴양하려고 동궁에게 정사를 대신 보게 한다."

그러나 사실은 안에 들이지 못하는 꺼림칙한 공사를 내관에게 맡기니 답답했던 터라 동궁에게 맡기려 한 것이었다. 나라에 올린 상서에 나랏일에 대한 비판이 있거나 편론이 있으면 소조(세자, 대리청정을 하고 있었기 때문에 영조는 대조로 세자 선은 소조로 일컬음)께서는 스스로 결정하지 못하셨다. 그래서 대전께 상소하면 그 상서가 아랫사람의 일로 소조께서 아실 일이 아닌 데도 격노하셨다. 소조와 신하가 조화롭지 못하여 전에 없던 상서가 났으니 모두 소조 탓이 되었다. 상소에 대한 비답을 대전께 여쭈면 임금께서는 이렇게 꾸중하였다.

"쯧쯧, 그만한 일을 결단하지 못하고 내게 번거롭게 물어보다니 내가 네게 정사를 대리시킨 보람이 없구나."

또 여쭙지 않으면 이렇게 꾸중하였다.

"어허, 그런 일을 내게 묻지도 않고 혼자 결정하다니."

저리한 일은 이리하지 않았다고 꾸중하시고, 이리한 일은 저리하지 않았다고 꾸중하였다. 이일 저일 다 격노하시며 마땅치 않게 여기셨다. 심지어 얼어 죽는 사태나 가뭄으로 인한 재앙 같은 천재지변이 있어도 "쯧쯧, 이는 다 소조에게 덕이 없어 이러하다"며 꾸중했다.

일이 이러하니 소조는 날이 흐리거나 겨울에 천둥이 치면 또 무슨 꾸중을 듣지 않을까 하여 근심하고 염려하였다. 그래서 모든 일에 겁을 내며 몹시 두려워하였다. 그런 까닭에 망령이 나서 병환의 징조가 싹 트고 있었다.

《한중록》의 이 내용이 사실이라면 영조는 아들을 고의로 괴롭히는 매우 간악한 아비였다. 혜경궁 홍씨는 영조가 좋은 일에는 세자를 부르는 일이 없었고, 항상 귀찮거나 까다롭거나 번거로운 일이 있을 때만 불러 꾸중했다고 주장했다. 당시 세자는 기껏 열다섯 살에 불과했다. 그런 소년에게 육십을 바라보는 중늙은이가 별별 트집을 다 잡으며, 정신적인 부담을 가중시켰다. 이런 사실에 비춰볼 때, 영조 또한 정신적인 문제가 있지 않았을까 의심이 될 정도다. 생명에 위협을 받으며 가까스로 왕이 된 것에 대한 보상심리를 아들에게 발산하고 있었는지도 모른다. 이런 일이 반복되자 세자는 마침내 속에 쌓여 있던 분노를 폭발하기 시작했다.《한중록》은 그 상황은 이렇게 묘사한다.

> 경모궁은 당신 속은 본래 부모님에 대한 정성으로 거룩하였지만, 민첩하지 못하여 정성의 100분의 1도 드러내지 못했다. 부왕은 그러한 사정도 모르고 매번 미안한 모습은 있었지만, 한 번도 그 사정을 봐주지 않았다. 그래서 경모궁은 부왕을 점점 두려워하고 무서워하는 병이 들었다. 화가 나면 풀 곳이 없어 내관과 내인에게 풀고, 심지어 나에게까지 푸는 일이 몇 번이었는지 모른다.

세자 선의 광기를 현대의학 측면에서 바라보면 부왕 영조에 대한 공포와 두려움에서 시작된 공황장애, 조울증, 피해망상증, 조현병, 가학증 등이 복합적으로 결합한 상태였다. 이런 광기는 시간이 흐르면서 더욱 심해진다. 그리고 마침내 이것은 선의 생모 영빈 이씨의 고발로 돌이킬 수 없는 상황에 이르게 된다. 그의 광기로 인해 수많은 궁인과 환관이 목숨을 잃었고, 그 과정에서 그는 이들에게 혹독한 고문을 가하기도 했다. 또 스스로 창덕궁 우물에 빠져 죽으려고 자살을 시도하기도 하고, 자신이 가장 사랑하던 후궁 빙애(경빈 박씨)를 때려죽이기도 했다. 심지어 자기 아들을 칼로 내리친 후 연못에 집어 던졌으며, 생모 영빈 김씨마저 죽이려고 하였다.

이런 상황에서 1762년 5월 22일 나경언이라는 인물이 형조에 세자를 역모 혐의로 고발하는 일이 벌어졌다. 세자가 내시들과 결탁하여 왕위를 찬탈하려고 한다는 내용이었다. 영조는 바로 나경언을 친국한 뒤, 세자를 호출하여 불같이 화를 내며 다그쳤다.

"네가 왕손의 어미(빙애)를 때려죽이고, 여승을 궁으로 들였으며, 서쪽으로 가서 평양성에서 유람했느냐? 이것이 사실이냐? 이것이 세자로서 행할 일이냐? 사모를 쓴 자들은 모두 나를 속였으나 나경언이 이 말을 전해주었다. 나경언이 아니었다면 내가 이 일을 어찌 알았겠느냐?

처음에 왕손의 어미를 매우 사랑하여 우물에 빠지려는 일도 벌여놓고 어찌 네 손으로 죽일 수가 있느냐? 그 사람이 아주 강직했으니 너의 행실과 일을 간언하다가 죽임을 당한 것이 분명하다. 그리고 너는 여승의 아들을 데리고 들어와 내게 문안할 참이냐? 이렇게 하고도 나라가 망하지 않겠느냐?"

영조가 이렇게 몰아붙이자 세자는 나경언과 대질하게 해달라고 했다. 하지만 영조는 왕권을 대리하는 세자가 죄인과 대면할 수 없다면서 허락하지 않았다. 이에 세자가 이렇게 말했다.

"이런 일은 신이 본래 가지고 있던 화병일 뿐입니다."

그러자 영조가 분통을 터뜨리며 고함을 질렀다.

"차라리 발상을 하라, 발광을."

이 사건으로 조정이 발칵 뒤집힌 가운데, 그해 5월 13일에 세자의 생모 영빈 이씨가 세자를 죽여야 한다고 요청했다.

"세자의 병이 너무 깊어 이제 돌이킬 수 없습니다. 100명도 넘는 궁인과 환관을 죽였으며, 자기 후궁을 죽이고, 아들마저 죽이려 했습니다. 이제 무슨 짓을 할지 알 수 없으니 처분을 내려주십시오."

이렇듯 생모마저 자기 아들을 죽여야 한다고 주장하자, 영조는 바로 세자를 불러 뒤주에 가뒀다. 세자는 살려달라고 애원했지만, 영조는 세자를 뒤주에 들어가게 한 뒤, 직접 뚜껑을 닫고 자물쇠로 잠갔다. 그리고 널빤지를 가져오라고 한 뒤 그 위에 대못을 쳤다. 세자는 그 속에 갇혀 있다가 7일 만에 굶어 죽었다. 이 사건을 일러 '임오화변'이라고 한다.

늙고 병든 아비, 설치는 딸

영조가 아들 선을 뒤주에 가둬 죽였을 때, 그의 나이는 고희에 가까웠다. 영조는 노구를 이끌고 친정할 수밖에 없었다. 당시 세손 산(정조)은 이제 겨우 열한 살이었다. 또 죄인의 자식이었기 때문에 왕위 계승자가 될 수도 없었다. 그래서 영조는 1764년에 세손 산을 자신의 죽은 아들 효장세자의 양자로 삼은 후, 왕위 계승권자의 지위를 유지하게 했다. 하지만 세손은 영조와 같은 공간에 머물지 못했다. 산의 어머니 혜경궁 홍씨가 세손을 경희궁에 머물게 해달라 요청했고, 영조는 홍씨의 요청을 들어주었다. 홍씨가 세손을 경희궁에 머물게 한 것은 세손을 보호하려는 의도였지만, 이는 결과적으로 영조와 세손을 자주 만날 수 없게 만들었다.

그렇게 친정을 이어가던 영조는 1766년(재위 42년)에 병상에 눕고 만다. 이렇게 되자 영조가 가장 총애하던 딸 화완옹주가 조정을 쥐락펴락한다. 화완옹주는 영조가 총애하던 영빈 이씨 소생으로 장헌세자의 동복 여동생이다. 영조는 영빈 이씨로부터 여섯 명의 딸을 얻었지만, 당시 살아 있는 딸은 화완옹주뿐이었다. 화완옹주 위로 화평옹주와 화협옹주가 있었으나 그들도 모두 죽고 없었다. 특히, 화평옹주는 영조가 가장 사랑한 딸이었는데, 애석하게도 1748년에 젊은 나이로 세상을 떠났다. 화평옹주가 죽었을 때 영조는 정사를 제쳐두고 슬퍼했다. 그런 까닭에 영조는 이씨 소생 중에 마지막으로 남은 화완옹주를 몹시 총애했다. 그런 영조가 병상에 눕자 화완옹주가 병구완을 주도했고, 이후로 화완옹주는 홍인한 등의 노론 세력과 손잡고 조정을 좌지우지했다.

영조가 병상에 누웠던 1766년 당시 하완옹주는 스물아홉 살이었다. 그녀는 열두 살에 정희량의 아들 정치달에게 시집갔다. 하지만 정치달은 1757년에 사망하였고, 아들을 얻지 못한 그녀는 1764

년에 정치달의 먼 친척인 정석달의 아들 정후겸을 양자로 들였다. 원래 정치달은 소론 집안이었으나 화완옹주는 노론과 결탁하여 조정의 정치 현안에 깊숙이 관여하였다. 영조는 화완옹주의 양자 정후겸을 무척 좋아해서 양자 입적 당시 열여섯 살이던 정후겸에게 종8품 벼슬을 주었다. 그리고 정후겸이 열아홉 살이 되던 1767년에 홍문관 수찬(정5품) 벼슬을 내린 후, 파격적으로 당상관으로 삼아 승정원의 서열 2위 벼슬인 좌승지 자리를 주었다. 그런 다음 곧 병조참판에 임명하여 병권을 장악하게 했다. 또 정후겸 친형 정일겸도 정시庭試 문과에 합격시키고 승정원 승지에 앉혔다.

이렇게 되자 승정원과 병권이 모두 정후겸의 손아귀에 들어가게 됐고, 화완옹주는 조정의 실권자가 되었다. 조정을 장악한 화완옹주는 대담하게도 세손 이산을 제거하려는 음모를 꾸몄다. 당시 세손은 창경궁에 머물러 있어서 창덕궁 내부 상황을 간파하기가 쉽지 않았다. 영조는 창덕궁 병상에 누워 있었고, 그의 명령은 모두 화완옹주와 정후겸이 대신 전달했기 때문에 영조를 쉽게 만날 수도 없었다.

또 정후겸이 노론의 핵심 인물인 홍인한, 김귀주 등과 결탁하고 세손을 감시하고 있어 세손은 함부로 움직일 수도 없었다. 홍인한은 세손의 외조부 홍봉한의 친동생이었으나 정치적으로 장헌세자와 대립했던 인물이어서 항상 세손을 제거하려고 기회를 엿보고 있었다. 김귀주는 영조의 어린 왕비 정순왕후의 오빠였고, 역시 노론 측 인물이었다. 이렇듯 세손 이산을 노리고 있던 세력은 화완옹주뿐 아니라 정순왕후와 홍인한의 외척 세력도 있었다. 이들은 틈만 나면 세손을 암살하려고 했고, 때로는 세손을 비방하는 유언비어를 퍼뜨렸으며, 세손의 비행을 조작하기도 했다.

위기에 빠진 세손 산은 세자시강원의 김종수와 세자익위사世子翊衛司(왕세자 호위 임무를 맡은 관서) 홍국영 등의 보호를 받으면서 가까스로 목숨을 부지했다. 김종수는 노론계이지만, 유척기, 이천보 등과 세손을 제거하려는 노론의 중론에 반대한 인물이었다. 이런 상황에서 1775년(영조 51년) 봄, 영조는 세손에게 서무 결제권을 넘겨주고 대리청정을 하게 했다. 영조는 당시 여든두 살의 노구로 더는 정무를 지속할 수 없는 처지였다. 그런데도 홍인한과 정후겸 등은 세손 대리청정을 극구 반대했다. 그러자 영조가 이렇게 말했다.

"근래 나의 신기神氣가 더욱 피로하여 한 가지의 공사를 펼치는 것 역시 수응하기가 어렵다. 이와 같아서야 만기萬幾(임금의 정무)를 처리할 수 있겠느냐?"

이에 좌의정 홍인한이 앞장서서 대답했다.

"동궁께서는 소론과 노론을 알 필요가 없으며, 이조판서와 병조판서를 알 필요가 없습니다. 조정의 일에 이르러서는 더욱이 알 필요가 없습니다."

이 말을 듣고 영조는 한참 동안 흐느껴 울다가 기둥을 두드리며 말했다.

"경들은 우선 물러가 있거라."

이후 영조는 옥새를 세자궁으로 옮겨 대리청정을 감행함으로써 세손에게 힘을 보태줬다. 그러자 홍국영이 정후겸, 김귀주 등의 노론 세력을 탄핵하였고, 영조는 탄핵을 받아들였다. 또 병권을 움직일 수 있는 감국권과 부절 승인권한까지 세손에게 넘겨주었다. 그렇듯 영조는 설치는 딸로부터 위험에 처한 손자를 구해냈다. 그리고 다음 해인 1776년 3월 5일, 영조는 반백 년 머문 용상을 뒤로하고 여든셋 나이에 북망산으로 떠났다. 〜〜

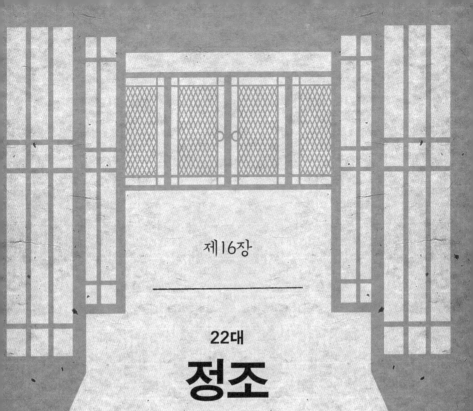

제16장

22대

정조

절대군주를 꿈꾼 완벽주의자,
뒷거래 정치꾼

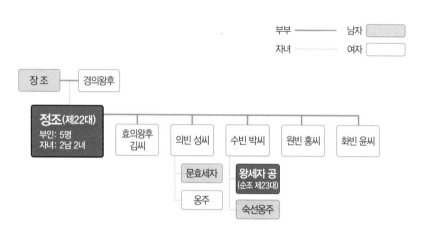

정조의 가계도

부부 ——— 남자
자녀 ········· 여자

장조 —— 경의왕후

정조(제22대)
부인: 5명
자녀: 2남 2녀

효의왕후
김씨

의빈 성씨
  문효세자
  옹주

수빈 박씨
  왕세자 공
  (순조 제23대)
  숙선옹주

원빈 홍씨

화빈 윤씨

공포에 떨며 보낸 14년

정조는 1752년 9월 22일에 장조(장헌, 사도세자)와 현경왕후 홍씨 (혜경궁) 사이에서 태어났으며, 이름은 산祘이다. 산이 창궁경 경춘 전에서 태어나기 전에 아버지 장헌세자 이선은 신령스러운 용이 구슬을 안고 침실로 들어오는 꿈을 꾸었다. 그는 꿈에서 깨어난 뒤에 직접 꿈에서 본 대로 그림을 그리고 궁중 벽에 걸어놓았다고 한다. 또 장헌세자의 아들이 태어났다는 소식을 듣고 영조는 직접 경춘전으로 거둥하여 아이를 보고 매우 기뻐하며 혜빈(혜경궁 홍씨)에게 이렇게 말했다.

"이 애는 나를 무척 닮았다. 이런 애를 얻었으니 종사에 근심이 없게 되지 않았느냐?"

영조는 그날로 산을 원손으로 부르게 했다. 세손 이산은 이렇게 할아버지 영조의 귀여움을 받고 자랐지만, 삶이 결코 평탄하지는 않았다. 아버지 장헌세자와 할아버지 영조 사이에 불화가 있었는

데, 이산의 나이 열한 살 무렵에 그 불화는 폭발하고 만다. 아버지
의 광기를 참지 못한 할아버지는 아버지를 죽이려고 잡아갔고, 아
버지가 할아버지에게 붙잡혀 갔다는 소리를 들은 어린 이산은 어
떻게 해서든 아버지를 구해야 한다는 일념으로 달려갔다. 실록은
그 내용을 이렇게 묘사하고 있다.

세손이 들어와 관冠과 포袍를 벗고 세자 뒤에 엎드리니 임금이 안아다
가 시강원으로 보내고 김성응 부자에게 지키게 하여 다시는 오지 못하
게 하라고 명하였다. 임금이 칼을 들고 연달아 차마 들을 수 없는 전교
를 내려 동궁의 자결을 재촉하니 세자가 자결하고자 하였는데 춘방春
坊(동궁)의 여러 신하가 말렸다. 임금이 이어서 폐하여 서인으로 삼는
다는 명령을 내렸다. 이때 신만, 홍봉한, 정휘량 등이 다시 들어왔으나
감히 간하지 못하였고, 여러 신하 역시 감히 간쟁하지 못했다. 임금이
시위하는 군병을 시켜 춘방의 여러 신하를 내쫓게 하였는데, 한림 임
덕제만이 굳게 엎드려서 떠나지 않으니 임금이 엄한 표정으로 말했다.
"세자를 폐하였는데, 어찌 사관이 있겠는가?"
그러면서 사람을 시켜 붙들어 내보내게 하니 세자가 임덕제의 옷자락
을 붙잡고 곡하면서 따라 나오며 말하였다.
"너 역시 나가버리면 나는 장차 누구를 의지하란 말이냐?"
이에 대전 문에서 나와 춘방의 여러 관원에게 어떻게 해야 좋은가를
물었다. 사서 임성이 말하였다.
"처분을 기다릴 수밖에 없습니다."

그 말을 듣고 세자가 곡하면서 다시 들어가 땅에 엎드려 애걸하며 개과천선하기를 청하였다. 임금의 전교는 더욱 엄해지고 영빈이 고한 바를 대략 진술하였는데, 영빈은 바로 세자의 생모 이씨로 임금에게 밀고한 자였다. 도승지 이이장이 고했다. "전하께서 깊은 궁궐에 있는 한 여자의 말로 인해서 국본國本(세자)을 흔들려 하십니까?" 하니, 임금이 진노하여 빨리 방형邦刑(형틀)을 바루라고 명하였다가 곧 그 명을 중지하였다. 드디어 세자를 깊이 가두라고 명하였다.

그러자 세손世孫(정조)이 황급히 들어왔다. 임금이 빈궁(혜경궁 홍씨)과 세손 그리고 여러 왕손을 좌의정 홍봉한의 집으로 보내라고 명하였는데, 이때 밤이 이미 반이 지났었다.

소년 이산은 할아버지가 아버지를 죽이려는 모습을 낱낱이 지켜보았다. 아버지 이선은 7일 동안 뒤주에 갇혀 있다가 허기와 탈수증으로 죽었다. 이후 소년 이산은 더는 아버지를 아버지라고 부를 수 없었다. 아버지 이선을 죽이기에 혈안이 됐던 노론 세력은 '죄인지자 불위위왕罪人之子 不爲君王', 즉 '죄인의 아들은 임금이 될 수 없다'는 말로 소년을 왕위 계승권자로 인정하지 않았다. 이 때문에 할아버지 영조는 소년을 죽은 효장세자의 양자로 입적시켜 세손의 자리를 유지하게 했고, 이후로 소년은 효장세자의 아들로 살았다.

그러나 효장세자의 양자가 된 뒤에도 소년에게는 미치광이 세자의 아들이라는 꼬리표가 따라다녔다. 그뿐 아니라 아버지를 죽인 세력들은 끈질기게 소년 이산을 죽이려고 했다. 그중에는 고모와 사촌도 포함되어 있었다. 설상가상으로 유일한 버팀목인 할아버지 마저 병으로 쓰러졌다.

사방에서 목숨을 위협하는 상황에서도 소년은 하루가 다르게 성장했다. 소년의 성장은 아버지를 죽인 세력에게는 몹시 두려운 일이었다. 그래서 그들은 더욱 소년 죽이기에 혈안이 되었다. 언젠가 소년이 왕이 되면 반드시 아비의 복수를 할 것임을 알고 있었기 때문이다.

소년은 그들의 칼날과 독침을 피해가며 병든 할아버지가 조금이라도 더 오래 살아 있기를 간절히 기도했다. 비록 병든 몸이지만, 할아버지는 소년을 지켜줄 유일한 갑옷이었다. 다행히 할아버지는 소년이 청년이 될 때까지 버텨주었다. 영조는 소년이 스물다섯 살 청년으로 성장할 때까지 굳건히 살아서는 마침내 그에게 왕위를 물려주고 죽었다. 이산은 무려 14년 동안 죽음의 공포에 시달리며 자신을 지켜내 왕좌에 올랐다. 그가 왕위에 올랐다는 것은 곧 아비에 대한 복수가 시작됨을 예고하는 일이었다.

광기에 사로잡힌 아비

정조는 왕위에 오른 뒤 아버지의 명예회복을 위해 사도세자라는 시호를 떼어버리고 장헌세자라는 시호를 올린다. 그리고 자신이 그의 아들임을 선포한 후, 아버지를 죽음으로 내몬 자들에게 복수의 칼날을 휘두른다. 정조는 아버지가 죽은 것은 간악한 정치 세력의 음모라고 믿었다. 그렇다면 이 대목에서 살펴보자. 장헌세자는 왜 죽었을까? 그는 정말 미쳤던 걸까? 정조를 비롯한 자녀들에게는 어떤 아버지였을까? 혜경궁 홍씨와 후궁들에게는 미더운 남편이었을까?

장헌세자가 아버지를 두려워하는 정신질환을 앓았던 것은 사실이다. 그는 언제 영조의 엄한 명령이 떨어질지 모른다며 덜덜 떨었고, 방 안에 틀어박혀 나오지 않는 지경에 이르렀다. 하지만 영조는 그런 사실을 모르고 툭하면 꾸중하고 화를 냈다. 그 때문에 장헌세자는 동궁에서 자살 소동을 벌이기도 했다. 궁궐 우물에 뛰어들었던 것이다. 다행히 목숨은 건졌지만, 이후로 장헌세자의 광증은 점점 심해져서, 스물세 살이던 1757년부터는 주변 사람들을 의심하고 죽이는 사태까지 벌어졌다.

당시 세자 주변의 환관과 나인들이 숙의 문씨와 내통하며 영조에게 세자의 일거수일투족을 고해바쳤는데, 장헌세자는 이 때문에 주변 사람들을 믿지 않았다. 그리고 급기야 그 의심증이 커져서 살인하기에 이르렀다. 세자의 칼날에 처음으로 희생된 인물은 동궁의 당번 내관 김한채였다. 장헌세자는 그를 죽인 뒤 직접 머리를 잘라 나인들이 보는 데서 효시했다. 이후로 나인 여러 명도 죽임을 당했다. 이쯤 되자 혜경궁 홍씨는 선희궁으로 달려가 영빈 이씨에게 이 사실을 알렸고, 영빈 이씨는 충격을 받아 앓아누웠다.

정조는 어린 시절을 이런 환경에서 보냈다. 아버지를 바라보는 어머니 홍씨는 늘 안절부절못했고 아버지는 자식들에게도 별다른 정을 주지 않았다. 그는 아버지 영조로부터 미움받는 자신의 현실을 개탄하며 자식들을 매우 폭력적으로 대했다. 《한중록》은 그런 장헌세자의 행동을 다음 한 장면으로 묘사하고 있다.

> 경진년(1760년) 생일에 또 무슨 일로 격분한 마음이 대단했는데, 그날부터 부모 공경하는 말씀을 못하셨다. 상말로 천지를 분별하지 못하는 듯이 노엽고 서러워 "살아 무엇 하랴" 하셨다. 또 선희궁(영빈 이씨)에게 공손하지 못한 말을 많이 하시고, 세손 남매가 문안드릴 때 큰소리로 이처럼 말씀하셨다.
> "부모를 모르는 것이 자식을 알겠느냐? 물러가라!"
> 아홉 살, 일곱 살, 다섯 살 어린아이들이 아버지의 생신이라고 용포도 입고 장복도 하여 절하려고 왔다가 엄한 호령을 듣고 매우 놀라 두려워하던 모습은 오죽하였겠는가?

이렇듯 장헌세자는 자녀들에게 매우 냉랭한 아버지였다. 심지어 그는 광기를 이기지 못해 강보에 싸여 있던 후궁 박빙애의 아들 찬을 연못에 집어 던지기도 했다. 화가 나면 자식이든 아내든 물불을 가리지 않고 폭력을 행사했다. 한번은 혜경궁 홍씨에게 바둑판을 던져 그녀의 왼쪽 눈을 상하게 했다. 홍씨는 눈이 빠질 뻔했다고 표현하고 있다. 당시 홍씨의 눈이 너무 부어 영조가 궁궐을 옮겨가는데도 나가보지도 못했다고 쓰고 있다. 이후로 홍씨는 혹 남편에게 죽을지도 모른다는 공포 속에서 살았다고 고백하고 있다.

그런데 혜경궁 홍씨보다도 더한 폭력에 시달린 여인이 있었다. 장헌세자는 특이한 병을 앓고 있었는데, 혜경궁 홍씨는 이를 의대증이라고 하였다. 의대衣褙란, 곧 왕이나 세자, 왕비, 세자빈 등이 입는 옷을 높여 부른 것인데, 장헌세자는 옷을 입지 못하는 병을 앓고 있었다. 옷을 한번 입으려면 별의별 노력을 다해야 했는데, 이는 단순히 옷에 대한 두려움이 아니라 옷을 입은 후에 벌어질 일, 즉 영조의 꾸지람에 대한 두려움이 원인이었다. 그는 옷을 입을 때마다 입었다 벗었다 반복했고, 벗은 옷은 반드시 태워 없앴다. 그 바람에 늘 같은 옷을 여러 벌 준비해야 했다.

장헌세자에게 옷을 입히려다 죽은 환관과 나인도 여럿 있고, 죽도록 매를 맞은 하인들도 많았다. 그런데 그에게 옷을 입히는 일을 맡은 후궁이 빙애라는 이름을 가진 수칙(내명부의 종6품 궁관직) 박씨(훗날의 경빈)였는데, 그녀는 그 과정에서 장헌세자에게 맞아 죽었다. 분노를 이기지 못한 장헌세자가 무자비하게 때려죽인 것이다. 그녀는 원래 인원왕후 처소의 나인이었고, 인물이 매우 빼어났던 모양이다. 그래서 장헌세자는 그녀를 차지하려고 노렸지만, 왕대비전 나인이라 건드릴 수 없었다. 그런데 인원왕후가 죽자, 바로 그녀를 강제로 끌고 와 후궁으로 만들었다. 물론 영조에게는 비밀이었다. 그녀를 동궁전으로 데려온 직후에는 매우 살뜰하게 대했다. 하지만 그토록 좋아했던 여인도 그의 폭력에 희생되었다.

자식을 살리기 위한 선택

　장헌세자는 이렇게 매우 폭력적이고 두려운 가부장이었다. 그 때문에 세자빈 홍씨나 후궁들은 그를 대하는 것 자체가 두려웠고, 자녀들도 그를 무서워했다. 심지어 혜경궁 홍씨는 장헌세자가 아이들을 해칠까 봐 될 수 있으면 장헌세자의 처소에서 멀리 떨어진 곳에 아이들을 두었다고 한다. 그리고 그 공포가 극에 달하자 장헌세자의 생모인 영빈 이씨에게 장헌세자의 살인 행각을 고해바치기도 했다. 영빈 이씨가 영조에게 아들인 장헌세자를 죽여 달라고 한 배경에는 혜경궁 홍씨의 하소연이 크게 작용했다. 혜경궁 홍씨는 세자가 죽더라도 자신과 세손은 살려달라고 했는데, 이는 영빈 이씨가 영조에게 올린 다음의 말에서도 확인된다.

　"세자의 병이 점점 깊어 바라는 것이 없습니다. 마마, 소인이 이 말씀은 차마 어미 된 정리에 못 할 일이지만, 성궁을 보호하고 세손을 건져 종사를 평안히 하는 일이 옳으니 처분하옵소서. 하오나 부자간 정으로 차마 이리하시지만, 다 세자의 병입니다. 병을 어찌 책망하겠습니까? 처분은 하시나 은혜를 끼치셔서 세손 모자를 평안케 하여주소서."

이 말은 혜경궁 홍씨의 《한중록》에 나오는 내용이다. 비록 영빈 이씨가 한 말이라고는 하지만, 그 내용을 보면 혜경궁 홍씨의 생각과 다르지 않다. 혜경궁 홍씨는 장헌세자가 뒤주에 갇힌 뒤에 세손이었던 정조에게 이런 말을 한다.

"망극하고 망극하나 다 하늘의 뜻이다. 네가 몸을 평안히 하고 착해야만 나라가 태평하고 또 성은을 갚을 것이다. 비록 설움이 있으나 네 마음은 상하지 말라."

그리고 홍씨는 세자가 뒤주에 갇힌 뒤 영조에게서 "목숨을 보전하여 세손을 보살펴라"라는 전갈을 받고 이런 말도 하였다.

"이때 성교聖教가 망극한 지경이었다. 나는 세손을 생각하여 하염없이 눈물을 흘렸다. 세손을 어루만지며 성은에 감사했다."

《한중록》의 이런 기록들은 미쳐 날뛰는 장헌세자가 죽기를 가장 바란 사람이 다름 아닌 혜경궁 홍씨였음을 보여준다. 혜경궁 홍씨의 말에 따르면, 장헌세자는 영조가 자신을 죽이고 세손을 효장세자의 양자로 삼아 왕위를 계승하려 한다는 것을 알고 있었다.

여러 해 동안 정답게 하시는 말씀을 듣지 못하였는데, 그날 나더러 이렇게 말씀하셨다.

"아마도 무사치 못할 듯하니 어찌할꼬?"

내가 갑갑하여 대답했다.

"안타깝지만, 설마 어찌시겠습니까?"

"어이 그리할꼬? 세손을 귀하게 여기시는데, 세손이 있는 이상 내가 없다고 한들 크게 상관하시겠는가?"

"세손은 저의 아들입니다. 부자는 화와 복을 같이한다고 하지 않습니까? 그런데 어찌하시겠습니까?"

"자네는 생각을 못 하네. 나를 몹시 미워하여 일이 점점 어려운데, 나를 폐하고 세손을 효장세자의 양자로 삼으시면 어찌하겠나?"

그 말씀을 할 때는 병환도 없어 보였다. 처연히 그리 말씀을 하니 그 말씀이 슬프고 서러워서 말했다.

"그럴 리가 없습니다."

"두고 보소. 내 사람이지만, 자네는 귀여워하시니 자네와 자식들은 보통으로 대하고, 나만 그리하여 이리되고, 또 병이 이러하니 어디 살게 하시겠는가?"

장헌세자와 홍씨의 이 대화를 보면, 장헌세자는 어린 아들을 질투한다. 세손 산이 비록 자기 아들이지만, 왕위 계승을 놓고 다투는 경쟁자로 인식하고 있었던 것이다. 홍씨는 이 때문에 혹 세자가 아들 세손을 해칠까 봐 몹시 두려워했다. 홍씨는 그런 심정을 세자가 뒤주에 갇힌 그 날의 이야기에서 털어놓고 있다.

그날 나를 덕성합德成閤으로 오라 하셨다. 그때가 정오쯤이었다. 홀연 까치가 무수히 경춘전을 에워싸고 울었다. 이것이 어떤 징조인지 괴이하였다. 그때 세손은 환경전에 있었다. 내 마음이 몹시 급하여 세손

▶ 혜경궁 홍씨와 사도세자의 묘가 있는 융릉. 경기도 화성시에 있다. 권태균 사진

의 몸이 어찌 될 줄 몰라서 그리로 내려가 세손에게 알렸다.

"밖에서 무슨 일이 있어도 놀라지 말고 마음을 단단히 먹어라."

천만 당부하고 어찌할 바를 몰랐다. 소조께서 나를 보시고 응당 화증을 내실 터이니, 소조의 화증이 오죽 심할까 싶어 내 목숨이 그날 마칠 줄 알고 스스로 염려하였다. 그래서 세손에게 경계를 부탁하고 왔는데 소조의 말투가 내 생각과는 달랐다. 소조가 말씀하셨다.

"아무래도 괴이하니 자네라도 잘살게나. 말들이 무섭구면."

나는 눈물을 머금고 말없이 앉았다가 황당하여 손을 비비고 앉았다. 이때 대조께서 휘령전으로 오셔서 소조를 부르신다고 하였다. 이상하기는 했지만, 어찌하겠는가. 소조는 피하자는 말도 달아나자는 말도 하지 않고 좌우를 치우지도 않고 조금도 화를 내신 기색 없이 빨리 용포를 달라고 하여 입으셨다. 그리고 말했다.

"내가 학질을 앓는다고 말씀드리려 하니, 세손의 휘항(겨울에 머리에 쓰는 일종의 모자)을 가져오라."

내가 그 휘항은 작아서 당신 휘항을 쓰시게 하려고 내인에게 말했다.

"소조의 휘항을 가져오라."

그러자 소조가 뜻밖의 말씀을 하셨다.

"자네는 무섭고 흉한 사람일세. 자네는 세손을 데리고 오래 살려고 하는구먼. 나는 오늘 나가서 죽을 터이니 그것을 꺼려서 세손의 휘항을 쓰지 못하게 하려는 심술을 알겠네."

내 마음은 그날 당신이 그 지경에 이를 줄 몰랐다. 이 일의 끝이 어찌 될꼬? 사람이 다 죽을 일인데, 우리 모자의 목숨은 어찌 될꼬? 하는 마음뿐이었다. 그런데 내가 어찌한다 말씀하지도 않았는데, 천만뜻밖의 말씀을 하시니 내가 더욱 서러워 세손의 휘항을 갖다 드리며 말했다.

"마음에도 없는 말을 왜 그리하십니까? 그러니 이것을 쓰소서."

"싫다. 꺼리는 것을 써서 내 무엇 할꼬?"

이것이 이들 부부의 마지막 대화였다. 대화의 내용으로 볼 때, 장헌세자는 영조의 대처분이 내릴 것을 몰랐다. 설마 아버지가 자신을 죽일까 하는 마음이 있었던 듯하다. 그래서 음력 5월 더운 여름인데도 학질 앓는 시늉을 하려고 겨울 방한모인 휘항까지 썼다. 아프다는 핑계로 영조의 진노를 피하려 했던 것이다. 하지만 혜경궁 홍씨는 이미 영빈 이씨가 영조에게 무슨 말을 고했는지 알고 있었기에 대처분이 내려질 것을 짐작하고 있었다. 그러면서도 갑자기 장헌세자가 부르자 혹 자신과 세자를 죽일지도 모른다는 불안감에 사로잡혔다. 그런데 그때 다행히 영조가 세자를 휘령전으로 불렀다. 그 덕분에 홍씨는 세자의 위협에서 벗어날 수 있었다.

홍씨는 세자에게 대처분이 내려지기를 바랐다. 그리고 세자가 쫓겨나거나 죽더라도 자신과 세손은 무사하기를 고대했다. 그녀는 남편이 죽어야 자신과 세손이 무사할 수 있다고 판단했던 것이다.

복수가 시작되다

즉위식이 열리던 1776년 3월 10일 정조 이산은 가장 먼저 이렇게 외쳤다.

"과인은 사도세자의 아들이다."

이 말은 아비를 죽인 노론 세력들에게 하는 선전포고였다. 또 죄인의 아들은 군왕이 될 수 없다고 한 아비의 원수들에게 대놓고 칼을 겨눈 것이었다. 정조가 가장 먼저 제거한 세력은 그의 즉위에 반대한 자들, 즉 자신의 외가인 남양 홍씨 홍인한, 홍계능 등이었다. 이어 영조가 정조에게 아비의 원수라고 지목한 김상로와 조카 정조를 죽이기에 혈안이 됐던 고모 화완옹주와 그의 양자 정후겸, 화안옹주와 결탁하여 세손 시절 정조를 모함했던 영조의 후궁 숙의 문씨 등을 축출했다. 정조는 그들을 모두 유배 보내거나 죽였다.

하지만 그들도 그저 앉아서 당하지만은 않았다. 1777년 7월 정조의 처소에 괴한이 침입하는 일이 일어났다. 이후에도 여러 차례 궁궐에 괴한이 침입하여 정조를 암살하려고 했다. 이 때문에 정조는 처소를 옮겨 다니며 그들의 칼날을 피해야 했다. 그리고 마침내 그 배후가 드러났다. 정조를 암살하려 한 자들이 붙잡혔는데, 그중 하나가 이렇게 실토했다.

"홍계능이 맨 먼저 모의를 했습니다. 3, 4월 무렵에 홍계능이 그의 아들 홍신해, 그의 조카 홍이해와 함께 신에게 말하기를, '금상은 국정을 잘못한 게 많다. 추대하는 일을 하지 않을 수 없으니, 인조반정 때의 일처럼 해야 한다'고 했습니다."

그들이 추대하고자 했던 인물은 장헌세자의 서자이자 정조와 이복형제인 은전군 이천이었다. 결국, 정조는 이천에게 자결 명령을 내리고 반역에 가담한 자를 모두 죽였다. 하지만 정조의 복수는 그것으로 끝나지 않았다. 아버지 이선을 죽음으로 내몬 또 하나의 축이었던 정순왕후 김씨가 남아 있었다. 하지만 어찌 됐든 정순왕후는 할머니이자 왕대비였으니 직접 공격할 수 없었다. 정조는 정순왕후의 손발이 되어 아버지를 죽이고 자신을 죽이려 한 김귀주를 유배보냈다. 김귀주는 정순왕후의 오빠였다. 정조는 정순왕후 대신 그를 유배보냄으로써 그녀를 응징했다. 김귀주의 표면적인 죄상은 혜경궁 홍씨에게 문안을 드리지 않은 것이었지만, 실제 이유는 아버지에 대한 복수였다. 김귀주는 흑산도로 유배되어 위리안

치된 후 유배지에서 생을 마감했다.

아버지를 죽게 한 사람들에게 보복을 감행한 정조는 곧이어 아버지의 명예회복을 시도했다. 미치광이 세자가 아니라 정치적 모략으로 희생된 가련한 세자로 부활시키려는 것이었다. 그래서 '사도'라는 시호 대신 '장헌'이라는 시호를 올렸다. 그리고 재위 기간에 여러 차례 아버지를 왕으로 추존하려고 했다. 하지만 시도는 매번 무산됐다. 심지어 장헌세자를 왕으로 추존하라는 상소를 올린 사람들에게 벌을 주어야 하는 처지로 내몰리기도 했다. 안타깝게도 그는 살아있는 동안 끝내 아버지를 왕으로 추존하지 못했다.

장헌세자를 왕으로 추존하려는 시도는 정조의 아들 순조 대에도 시도됐지만, 역시 실패했다. 철종 대에도 시도된 적이 있지만, 여전히 실패했다. 그만큼 장헌세자를 왕으로 추존하는 것을 반대하는 세력의 힘은 강했다. 여러 차례 시도 끝에 장헌세자를 왕으로 추존하는 데 성공한 것은 고종 대에 이르러서였다. 고종이 황제로 즉위한 후에 그를 장종으로 추존하였다. 그리고 다시 1901년에 황제로 추존하여 장조莊祖로 묘호를 변경하였다. 정조가 왕위에 올라 그를 왕으로 추존하려고 시도한 지 120년이 흐른 뒤에야 이뤄진 일이었다.

정조의 수호천사

정조가 정치적으로 가장 힘겨웠던 세손 막바지 시절을 무사히 보내고 왕위에 오를 수 있었던 배경에는 홍국영이라는 인물이 있었다. 그는 여러 차례 정조를 죽음의 위기에서 구출했고, 때로는 목숨 걸고 정적을 제거했다. 그런 홍국영이 없었다면 정조의 즉위는 이뤄질 수 없었을 것이다. 그러다 보니 정조는 자신보다 네 살 위였던 홍국영을 마치 친형처럼 신뢰하고 따랐다. 심지어 왕권을 다 내어줄 정도로 그에 대한 신임이 두터웠다.

정조의 수호천사 홍국영은 정조의 외조부 홍봉한과 같은 집안인 풍산 홍씨였다. 홍국영의 조부 홍창한과 홍봉한은 8촌 간이었다. 따라서 정조의 어머니 혜경궁 홍씨는 홍국영에게는 11촌 아주머니였고, 정조는 홍국영의 12촌 동생이었으니, 엄밀히 따지면 홍국영은 정조의 형인 셈이다. 홍국영 집안은 이 외에도 왕족들과 깊은 인연이 있었다. 홍국영의 고조부 홍중해는 인현왕후 민씨의 고종사촌이었고, 영조의 계비 정순왕후 김씨와도 인척 관계에 있었다. 또 정조의 정적이던 홍계능과 홍인한도 인척 관계였다.

하지만 홍국영은 오직 정조를 위해서 그들 인척과 정적이 되었다. 그가 정조를 보필하기 시작한 것은 대과에 합격하고 세자시강원 설서說書에 임명되면서부터다. 홍국영이 대과에 합격한 것은 스물다섯 살 되던 1772년 9월이었다. 그는 문과 병과 11등으로 급제했는데, 이듬해 2월에 임시 주서로 임명됐다. 그리고 그해 4월에 한림소시에 합격하여 사관으로 봉직하면서 영조를 가까이에서 모시게 되었다.

영조는 홍국영을 총애했다. 심지어는 '내 손자'라고 부를 정도였다. 영조는 그에게 세손 산을 보호하는 임무를 내리면서 세자시강원 설서(정7품)로 임명했다. 이때가 1774년이니 정조는 스물두 살 청년으로 성장해 있었다. 당시 영조는 노환이 심해져 정사를 제대로 돌보지 못했고, 권력은 영조를 병구완하던 화완옹주와 그의 양자 정후겸이 장악하고 있었다. 그들 모자는 홍인한 등 노론 세력과 결탁하여 조정을 좌지우지하고 있었고, 세손의 대리청정도 반대했다.

또 그들은 세손의 목숨을 노렸다. 홍국영은 세자시강원의 동료들과 함께 세자익위사 무사들을 지휘하며 그들로부터 세손을 지켜냈다. 그래서 사람들은 홍국영을 '세손의 오른 날개'라고 불렀다. 정조의 정적들은 세손을 죽이려면 홍국영을 제거해야 한다고 보았고 그 때문에 홍국영 역시 세손과 함께 제거 대상 1호였다. 하지만 홍국영은 오히려 그들을 탄핵하고 제거하여 자신은 물론 정조까지 지켜냈다. 그래서 정조는 《명의록明義錄》이라는 책을 통해 홍국영을 '의리의 주인'이라고 불렀다.

1776년 왕위에 오른 정조는 홍국영에게 왕권을 맡기다시피 했다. 홍국영을 승정원 도승지(왕명 출납을 관장)로 삼고, 이어 이조참판, 대사헌 등의 요직을 안겼다. 또 도성의 군권을 쥐고 있던 수어

사守禦使를 겸하게 하였고, 금위대장, 훈련대장, 숙위대장 등도 맡았다. 말하자면 조정의 인사권과 군권을 모두 내주고 자신을 호위하게 하여 목숨까지도 맡겼다. 그런 까닭에 홍국영은 정승까지 자신이 마음대로 움직였고, 조정을 한 손에 쥐게 되었다. 그래서 당시 홍국영을 일러 '세도재상勢道宰相'이라고 불렀다.

세도재상 홍국영은 정조를 대신하여 정적들을 무섭게 제거해나갔다. 홍국영이 자신을 대신하여 칼춤을 추며 정적들의 폐부를 찌르는 동안 정조는 규장각을 세워 자신의 근위 세력을 양성했다. 홍국영은 규장각 사업에도 깊이 관여했다. 규장각의 실질적인 수장인 직제학 자리에 있으면서 인재들을 끌어들였다. 서얼 출신들을 규장각 검서관으로 임명하여 정조를 보필하게 했다.

정조는 그런 홍국영을 신뢰한다는 의미로 그의 여동생을 후궁으로 맞아들였다. 그녀가 바로 원빈 홍씨였다. 정조는 그녀를 맞아들일 때 거의 국혼에 준하는 혼례식을 했고, 입궁하자마자 그녀를 정1품 빈으로 책봉했다. 대개 후궁을 들이면서 바로 빈으로 책봉하는 경우는 거의 없었다. 정조가 이처럼 조처한 것은 원빈을 그때까지 아이를 출산하지 못한 효의왕후 김씨를 대신하는 급으로 생각했다는 것이나 다름없었다. 만약 원빈이 아들을 낳기라도 하면 바로 원자로 책봉하고 왕위 계승권자로 삼겠다는 뜻이었다.

원빈은 정조의 아들을 낳을 운명은 아니었던 모양이다. 1778년, 열네 살의 나이로 입궁한 원빈은 그 이듬해에 갑자기 죽었다. 홍국영은 원빈의 죽음을 매우 비통해했다. 그런 홍국영을 위로하기 위해 정조는 원빈의 장례를 성대하게 치렀다. 장례는 왕비에 준하는 수준이었다. 그녀의 무덤을 인명원이라고 하였는데, 이는 일반 후궁의 무덤과는 격이 다른 조치였다. 그것은 왕을 낳은 후궁이나 세자로 있다가 죽은 왕자에 준하는 대우였다. 심지어 원빈의 장례에 참여하지 않은 중추부 영사 정홍순을 파직하기까지 했다.

뜻밖의 결정

그렇게 홍국영에 대해 정성을 다하면서도 정조는 뜻밖의 결정을 내렸다. 홍국영이 원빈의 죽음을 애도하여 도승지 자리에서 물러나겠다고 사의를 표명했는데, 정조는 이를 곧바로 받아들였다. 원빈 홍씨가 죽은 것이 1779년 5월 7일인데, 홍국영을 도승지에서 체직遞職한 것이 17일 후인 5월 24일이었다. 세도재상으로 불리며 천하를 한 손에 움켜쥐고 있던 홍국영의 정치 생명이 끝나는 순간이었다. 그야말로 대사건이었는데, 의외로 이 과정은 순조롭고 평화롭게 이뤄졌다. 홍국영은 스스로 도승지에서 물러나는 모양새를 취했다. 이때 홍국영이 올린 사직 상소는 이러했다.

신이 복이 적은데도 벼슬이 갑자기 올라갔고 문벌이 한미寒微한데도 지위가 높아졌는데, 사람이 시기하고 귀신이 꺼리는 화가 결국에는 신에게 닥치지 않고 우리 인숙 원빈에게 닥쳤습니다. 성회聖懷(정조)께서 이로 인하여 너무도 슬퍼하고 계시니 국가의 대계를 위하여 아득한 마음 금할 수 없습니다.

신의 부모의 사소한 슬픔 같은 것을 가지고 감히 우러러 상청上聽을 번거롭게 해서 성회를 흔들리게 할 수는 없습니다만, 신의 참혹하고 원통한 마음은 실로 사람으로서 견딜 수 있는 것이 아닙니다. 신의 정리에서는 진실로 오늘 즉시 병부를 반납하고 병든 어버이를 부축하여 모시고 얼마 남지 않은 기간을 마치도록 하는 것이 소원입니다.

그러나 아! 지금 이후로 성상의 옛날 외롭고 위태로웠던 상황이 더욱다시 위태롭고 외롭게 되었으니 숙위에서의 한 걸음은 곧 신의 생사가 걸려 있는 곳인바, 어떻게 감히 사사로운 생각에 따라 그 사이에 서로 견주고 살필 수가 있겠습니까?

그런데 신이 은대銀臺(승정원)의 장석長席(우두머리)에 있은 지가 이미4년이 되었습니다. 본원(승정원)의 고사에 매일 도승지 신모가 첫머리에 쓴 것이 가장 길었던 경우로 10여 개월에 불과했는데, 신이 앉아서있을 곳이 아니었습니다. 그리고 한 사람도 그 가운데 끼지 않았고 하루도 빠뜨리지 않고 곧바로 신의 성명을 쓴 것이 모두 얼마의 세월이었습니까? 신이 이 변고가 있기 전에 등에 땀을 흘리면서 마음이 떨리지 않은 적이 없었던 것은 대개 관직의 체역遞易(다른 사람으로 갈아들임)은 바로 한 사람만을 위해서 설치한 것이 아니기 때문이었습니다.

이 변고가 있었던 뒤에 이르러 조용히 생각하여 보니 300년 동안 은

대를 설치한 이후 결단코 이러한 전례는 없었습니다. 천리天理에는 차고 비우는 이치가 있고 인사人事에는 추천이 있는 법인데 만일 영탈盈敓과 추천이 없다면 그 걱정이 또 의당 어떠하겠습니까?

말하는 사람은 혹 '신이 이 직임을 맡지 않으면 대전 안의 중요한 사무를 관리할 수 없다'고 합니다만, 신의 숙위 대장 직임은 바로 성상께서 옛것을 모방하여 지금에 새로 만든 법제이니, 자신이 가깝고 은밀한 자리에 있으면서 국사에 참여하여 논할 수 있는 것은 진실로 아무런 변함이 없는 것입니다. 말하는 사람은 혹 말하기를, '신이 약원의 직임을 맡지 않으면 전하의 거하고 일어나는 일을 받들어 보살필 수 없다'고 합니다만, 이제 신도 여러 신하 가운데 하나이므로 평상시 사사로이 만나 뵙는 방도는 또한 진실로 그대로 있는 것입니다.

찬선饌膳(음식)을 맛보는 책임은 제조 구윤옥이 있어 주야로 게을리하지 않으면서 정성을 다하여 힘쓰고 있으니, 신은 이제야 일할 것이 없게 되었습니다.

홍국영의 상소를 요약하면 원빈의 죽음 때문에 슬퍼하는 부모를 모시기 위해 도승지에서 물러나고자 한다는 것이고, 또 이미 자신이 맡은 일을 대신할 사람들이 있기 때문에 이제 자신이 할 일이 없어 물러나는 것이 도리라는 내용이다. 그리고 정조는 이 상소를 바로 받아들여 도승지 자리에 유언호를 임명한다. 그리고 4개월 뒤인 9월 28일 정조는 떠나는 홍국영에게 작별을 고하면서 이런 말을 한다.

임금과 신하는 서로 미쁜 것이 귀중하니 내가 어찌 아름다움을 이룩하는 방도가 없겠는가? 진퇴하는 데에는 넉넉히 여유가 있어야 하니 경은 애초의 뜻을 이룰 것을 결심하였다. 그래서 괴로운 사정에 따라서 교명教命을 선포한다. 생각건대 경은 충효忠孝의 완전한 절개가 있고 천지의 뛰어난 재기才氣를 타고났다. 주연冑筵에서 공부할 때에 지우知遇를 맺었으니 거의 가난한 선비의 우의友誼와 같았고, 흉당凶黨이 역란逆亂을 꾸밀 때 사생死生을 잊어버렸으니 오로지 널리 경륜하는 재주에 의지하였고, 임금을 도와 추대한 충성을 더 하여 《명의록》의 원권原卷과 속권續卷에 명백히 실려 있다.

… 중략 …

늘 떠날 마음을 품고, 엄자릉嚴子陵이 부춘산富春山에 돌아간 것처럼 이미 말한 것이 있었다. 드디어 임금에게 충성하는 마음으로 문득 야인野人이 되어 고향으로 돌아가기를 결심하니 예전부터 공명功名에 대처하는 방도는 반드시 일찍 물러가는 것이 상책일 것인데, 이제 끝내 보전할 방도를 생각하면 어찌 진심에서 나온 말을 굽혀 따르지 않겠는가?"

　정조의 이 말은 홍국영이 조정을 떠나는 것은 이미 예정된 일로 보인다. 홍국영이 시골로 낙향하는 것에 대해 정조는 "이미 말한 것이 있었다"고 표현하고 있다. 게다가 정조는 홍국영을 붙잡지도 않는다. 말하자면 홍국영과 정조는 이미 약조한 바가 있었던 듯하다. 그렇다면 그 약조란 무엇일까? 이를테면 정조가 왕위에 오른 뒤에 정적들을 제거하고 조정을 안정시켜 왕권이 안정되면 홍국영은 스스로 물러나는 그런 약조가 아니었을까.

홍국영의 세도는 정조와의 약조 아래 정조의 왕권을 안정시키기 위해 벌인 일이었고, 홍국영은 그 약조를 지키기 위해 스스로 시골로 은둔한 것이다. 정조는 낙향하는 홍국영에게 국가의 원로로 대우하는 의미에서 봉조하奉朝賀 벼슬을 내리고, 여러 귀중한 선물들을 안겼다. 하지만 정조와 홍국영의 관계는 이것이 전부가 아니었다. 겉으로는 스스로 물러나는 모양새를 취하고 있지만, 그 내막은 알 수 없다. 그래서 토사구팽이라는 말이 나온다.

정조의 이중 플레이

《한중록》은 홍국영이 원빈의 죽음에 대해 효의왕후 김씨를 의심하여 내전의 나인들을 함부로 국문했다고 기록하고 있다. 또 일설에는 홍국영이 효의왕후를 독살하려고 했다는 말도 있다. 홍국영의 낙향 배경에는 알려지지 않은 무언가가 있다는 뜻이다. 다시 말하면 정조와 홍국영 사이에 균열이 생겼을 가능성이 높다는 것이다. 사실, 정조는 홍국영에 대해 의구심을 가졌던 게 분명하다. 정조는 홍국영이 죽었다는 소식을 듣고 이런 말을 한다.

"이 사람이 이런 죄에 빠진 것은 참으로 사려가 올바르지 못한 탓이다. 그가 공을 세운 것이 어떠하였으며, 내가 의지한 것이 어떠하였는가? 처음에 나라와 운명을 함께한다는 것으로 지위가 중하지 않으면 위엄이 서지 않았기에 권병權柄을 임시로 맡겼던 것인데, 그가 권병이 너무 중하고 지위가 너무 높다는 것으로 조심하고 두려워하며 스스로 삼가는 방도를 생각하지 않고서 오로지 총애만을 믿고 위복威福을 멋대로 사용하여 끝내는 극죄極罪를 저지르게 된 것이다. 돌이켜 생각건대 이는 나의 허물이었으므로 이제 와서는 스스로 반성하기에 겨를이 없으니, 무슨 말을 할 수 있겠는가?"

정조의 말은 홍국영이 권력을 함부로 휘두르다 극죄를 지었다는 것인데, 극죄란 도대체 무엇일까? 그것은 반역이나 반역에 준하는 죄를 의미하는데, 왕위를 차지하려 했거나 아니면 정말 효의왕후를 독살하려 했다는 것인가? 그것도 아니면 왕위 계승에 관한 어떤 일이 벌어졌던 것일까?

이 부분에 대해 실록은 자세한 내용을 싣고 있지 않다. 다만, 홍국영이 원빈이 죽은 뒤에 정조의 이복동생 은언군의 아들 이담을 원빈 홍씨의 양자로 입적하고 세자로 만들 계획을 세웠다는 흔적은 남아 있다. 이담은 원빈의 양자가 된 뒤에 완풍군에 책봉되었고, 홍국영은 노론계 인물인 송덕상을 시켜 정조에게 왕세자 책봉을 요청하는 상소까지 올리게 했다. 이후, 정조는 홍국영을 의심한다. 홍국영이 완풍군을 세자로 세워 자신을 허수아비로 만들려는 게 아닐까 하는.

홍국영은 권좌에서 물러난 뒤에도 막후에서 권력을 행사했다. 홍국영의 백부 홍낙순이 좌의정 자리에 있었고, 조정의 요직에는 여전히 홍국영 세력이 버티고 있었다. 그들은 1779년 12월 서명응을 탄핵하여 내쫓으려 했다. 당시 대사헌 이보행은 서명응이 역적 홍계능과 내통했다면서 역적으로 몰았다. 하지만 정조는 서명응을 처벌하지 않고 오히려 그를 탄핵한 홍국영 세력을 내친다. 당시 이보행에게 서명응을 탄핵하도록 조정한 인물은 좌의정 홍낙순이었다. 그는 홍국영의 뜻을 대변하는 인물이었다. 정조는 서명응 탄핵 사건과 관련하여 이듬해 4월 1일 홍낙순을 내쫓는다. 정조가 홍국영을 버린 것이다.

서명응은 세손 시절 정조의 스승이었고, 규장각의 첫 제학提學이었다. 홍국영 세력에 의해 탄핵당할 당시에도 규장각을 이끌고 있었다. 또 서명응의 동생 서명선은 당시 영의정이었다. 그들 형제는 정조가 홍국영과 함께 가장 믿고 의지하던 인물들이었다.

정조가 홍국영을 버리고 서명응을 택하자 김종수가 홍국영을 탄핵했다. 김종수 역시 정조의 어릴 적 스승이었다. 《한중록》에서는 김종수가 홍국영을 탄핵한 것은 정조의 뜻이라고 기록하고 있다. 김종수가 홍국영을 탄핵한 요지는 세 가지다. 첫째는 후궁 간택을 반대한 것이고, 둘째는 세자 자리를 자신의 의지대로 결정하려한 것이고, 셋째는 권좌에 있을 때 권력을 함부로 휘두른 것이었다. 김종수는 홍국영 일파였는데, 그를 탄핵하는 상소를 올린 것은 이해하기 힘든 일이었다. 그리고 이 탄핵 상소를 보고 정조는 이렇게 말한다.

"내가 이런 말을 듣게 되고, 경이 이런 말을 하게 하였으니 나는 말이 없고자 한다."

실제 김종수에게 홍국영을 탄핵하도록 한 장본인은 정조 자신이었다. 그런데도 공식 석상에서는 홍국영에 대해 매우 안타까운 감정을 드러냈다. 하지만 속내는 전혀 달랐다.

이후로 홍국영을 유배 보내거나 죽여야 한다는 상소가 빗발쳤지만, 정조는 받아들이지 않았다. 그러면서도 홍국영을 횡성으로 내쫓고, 다시 강릉으로 내쫓았다. 그것은 유배나 진배없는 조치였다. 그리고 그러는 과정에서 홍국영은 죽었다. 1781년에 사망했으니 홍국영의 나이 서른네 살이었다. 자연사로 보기에는 너무 젊은 나이였다. 게다가 얼마 전까지만 해도 천하를 호령하던 인물이었다. 그런 그가 별다른 병명도 없이 급사했다는 것은 의문이 남는 대목이다.

어쩌면 홍국영의 죽음 또한 정조의 뜻이었을지 모른다. 정조는 이중 플레이에 능한 임금이었다. 앞으로는 싸우지만, 뒤로는 타협하고, 앞으로는 신뢰하지만 뒤로는 불신하는, 그런 왕이었다. 정조의 이런 이중 플레이는 심환지가 남긴 밀찰(은밀히 주고받은 서찰)에 잘 드러나 있다. 정조가 실록에서 보여주는 겉면은 매우 혁신적인 도덕군자지만, 밀찰에서 보여주는 내면은 음흉하고 성질 사나운 정치꾼이었다. 따라서 앞에서는 홍국영을 자신을 보호하고 왕위를 지켜준 은인으로 치켜세우고 있지만, 뒤에서는 홍국영을 필요한

만큼 이용하고 이용 가치가 떨어지자 내친 뒤에 죽이는 다른 얼굴이 숨어 있을 수 있다는 뜻이다.

절대군주가 되기 위한 포석

홍국영을 탄핵하여 죽게 만든 김종수는 '군사부일체'를 주장하던 인물이었다. 즉, 모든 붕당의 사부는 곧 임금이고, 따라서 사림의 영수는 곧 왕이어야 한다는 것이 그의 지론이었다. 그래서 김종수는 정조에게 이런 맹세를 한다.

"내 임금이 바로 내 스승이요, 오늘 사림의 영수는 바로 주상입니다."

정조는 노론 산림의 핵심 인물 중 하나였던 김종수에게 이런 맹세를 하게 하여 이른바 절대군주의 자리에 오르고자 했다. 선조 시대 붕당이 출현한 이후 조선 국왕은 절대군주의 위상을 잃었다. 국정은 붕당에 의해 주도되었고, 왕은 균형추 구실을 해왔다. 더욱이 영조가 집권한 이후 조정의 권력은 서인의 노론 세력이 장악했다. 영조가 노론의 힘으로 용상에 올랐으니 당연한 일이었다. 하지만 영조는 50년이 넘는 재위 기간 노론에게서 벗어나기 위해 안간힘을 썼다. 탕평책은 영조가 그들에게서 벗어나기 위한 대의명분이었다. 하지만 영조는 죽을 때까지 노론의 영향력으로부터 완전히 벗어나지 못했다.

정조 역시 즉위 이후에도 노론의 영향에서 벗어나지 못했다. 정조는 홍국영을 앞세워 노론의 힘을 약화하는 동시에 규장각을 통해 친위 세력을 강화했다. 그렇게 4년을 보낸 뒤, 조정의 권력을 독점하고 있던 홍국영을 제거하고 왕권을 강화하며 스스로 절대군주의 자리를 되찾았다고 판단했다. 이렇게 볼 때, 정조가 홍국영에게 세도정치를 하게 한 것도 스스로 절대군주가 되기 위한 포석의 일환일 가능성이 높다. 왕이 아닌 홍국영이 왕권을 한 손에 쥐고 권력을 농단하자 조정 대신과 모든 사람은 왕이 홍국영을 제거해주기를 간절히 바라게 되었고, 정조는 그 바람이 절정에 이르렀을 때 홍국영을 제거함으로써 일거에 절대군주의 자리에 오르고자 했다. 만약 이것이 정조의 치밀한 시나리오에 의한 것이라면 홍국영은 절대군주의 야망을 품고 있던 정조의 정치 희생양이었던 셈이다.

하지만 홍국영을 제거한 후 일시적으로 붕당을 완전히 누르고 절대군주의 위상을 회복했는지는 모르지만, 그것은 오래가지 못했다. 노론, 특히 장헌세자에 대해 적대적인 태도를 보이던 벽파의 저항이 만만치 않았다. 그래서 정조는 또 하나의 정치적 계략을 계획한다. 바로 그것이 밀찰로 대변되는 '뒷거래 정치'였다. 정조는 절대군주의 위상을 유지하기 위해 이른바 '밀찰'이라는 것을 수단으로 뒷거래 정치를 구사했다.

정조의 뒷거래 정치란, 곧 조정에서 결정해야 할 정사에 관한 것들을 각 붕당의 핵심 세력과 미리 의견을 조율한 뒤에 형식적으로 조정에서 공포하는 형태를 말한다. 이를 위해 정조가 쓴 수단이 바로 밀찰, 즉 비밀 편지였다.

정조가 밀찰을 이용한 '뒷거래 정치'를 시작한 것이 언제인지는 분명하지 않다. 정조는 원래 편지 쓰는 것을 좋아했다. 그 대상은 종친이기도 했고, 인척이기도 했다. 이런 개인적인 편지는 이미 세손 시절부터 자주 써왔다.

하지만 붕당의 핵심 인물들과 비밀 편지를 주고받기 시작한 것이 언제인지는 분명하지 않다. 분명한 것은 홍국영이 조정을 장악하고 있을 때는 밀찰 같은 것은 없었다. 따라서 정조의 밀찰 정치가 시작된 것은 홍국영이 조정에서 물러난 1779년 9월 이후부터라고 보아야 한다.

정조의 생모 혜경궁 홍씨가 쓴 《한중록》에는 김종수가 홍국영을 탄핵한 것이 정조의 지시에 의한 것이라고 밝히고 있다. 그리고 김종수의 탄핵 상소는 홍국영을 내쫓는 데 매우 주효했다. 만약 이 《한중록》의 내용이 사실이라면 정조는 김종수에게 밀명密命을 통해 홍국영을 탄핵하라는 지시를 내린 셈이다. 이 밀명의 수단이 밀찰이었을 수도 있지만, 명확한 증거는 없다. 《한중록》에서도 정조가 김종수에게 탄핵 상소를 올릴 것을 지시했다고만 했을 뿐 어떤 방법으로 그 지시를 전달했는지는 밝히고 있지 않다. 분명한 것은 정조가 정식 경로가 아닌 밀명으로 김종수에게 지시를 내렸다는 점이다. 김종수 역시 권력의 핵심 세력이었고, 그에게 내린 밀명 역시 정치적 타협의 산물이었다. 그런 의미에서 보면 김종수에게 내린 밀명이나 붕당의 핵심들과 주고받은 밀찰의 성격은 같다고 볼 수 있다. 따라서 정조가 밀찰이라는 형태의 '뒷거래 정치'를 시작한 시점을 김종수의 홍국영 탄핵 상소 시점과 같다고 봐도 무방할 듯싶다.

그런데 더욱 놀라운 사실이 하나 있다. 김종수의 상소가 정조의 밀명에 의해 올린 것은 분명한데, 그 상소문 내용을 정조가 직접 썼다는 것이다. 1797년 2월 5일에 정조가 심환지에게 보낸 밀찰 속에는 김종수가 이전에 올린 상소 초본을 아예 정조가 직접 지어서 보냈다고 정조 스스로 고백하는 내용이 있다.

그렇다면 왕이 자신이 쓴 상소문을 자신이 받고 그것을 핑계로 자신의 최측근이자 수호천사였던 홍국영을 제거했다는 말이 된다. 이것은 우리가 알던 정조와 전혀 다른 면모다. 홍국영 앞에서 한 말이나 신하들 앞에서 한 말, 또 홍국영의 죽음을 애석해하던 행동 등 그 모든 것이 거짓이자 쇼였을 수 있다는 얘기다. 그렇다면 지금껏 우리가 알던 정조는 모략과 연기로 위장한 가증스러운 허깨비였는지도 모를 일이다.

심환지가 보관한 밀찰

정조가 정치적 목적으로 보낸 밀찰 중에 확실하게 발굴된 것은 심환지에게 보낸 350여 통이다. 물론 심환지와 정치적으로 대립하면서 정조의 혁신 정치를 돕던 남인의 영수 채제공에게도 많은 밀찰을 보냈을 것으로 추정하지만, 아직 그 내용이 발굴되지 않았다. 따라서 정조의 속내를 파악할 수 있는 밀찰은 심환지에게 보낸 것에 한정될 수밖에 없다.

심환지에게 보낸 밀찰을 보면 다음 세 가지를 명확하게 파악할 수 있다. 첫째는 이 서찰의 성격이 제삼자에게는 보이지 말 것을 지시한 비밀 편지라는 점이다. 그래서 비밀을 유지하기 위해 발신자를 표시하지 않았고, 내용을 읽고 나서는 반드시 태워 없앨 것을 명령하고 있다. 둘째는 자신의 감정을 가감 없이 드러냈다는 점이다. 그런 까닭에 욕설에 가까운 감정 표현도 거침없이 하고, 매우 직선적이고 독선적인 성정을 파악할 수 있는 내용도 쉽게 접할 수 있다. 셋째는 자신의 일신상의 비밀이나 사람에 대한 판단 기준, 당시 조정 신하들에 대한 자신의 속내 등 왕으로서는 매우 위험한 발언을 남발하고 있다는 점이다. 따라서 이 밀찰의 내용은 정조의 진짜 얼굴을 파악하는 데 매우 요긴한 자료다.

이 많은 밀찰 내용은 실록의 기록과 상반되기도 하고, 아귀가 딱 딱 맞아떨어지기도 한다. 그리고 중요한 것은 실록에 나타난 결과 중 이해되지 않는 부분이 이 밀찰의 내용과 비교하면 이해할 수 있는 내용이 많다는 것이다. 그런 의미에서 보면 실록에 쓰인 정조의 모습은 꾸며지거나 분장한 얼굴이고, 밀찰의 내용은 그 분장 뒤에 가려진 진짜 얼굴이라고 볼 수 있다.

그렇다면 정조가 자신의 속내나 약점, 심지어는 병증까지 드러내며 수백 통의 밀찰을 주고받았던 심환지는 어떤 인물인가? 일반적으로 심환지는 노론 벽파의 거두로서 정조와 정치적으로 철저히 대립하던 인물로 알려져 있다.

1730년에 태어난 심환지는 정조가 왕위에 오르던 1776년에 마흔일곱 살이었고, 이때 그는 소론의 거두 서명응, 서명선 형제를 탄핵하다가 갑산에 유배된 상태였다. 유배되기 전에 그의 벼슬은 종5품 홍문관 부교리에 불과했다. 그가 홍문관으로 다시 돌아온 것은 홍국영이 도승지에서 물러난 뒤인 1780년이었다. 하지만 그는 이때 다시 소론을 비판하는 상소를 올리다 벼슬에서 물러난다.

이후 그가 다시 부교리로 복직한 것은 쉰여덟 살이던 1787년이었다. 복귀한 후에 그는 승진을 거듭했고, 예순셋이라는 많은 나이에 도승지가 되었다. 예순여섯 때인 1795년에는 대사헌이 되었고, 정조와 비밀 편지를 주고받기 시작한 1796년에는 이조판서 자리에 있었다. 그리고 우의정을 거쳐 정조가 사망할 당시인 1800년에는 좌의정에 올랐다.

이런 심환지의 이력에 근거해 볼 때, 심환지가 노론 벽파의 수장으로 활동한 것은 1795년 대사헌이 되면서부터다. 그리고 정조와 밀찰을 주고받던 시기는 1796년 이조판서에 오른 직후부터였다. 말하자면 정조가 그를 노론 벽파의 우두머리로 인정한 시기는 그가 이조판서에 오른 뒤부터라는 얘기다.

정조와 심환지가 주고받은 밀찰은 350여 편에 이른다. 당시 심환지는 김종수, 윤시동, 권유, 서영보, 이서구 등과 노론 벽파의 핵심으로 활동했다. 정조는 그중에 김종수와 심환지를 특히 신임했다. 당시 어용겸과 서용보가 심환지의 심복으로 활동했는데, 이 두 사람은 정조와 심환지의 연락책이었다. 당시 노론 벽파의 정적은 소론의 영수 서명선과 남인의 영수 채제공이었다. 따라서 정조는 심환지뿐 아니라 서명선과 채제공과도 밀찰을 주고받았을 것으로 보인다.

정조가 보낸 밀찰의 수신처는 심환지의 삼청동 서울 집이었다. 심환지에게 보낸 정조의 편지를 읽다 보면 당시의 조정이 정조가 연출하는 하나의 공연장이었다는 느낌이 든다. 정조 자신이 심환지에게 언제 벼슬에 나오라고 명령을 하면 몸이 아파서 나올 수 없다고 대답하라는 내용도 있고 또 조정에 나와 어떤 내용으로 상소문을 작성하고 언제 올리라는 것까지 지시하고 있다. 심환지에게 이런 지시를 한 것으로 볼 때, 소론의 영수 서명선과 남인 영수 채제공도 같은 방법으로 움직였을 가능성이 높다. 따라서 당시의 조선 조정에서 일어나는 대부분의 일은 정조가 비밀스럽게 연출한 것이라고 볼 수 있을 것이다. 모든 정사와 인사를 철저히 계획한 뒤, 중신들을 배우처럼 활용하여 한 편의 연극을 완성해 나가듯 조정을 이끌었다는 것은 정말 상상하기 힘든 일이기 때문이다.

호학군주, 혁신군주, 탕평군주로 불리며 문화정치를 구사하여 조선 후기의 문예부흥을 이끈 성군聖君 정조가 사실은 각 붕당의 영수를 압박하고 강제하여 신하들을 허수아비로 전락시켰다는 사실은 어떤 면으로는 끔찍하기까지 하다. 이미 모든 것을 연출한 뒤 아무것도 모르는 척 시치미 뚝 떼고 버젓이 앉아 사관들의 눈을 속이고 조정의 일을 실록에 기록하게 하여 사실로 믿게 만든 왕. 만약 심환지가 밀찰을 남기지 않았다면 실록의 기록을 역사적 사실로 굳게 믿었을 것이다.

흔히 정조가 조금만 더 오래 살았더라면 조선은 절대 망하지 않았을 것이라고 말한다. 하지만 정조의 이런 뒷거래 정치는 정치의 생명이라고 할 수 있는 견제와 균형을 무너뜨리고 모든 권력을 왕이 독점하는 결과를 낳았으므로 반드시 그랬을 거라고 예측할 순 없다. 하지만 한 사람이 누구의 견제도 받지 않고 권력을 독점하게 되면 그 사람이 사라지는 순간, 조정은 엉망이 되고 국가는 위기로 치닫게 된다. 연개소문이 고구려의 권력을 독점하다 죽은 뒤 고구려가 몰락한 사실에서도 이는 확인된다. 따라서 정조의 밀찰에 의한 뒷거래 정치는 그 어떤 이유로도 정당화될 수는 없을 것이다.

완벽주의자의 죽음

정조가 심환지에게 밀찰을 보낼 때, 그 심부름꾼으로 승정원의 사령을 이용했다. 승정원 사령은 세습世襲되는 직책이었다. 그 때문에 왕에 대한 충성심이 매우 강했다. 정조는 그중에서도 가장 입이 무겁고 신뢰할 수 있는 인물만 선택하여 편지 전달 임무를 맡겼다. 하지만 아무리 은밀히 행한다고 해도 말이란 새어나가게 마련이다. 정조는 그 심부름꾼들에게 숱하게 입단속을 했지만, 왕이 심환지와 밀찰을 주고받고 있다는 소문이 돌았다.

정조는 이 소문을 듣고 진노하여 그 분풀이를 심환지에게 해댔다. 정조는 밀찰을 통해 밀찰 왕래 소문이 난 이유가 낯빛을 조심하지 않아서라고 심환지를 질타했다. 또 심환지가 절친한 자들에게 말을 흘렸다고 의심하기도 했다. 그러면서 낯빛조차 조심하라고 신신당부했다. 밀찰 속에는 정조와 심환지가 밀담을 주고받은 내용도 등장하는데, 이런 밀담에 대해서도 철저히 함구하라고 지시한다. 그야말로 심환지에게 뛰어난 연기력과 비밀 유지를 요구한 것이다.

정조는 스스로 자신의 뒷거래 정치가 완벽한 기획으로 그 누구도 알 수 없는 비밀이 되기를 바랐고, 그렇게 되리라고 믿었다. 하지만 심환지를 비롯해 밀찰에 대해 알고 있는 자들의 입은 정조의 믿음처럼 그렇게 굳건하지 않았다. 정조는 자기의 심부름꾼에 대해서는 완전히 자신하는 태도를 보였고 결단코 자기 주변에서는 밀찰에 대한 말이 새어나갔을 리 없다고 확신했다. 밀찰에 대한 소문의 책임은 전적으로 심환지에게 있다고 생각했던 것이다. 그런 까닭에 심환지에게 입조심 하라고 격하게 화를 냈고 심지어 '생각 없는 늙은이'라고 욕설에 가까운 말도 했다.

정조는 심환지가 밀찰을 없애지 않고 감춰둘 것을 염려하여 읽고 난 뒤에 즉시 태우거나 찢어 없애라고 지시했다. 태울 때는 본인이 직접 하는지 아들이 하는지 구체적으로 보고하라는 말까지 했다. 하지만 심환지는 정조의 지시를 거부했다. 태우기는커녕 고이 간직하여 무려 350통이 넘는 어마어마한 분량을 후손에게 물려주었다.

정조는 어쩌면 본인을 세상에서 가장 완벽한 사람이라고 믿었는지 모른다. 가장 치밀하고 뛰어난 왕이라고 확신했던 모양이다. 그래서 자기가 행한 조치는 모든 것이 이뤄졌을 것이라고 믿었다. 하지만 심환지는 정조의 허수아비가 아니었다. 왕의 명령이면 무조건 순종하는 순진한 늙은이가 아니었다. 그는 오히려 정조보다 더 치밀하고 신중하며 노회老獪한 인물이었는지도 모른다. 그래서인지 죽을 때까지 정조의 밀찰을 세상에 드러내지 않았다. 그 덕분에 정조가 애써 숨기려던 진짜 얼굴이 세상에 드러나게 된 것이다.

정조는 심환지에게 믿음을 주기 위해 밀찰 곳곳에 자신의 내면을 드러내며 감정을 고스란히 담은 말들을 쏟아냈다. 심지어 놈이니, 주둥아리니 같은 욕설도 쓰기도 했다. 또 자신의 신상 문제까지 여과 없이 전달하며 사적인 문제뿐 아니라 심환지의 사생활에 관해 묻기도 했다. 심환지나 그의 가족들의 건강을 염려하는 내용도 담고 있다. 약제나 좋은 음식을 보내기도 했다. 이 모든 행위는 자신이 심환지를 그만큼 믿고 있음을 보여주기 위해서였을 것이다. 하지만 심환지는 정조를 완전히 믿지 않았다. 정조가 자신에게 들려준 신상 발언이나 병증에 관한 것들도 믿지 않은 듯하다.

하지만 정조가 자신의 몸에 대해 심각한 병증이 있다는 것, 견디기 힘든 통증 때문에 괴로워하고 있다는 것 등은 모두 사실이었다. 정조는 심환지보다 스물두 살이나 어렸지만, 건강은 심환지보다 좋지 않았다. 정조는 심한 통증에 시달리면서도 죽기 얼마 전까지 심환지에게 계속해서 밀찰을 보냈다. 그리고 어느 순간, 밀찰은 뚝 끊겼다. 정조의 병증이 악화하여 사경을 헤맸기 때문이다. 온몸에 고름이 나고 현기증과 두통이 일상화하다가 더는 돌이킬 수 없는 상황에 직면한 것이다. 그리고 1800년 6월 28일 창경궁 영춘헌에서 생을 마감했다. 자신을 완벽한 왕이라고 믿던 한 군주의 세상은 그렇게 막을 내렸다.

이후로 정순왕후 김씨가 수렴청정하자 노론 벽파의 세상이 되었다. 하지만 벽파의 세상도 정순왕후의 죽음과 함께 5년 만에 끝나고 왕권은 모두 안동 김씨, 풍양 조씨 같은 외척들이 장악했다. 이같은 외척 독재는 결국 조선을 망국으로 치닫게 했다. 이후 순조, 헌종, 철종은 그저 허수아비 왕으로 살아야 했고, 더는 조선에서 왕은 존재하지 않았다. 철종 이후 고종이 왕위에 **올라** 잠시 외척을 물리쳤으나 고종 역시 아버지 흥선대원군의 섭정을 받아야 했고, 흥선대원군이 10년의 섭정을 끝내고 물러난 뒤에는 다시 민씨 외척들이 왕권을 장악했다.

이렇듯 조선은 정조를 끝으로 더는 왕이 지배하는 세상이 아니었기에 이후의 왕들은 그저 허울뿐인 왕이었다. 그러니 별달리 왕만의 비밀을 밝힐 일도 없게 되었다.